HEYNE BÜCHER

SCIENCE FICTION

Herausgegeben
von Wolfgang Jeschke

COLIN KAPP

DER IONEN-KRIEG

Science Fiction Roman

Deutsche Erstausgabe

WILHELM HEYNE VERLAG
MÜNCHEN

HEYNE SCIENCE FICTION & FANTASY
Band 06/4437

Titel der amerikanischen Originalausgabe
THE ION WAR
Deutsche Übersetzung von Irene Holicki
Das Umschlagbild schuf Boris Vallejo

Redaktion: E. Senftbauer

Printed in Germany 1987
Umschlaggestaltung: Atelier Ingrid Schütz, München
Satz: Schaber, Wels
Druck und Bindung: Elsnerdruck, Berlin

ISBN 3-453-00465-5

1. Kapitel

Dam Stormdragon lenkte den Wasserschlitten gekonnt zum Anlegepfosten herum, schaltete den Motor aus und hielt das Boot mit der Kraft seiner gewaltigen Muskeln im Gleichgewicht, bis Tetri den halben Meter vom Pier auf das Deck des Schlittens gesprungen war. Als sie sicher Platz genommen hatte, setzte er die Turbine wieder in Gang und wartete, bis die Düsen das Wasser richtig aufwühlten, erst dann fuhr er los und kehrte in einem langen, trägen Bogen in die Mitte des Kanals zurück.

»Und wo möchte Tetri heute abend hin?« neckte er sie.

»Das weißt du ganz genau! In die Wasserwälder – du hast es mir versprochen!« Ihre Stimme ging im Brüllen der Turbine fast unter. »Aber wir müssen um siebenundzwanzig Uhr wieder zu Hause sein, zur Abschiedsparty. Senator Anrouse ist der Ehrengast.«

»Hoffentlich kommen wir nicht zu spät zum Start, weil er eine von seinen endlosen Reden hält.«

Sie lachten beide, während Dam den Wasserschlitten schnell durch das Wasser des Kanals jagte. Das dahinbrausende Boot lockte klingende Echos aus Nischen in den Uferböschungen, die mit Steinen versperrt waren, und das milchige Kielwasser schlug hoch gegen die Kanten der alten Stufen. Es ging gegen Ende des Ersten Lichts, und die Wasserstraßen waren fast leer; schon dämpfte der erste Schein von Castalias großem Mond die Schatten unter den Brücken; bald würden die großen Sternenhaufen des Zentrums das Zweite Licht spenden und den verschwommenen Mond auf einen der hinteren Plätze am Himmel verweisen.

Sie erreichten den Fluß und wandten sich stromaufwärts; hier warfen die Wellen den kleinen Schlitten so stark herum, daß Dam das Tempo drosseln und sich der Strömung ausliefern mußte. Die Naturgewalten, seine eigene Geschicklichkeit und die Kraft seiner Motoren miteinander in Einklang zu bringen, das war eine Herausforderung, die er genoß. Tetri lehnte sich entspannt zurück und betrachtete wohlgefällig sein ausgeprägtes Gesicht mit den verständnisvollen Augen, während er sich darauf konzentrierte, durch die schwierigen Strömungen zu steuern, um die schmäleren Kanäle zu erreichen, die zu den Wasserwäldern führten. Beide waren sich bewußt, daß dies vielleicht die letzte Gelegenheit für sie war, zusammenzusein.

Castalias übergroßer Wasserreichtum machte natürliche Fontänen zu etwas Alltäglichem, aber ein Schauspiel, wie es die Wasserwälder zu bieten hatten, war nirgendwo sonst zu finden, besonders im Gefolge des Mondes, wenn die starken, unterirdischen Gezeitenströme durch eine mit kleinen Rissen durchsetzte Grundgesteinsschicht Wasser nach oben schleuderte und eine kurzlebige, aus bewegtem Wasser modellierte Landschaft schufen. Dam war am Rand der Wälder geboren; er kannte sich mit dem Wasser besser aus als viele von den Führern. Nun bediente er mit geschickten Händen die Schaltelemente des Schlittens und lenkte das Boot durch die Haine aus silbergleißenden ›Bäumen‹ hindurch und um sie herum, hier drehten die Fontänen sich schneller und waren reiner und beweglicher, als es jemand, der sie nicht gesehen hatte, für möglich halten konnte. Die großen Sternenformationen darüber steuerten eine Milliarde funkelnder Lichtpünktchen bei, die sich im sprühenden Gischt brachen und die ganze Szene mit einem Regenbogenbaldachin überspannten, der auf jeden tanzenden Wassergeist Farbeffekte zauberte.

Tetri war vom Gischt durchnäßt, aber wie gebannt, sie konnte sich nicht erinnern, die Wälder jemals so herrlich erlebt zu haben. Sie vermutete, daß Dam sie wohl an einige seiner Geheimplätze gefahren hatte, an Stellen, die er sich normalerweise alleine vorbehielt. Endlich hielten sie an einer der Rasthütten an und ließen sich mit weichen Handtüchern, sanfter Musik und süßem Wein verwöhnen, bis ihre Kleider getrocknet waren und man sie ihnen zurückgab. Dann war es Zeit zum Aufbruch, sie mußten zu Tetri nach Hause, zum letzten Abschied vor der Reise nach Terra.

Während Dam den Schlitten durch die schlummernden Wasser jagte, wurde er allmählich immer schweigsamer und nachdenklicher. Tetri konnte erraten, was ihm im Kopf herumging, und er bestätigte es, als er lange Zeit zu den hellen Sternenhaufen aufblickte.

»Es heißt, daß man auf Terra nur ein Millionstel der Sterne sieht wie hier bei uns auf Castalia.«

»Dummes Zeug!« sagte sie. »Das würde ja bedeuten, daß die Hälfte jedes Tages völlig dunkel sein muß. Wer würde sich denn an einem solchen Ort schon entwikkeln wollen?«

Sie lachten beide, aber das Lachen blieb ihm bald im Halse stecken, und seine düstere Stimmung steigerte sich immer mehr, bis Tetri schließlich fragte: »Was bedrückt dich, Dam? Bisher hast du immer jede Sekunde im Weltraum genossen. Warum ist es so anders, nach Terra zu fliegen?«

Er entschuldigte sich für seine Schweigsamkeit. »Ich weiß es nicht. Vielleicht ist es die Vorstellung, daß es der Mutterplanet ist. Dadurch erhält Terra eine Bedeutung, die es nicht verdient. Ehrlich gesagt, Tetri, ich habe Angst vor Terra.«

»Angst?« Sie konnte es nicht glauben. »Du bist Raumfahrer und Offizier der Raumarmee. Morgen begleitest du meinen Vater auf einem Einsatz bei den Terranischen Raumstreitkräften – der größten Streitmacht, die die Galaxis je gesehen hat. Das ist doch das, was du dir immer gewünscht hast, oder?«

»Du sagst das so, als sei eine Streitmacht an sich schon etwas Tugendhaftes. Das sollte nicht so sein, Tetri. Der Zweck, zu dem sie ihre Waffen einsetzt, ist es, der zählt. Was mich an Terra ängstigt, ist, daß ich nicht weiß, welche Motive es hat.«

»Trotzdem paßt es nicht zu dir, so ernst zu sein.«

»Entschuldige, Tetri, es ist nicht dein Problem.« Er grinste plötzlich, und einen Augenblick später schien es, als sei die Angelegenheit vergessen.

Von den Ufern des Kanals führten mit Sträuchern bestandene, terrassenförmig angelegte Hänge nach oben, als wollten sie ein grünes Kissen bilden, auf welchem das Haus von Dimede – Tetris Zuhause – ruhte. Unter der sanften, keine Schatten werfenden Helligkeit des Zweiten Lichts schlenderten die beiden auf den zwischen den Terrassen willkürlich angelegten Pfaden zum Haus hinauf, mit vielen Umwegen, um die phosphoreszierenden Fische zu bestaunen, die in den Zierteichen schwammen und wie polierte Kupferpfeile über die kleinen Wasserfälle sprangen. Über ihnen hatte die Abschiedsparty schon begonnen; durch die Fenster, die geöffnet waren, um die milde Luft hereinzulassen, schwebten bunte Melodiefetzen den Hügel herab. Die beiden liefen das letzte Stück des Wegs und wurden von Tetris Mutter begrüßt und in einen Kreis lachender Freunde geschoben, die sie wegen ihrer Bummelei neckten.

»Ach, Dam ...« Plötzlich wurde Stormdragon von Colonel Dimede von der Gruppe weggerufen. Dimede war Tetris Vater und würde während der ein Jahr dauernden Einsatzreise nach Terra auch sein Vorgesetzter sein. »Tut mir leid, Sie rauszureißen, Dam. Aber da ist jemand, der Sie kennenlernen möchte, ehe die Party zu wild wird. Kennen Sie Senator Anrouse?«

»*Ich* kenne ihn schon; aber wir verkehren kaum in denselben Kreisen«, sagte Dam verschmitzt.

»Trotzdem hat er Ihre Karriere mit Interesse verfolgt.

Seine Empfehlung, beruhend auf Ihren vorausgehenden, wissenschaftlichen Leistungen, hat dazu beigetragen, daß Sie in die Akademie für Raumfahrt aufgenommen wurden, und ich glaube, Sie haben sein Vertrauen gerechtfertigt, als Sie bei der Abschlußprüfung als Bester abgeschnitten haben.«

Dam folgte dem Colonel in die Bibliothek, um dort einer Persönlichkeit gegenüberzutreten, deren Gesicht ihm bisher nur aus Interviews in Nachrichtensendungen vertraut war. Seine erste Reaktion war leichte Bestürzung, weil er feststellte, daß der Senator nicht die überlebensgroße Figur war, zu der ihn seine Phantasie gemacht hatte.

»Senator Anrouse – darf ich Ihnen Major Stormdragon, ein Mitglied meiner Raumschiffsbesatzung und einen Freund meiner Tochter vorstellen?«

»Ich dachte immer, in Ihrer Besatzung gebe es nur Freunde der reizenden Tetri – wenn sie ihnen die leiseste Chance dazu gibt«, sagte Anrouse lächelnd und erhob sich aus seinem Stuhl. »Freut mich, Sie kennenzulernen, Stormdragon! Der Name ist mir nicht unbekannt. Ich habe im Vilion-Feldzug unter Ihrem Vater gedient.«

»Er hat oft von Ihnen gesprochen, Sir.«

»Und jetzt folgen Sie seinen Ionenspuren in den Weltraum, was? Kann es Ihnen nicht verdenken. Wenn ich wieder jung wäre, ginge ich sofort mit Ihnen hinaus. Wie fühlen Sie sich jetzt, wo Sie für ein Jahr mit dem Kontingent nach Terra gehen?«

»Ich habe so meine Befürchtungen«, gestand Dam aufrichtig.

Anrouse warf ihm einen etwas finsteren Blick zu. »Das soll doch wohl nicht heißen, daß Sie etwas gegen die terranische Armee haben?«

»Ich habe gegen keine Armee etwas. Aber ich habe einige Bedenken, wenn ich sehe, wie Terra seine Waffen einsetzt.«

»Genauer gesagt?«

»Rigon, Zino und Ames World. Drei Planeten des Zentrums, die wegen Meinungsverschiedenheiten mit dem Mutterplaneten verwüstet wurden.«

Anrouse sah sich das Gesicht des Majors sehr genau an.

»Sie sind gut informiert, Dam. Weit besser, als ich gedacht hatte. Die Informationen für eine solche Einschätzung sind nicht allgemein verfügbar. Nehmen Sie folgendes als eine Ihrer Stärken mit – nicht alle Eindrücke, die man Ihnen vermittelt, sind unbedingt richtig. Bewahren Sie sich vor allem anderen eine gewisse Offenheit.«

»Danke, Sir!« Dam nahm an, daß das Gespräch damit beendet sei. Er wandte sich ab und wollte gehen, aber Anrouse winkte ihm, zu bleiben, während er Colonel Dimede einen bedeutungsvollen Blick zuwarf, woraufhin dieser diskret ein Tablett mit leeren Gläsern nahm und sich entschuldigte.

»Ehe Sie gehen, Dam, möchte ich Ihnen im Vertrauen noch etwas sagen.«

»Sir?«

»Auch wenn Sie es vielleicht nicht glauben, es war kein Zufall, daß man Sie mit in das Kontingent für Terra aufgenommen hat. Die Gründe werden Ihnen nicht gleich in der nächsten Zeit offenbar werden, aber sie waren das Ergebnis langer, sorgfältiger Überlegungen. Denken Sie daran, wenn die Zeiten hart werden. Vielleicht hilft Ihnen das durch.«

»Ich werde es mir merken, Sir«, sagte Dam, ohne zu begreifen, wovon die Rede war.

»Gut! Und als Gegenleistung sichere ich Ihnen auch etwas zu. Wir in der Regierung sind uns durchaus nicht im unklaren darüber, was mit Rigon, Zino und Ames World geschehen ist. Schließlich haben wir mit unseren Nachbarn im Zentrum viel mehr gemeinsam als mit dem Mutterplaneten; das Zentrum wäre überhaupt nicht kolonisiert worden, wenn die Väter der Großen Wanderung auf Terra keine Dissidenten gewesen wären. Aber wir werden auch nicht zulassen, daß Castalia das Schicksal dieser drei Welten teilt, wenn wir es irgendwie verhindern können. Deshalb müssen wir vorsichtig handeln, wie und wann *wir* es für richtig halten. Fassen Sie Mut, Dam! Es hat vielleicht nicht den Anschein, als teilten wir Ihre rebellische Gesinnung, aber ich versichere Ihnen, daß es so ist – und daß wir siegen werden.«

In diesem Augenblick kehrte Colonel Dimede mit einem neuen Tablett voller Gläser zurück, und man brachte einen feierlichen Toast auf Castalia aus, danach unterhielt man sich freundlich, bis Tetri kam und sich beklagte, weil sie so nüchtern waren und sich von der Party absonderten.

In seiner Tischrede sprach Senator Anrouse mit keinem Wort von einer möglichen Spaltung zwischen Terra und Castalia. Er beglückwünschte sowohl den Colonel wie auch Dam dazu, daß man sie ausgewählt hatte, in der großen Armee des Mutterplaneten Dienst zu tun, und drückte seine Hoffnung auf ihre gesunde Rückkehr aus. Das war Anrouse der Politiker, der mit geschliffenen Phrasen, reich an Rhetorik, aber ohne Bedeutung operierte. Plötzlich erkannte Dam die Doppelnatur dieses Mannes und begriff ein wenig, wie ein anscheinend so oberflächlicher Charakter soviel Einfluß auf den castalischen Senat haben konnte. Keine der beiden Begegnungen vermochte ihn jedoch davon zu überzeugen, daß die castalische Regierung in irgendeiner Weise bereit oder fähig war, sich gegen Terras Joch aufzulehnen.

Danach wurde die Party wild, die mitreißende Musik steigerte sich, neue temperamentvolle Rhythmen führten allmählich zu den großen Crescendo-Tänzen über, nach denen alle glücklich und erschöpft waren. Als dann die rotgoldenen Töne des Ersten Lichts über den

Himmel gekrochen kamen, schlichen sich Dam und Tetri hinaus in den Terrassengarten, um sich zärtlich voneinander zu verabschieden, ja, sich vielleicht sogar endgültig Lebewohl zu sagen; sie wußten, daß eine Trennung von einem Jahr sie beide verändern würde, daß die alte Beziehung vielleicht niemals wieder erneuert werden konnte. Endlich ging Dam, den Mantel lässig über die Schulter geworfen und ohne auf die feuchte Kühle des Morgentaus zu achten, äußerlich unbeschwert zu seinem Schlitten und trat damit den ersten Teil seiner Reise zum Mutterplaneten der Menschheit an.

2. Kapitel

Liam Liam hatte einen schlechten Tag. Das Z-Schiff ›Starbucket‹, das mit äußerster Sorgfalt als Trampfrachter maskiert war, um ihm einen Tarnberuf zu verschaffen, wurde von einer terranischen Schiffskette aufgebracht, nachdem aus seinen Kursvektoren schon erkennbar war, daß Liam die Absicht hatte, auf Sette zu landen; da er nicht mehr behaupten konnte, daß er eigentlich zu einer anderen Welt unterwegs sei, hatte er befohlen, die Motoren abzuschalten, und jetzt erwartete er die Ankunft einer Pinasse des bewaffneten, terranischen Kreuzers, der für seine ›Festnahme‹ gesorgt hatte.

Wäre der Kreuzer alleine gewesen, so hätte ihn Liam mit den Waffen, die im umgebauten Rumpf des Z-Schiffs verborgen waren, eliminieren können. Die Anwesenheit der anderen Schiffe in der Kette war jedoch ein Faktor, den er nicht übergehen konnte; und obwohl er sich die Flucht vielleicht hätte erzwingen können, hätte er damit preisgegeben, wie stark seine Karten waren, und dazu war er nicht bereit. Die Bedeutung seines Eintreffens auf Sette konnte nicht hoch genug bewertet werden, und die einzige Hoffnung, die er noch hatte, den Planeten zu erreichen, lag jetzt darin, zu versuchen, mit einem Bluff durch die bevorstehende Auseinandersetzung zu kommen.

Als die Pinasse sich auf die ›Starbucket‹ zubewegte, stellte Liam mißtrauisch ihre Geschwindigkeit und den Anflugwinkel fest. Wäre die Pinasse nämlich direkt hinter seinem Heck vorbeigekommen, so wäre, trotz aller sorgfältigen Tarnung, die Tatsache nicht zu verbergen gewesen, daß dieses Schiff, das aussah wie ein alter Tramp, mit modernen Triebwerken ausgerüstet war, welche die des Mutterschiffs der Pinasse an Größe und Stärke übertrafen.

Glücklicherweise näherte sich die Pinasse von der Seite, und die ziellose Spiralbewegung, in die man die ›Starbucket‹ versetzt hatte, beschäftigte den anfliegenden Piloten zu sehr, als daß er noch Zeit gefunden hätte, sich den Tramp allzu genau anzusehen.

Nach langem Suchen fand der terranische Trupp endlich passende Anschlüsse für die Raum-Transfer-Röhre und gelangte ins Innere. Die Terraner durchquerten die schmierigen, unaufgeräumten Gänge mit angewiderten, beleidigten Mienen, und ihre Nasenlöcher kräuselten sich ablehend, als sie endlich in Liams schlampige Kabine geführt wurden und ihnen die stechenden Dämpfe entgegenschlugen, die die Pfeife des Kapitäns von sich gab.

»Kapitän Liam?« Der terranische Offizier hatte sich eigentlich aggressiv und schroff geben wollen, aber sein Blick fiel auf den nikotinfleckigen Luftschacht, der eigentlich die übelriechende Atmosphäre der Kabine gegen atembare Luft hätte austauschen sollen; das ganze Gitter war mit Watteabfällen zugesetzt.

»Zu Diensten, Major!« Liam verkörperte Zoll für Zoll die Rolle, die er spielte: schlampig, in mittlerem Alter, mit Knollennase und einem freundlichen Gesicht voller Falten und Warzen von der Strahlung im Weltraum, der es ein Leben lang ausgesetzt gewesen war.

Der Offizier riß sich sichtlich zusammen. »Kapitän Liam, Sie sind mit Ihrem Schiff in einen Raumabschnitt eingedrungen, der aufgrund der Notstandsverordnung für den Weltraum nicht angeflogen werden darf.«

»Ach?« sagte Liam. »Wieso liegt denn ein Notstand vor? Vielleicht kann ich behilflich sein?«

»Ich glaube, Sie verstehen mich nicht. Der Notstand beschränkt sich auf das Planetengebiet von Sette. Daher sind diese Anflugzonen für alle Fahrzeuge außer Militärschiffen gesperrt.«

»Aber wenn auf Sette der Notstand herrscht, könnte doch sicher jede Art von Raumschiff behilflich sein?«

»Nicht in diesem Fall. Der hier vorliegende Notstand ist ein Aufruhr.«

»Dann ist es doch nützlich, daß ich neutral bin. Vielleicht kann ich ihnen ein wenig Vernunft beibringen. Aufruhr ist schlecht für den Handel, verstanden?«

»Kapitän Liam!« Der terranische Offizier wurde im Verlauf des Gesprächs zusehends gereizter. »Anscheinend kann ich mich Ihnen nicht hinreichend verständlich machen. Ich will mich ganz deutlich ausdrücken. Es besteht keine Möglichkeit, daß Sie eine Genehmigung erhalten, auf Sette zu landen. Wenn Sie nicht wollen, daß Ihr Schiff konfisziert wird, sollten Sie zusehen, daß Sie von hier wegkommen, mit allem, was Ihre Brenner nur hergeben.«

»Ich würde ja mit Vergnügen abziehen, Major. Aber die Sache hat einen Haken. Auf Sette steht eine Ladung für mich, und mit dem Preis, den ich dafür laut Vertrag bekomme, kann ich mir den Treibstoff leisten, um weiterzufliegen. Wenn Sie mir meine Ladung verweigern, muß ich hierbleiben. Es ist schwierig, verstanden?«

»Hierbleiben? Das kommt nicht in Frage! Ich warne Sie, Kapitän, verschwinden Sie mit diesem Wrack aus den Anflugzonen, sonst sehe ich mich gezwungen, es zu beschlagnahmen.«

»Das wäre vielleicht eine Lösung«, sagte Liam nachdenklich. »Für einen solchen Fall bin ich versichert, und die alte Kiste ist für mich nutzlos, wenn sie hier festsitzt. Aber damit werden Sie sie nicht los. Es käme vermutlich nicht in Betracht, daß Sie uns zum nächsten Freihafen schleppen?«

Der Offizier blickte einen seiner Begleiter an, der die Achseln zuckte. »Der nächste ist Sangria auf Maroc – neunzig Lichtjahre.«

»Heiliger Weltraum!« Der Offizier wandte sich wieder an Liam und rümpfte bei dem Qualm aus der Pfeife des

Kapitäns die Nase. »Sind Sie sich darüber im klaren, wie lange das bei Schleppgeschwindigkeit dauern würde?«

»Ungefähr sieben Jahre, schätze ich«, sagte Liam mit philosophischer Gelassenheit und begann dann, mit entschlossener Miene, seine Steuerpulte abzuschalten. »Ich sagte ja schon, daß es schwierig ist. Ich halte es für das beste, wenn wir einfach hier warten, bis der Aufruhr vorüber ist.«

»Augenblick mal!« Der Offizier beriet sich mit seinen Kollegen. »Sie haben aber doch wenigstens genug Treibstoff, um Sette zu erreichen?«

»Nur weil der liebe Gott es so eingerichtet hat, daß es ständig bergab geht.«

»Dann gebe ich Ihnen vierundzwanzig Stunden Zeit, um zu landen und die Welt wieder zu verlassen. Wenn Sie nach Ablauf dieser Frist immer noch da sind, werden wir den Abwrackern die Mühe ersparen, diese wimmelnde Konservenbüchse vor der Demontage ungezieferfrei zu machen. Habe ich mich da ganz klar ausgedrückt?«

»Ich werde mich bis ans Ende meiner Tage an Sie erinnern«, sagte Liam Liam ganz aufrichtig. »Wollen wir darauf einen trinken?«

Der Offizier warf einen Blick auf die abgeschlagenen, schmutzverkrusteten Flaschen, die Liam ihm als Gläser für den Toast anbot, und befahl seinem Trupp, schnellstens auf die Pinasse zurückzukehren. Als er das Schiff endgültig verließ, schüttelte er traurig den Kopf.

Liam sah der davonschießenden Pinasse nach und spuckte dabei vielsagend auf einen Funken.

»Ich werde dich wirklich nicht vergessen, du terranischer Bastard! Sette war mal eine hübsche Welt: jetzt ist sie ein rauchendes Schlachtfeld; sechs Zehntel des Akkerlandes sind entlaubt und vergiftet, fast die Hälfte der ehemaligen Bevölkerung ist ermordet. Aber nicht vergessen bedeutet nicht, vergeben, verstanden?«

Er sprach nachdenklich, aber sein Pilot und Navigator Euken Tor, der die ganze vorangegangene Unterhaltung über Interkom mitverfolgt hatte und sich jetzt weitere Befehle holen wollte, stimmte ihm mit grimmigem Nicken zu.

»Wie gehen wir vor, Skipper?«

»Wir fliegen weiter, als ob wir nur mit Mühe und Not vorwärtskämen. Dann sorgst du dafür, daß alles für einen schnellen Start parat ist. Ich bezweifle, daß das Rauskommen so einfach sein wird wie das Reinkommen.«

»Warum meinst du?«

»Normalerweise würde man einen unerwünschten Tramp ganz einfach im Orbit abstellen. Das war aus irgendeinem Grund nicht akzeptabel. Daraus schließe ich, daß die Terraner eine Sonderaktion laufen haben und dabei nicht beobachtet werden wollen. Das paßt zu den Informationen, die wir haben. Genau dieser Sonderaktion wegen bin ich hergekommen, und wenn es das ist, was ich glaube, wollen sie sicher nicht, daß ich lebend hier wegkomme und die Geschichte weitererzähle. Deshalb werden wir abzischen wie eine Fledermaus aus der Hölle – wenn überhaupt –, verstanden?«

Euken nickte. »Brauchst du auf dem Planeten Unterstützung?«

»Ich glaube nicht. Jon Rakel müßte eigentlich alles vorbereitet haben. Deine Aufgabe ist es, mich durch die Schiffskette rauszubringen, sobald ich habe, wozu ich gekommen bin, verstanden?«

»Verstanden und zur Kenntnis genommen, Skip.« Euken schlenderte in Richtung auf die Kommandobrücke davon, seine lässige Haltung täuschte darüber hinweg, daß jede seiner Handlungen einem genau berechneten Zweck diente. Er war einer der besten Raumnavigatoren von allen Flotten des Zentrums gewesen, stellte aber nun seine Fähigkeiten völlig in den Dienst der scheinbar unbedeutenden Aufgaben, das kleine

Z-Schiff zu fliegen. Genau wie Liam Liam hatte auch er persönliche Gründe, sich ganz dem Kampf gegen Terra zu widmen.

Im Raumhafen Wanderplas auf Sette wartete neben den Landerampen ein schnelles Kettenfahrzeug auf Liam. Auf dem Fahrersitz saß Jon Rakel persönlich, seit dem letzten Pogrom der fast einzige Kommandant der Vereinigten Widerstandsgruppen von Sette, und begrüßte Liam dankbar. Die beiden Männer kannten sich seit vielen Jahren und empfanden große Achtung voreinander.

»Ich fürchtete schon, du kämst nicht durch, Liam.«

»He! Die haben vielleicht mehr Schiffe und mehr Kanonen, aber Liam Liam hat seine eigene Geheimwaffe, verstanden? Er langweilt sie so lange, bis sie tun, was er will.«

Beide lachten, und Rakel lenkte das Fahrzeug flott durch die Zufahrtsstraßen des Raumhafenkomplexes; aber Rakels Lachen klang gepreßt, und sein Gesicht war von Müdigkeit und Anspannung gezeichnet.

Vermutlich, um den Raumhafen später wiederverwenden zu können, hatten ihn die Terraner bei ihren Angriffen gegen die Aufständischen ausgespart, aber als die beiden Männer jetzt weiter in das umliegende Stadtgebiet hineinkamen, wurde brutal offenbar, welch beträchtlichen Schaden die gezielten Raumbomben angerichtet hatten. Unter dem Vorwand, ›terroristische Zellen‹ eliminieren zu müssen, zeigte man der Bevölkerung von Sette, welch schrecklichen Preis sie dafür bezahlen mußte, daß sie versucht hatte, sich von der Bindung an den Mutterplaneten loszureißen. Hier wiederholte sich noch einmal die ganze, traurige Geschichte von Rigon, Zino und Ames World.

Als sie ins offene Gelände hinausfuhren, das jetzt durch die Giftbestäubung, welche nur die zähesten Gräser überlebt hatten, entsetzlich verödet war, streifte Liam die Niedergeschlagenheit ab, die ihn angesichts dieses Anblicks befallen hatte, und beschäftigte sich wieder mit den vor ihm liegenden Problemen.

»Du solltest mich über die jüngsten Vorgänge informieren, Jon. Die Funksprüche, die ich erhalten habe, waren nicht sehr genau.«

»Ich glaube, offen gestanden, wir erleben im Augenblick das, was Rigon kurz vor dem Ende erlebt hat. Wir haben auf Sette einige praktisch uneinnehmbare Kommandoposten errichtet, Stellungen, die die Terraner mit konventionellen Mitteln nicht knacken konnten. Sie waren die Grundlage unserer Kriegspläne; wir dachten, die Terraner müßten abziehen, weil ihre Nachschublinien zu lang waren. Statt dessen haben sie aber eine Spezialeinheit eingeflogen, die einen Kommandoposten ebenso leicht knacken kann wie du oder ich eine Nuß.«

»Was ist an taktischen Atomwaffen so Besonderes?«

»Nein, keine Atomwaffen; unsere Kommandoposten sind *unzugänglich,* sage ich dir; es ist ein Kommando.«

»Ein Kommando?« Liam war überrascht. »Aber doch sicher ...«

Rakel unterbrach ihn schnell. »Die sind etwas Besonderes, etwas ganz Besonderes. Ich mag mir gar nicht vorstellen, wer sie sind, oder wie sie operieren, aber sie sind hundertprozentig erfolgreich. Wenn sie nach dem gegenwärtigen Schema weitermachen, wird es innerhalb von sechs Monaten auf Sette keinen leistungsfähigen Widerstand mehr geben.«

Liam stieß einen überraschten Pfiff aus. »Na schön, wenn es eine Möglichkeit gibt, diese Bastarde zu schlagen, dann werden wir sie finden.«

»Hör zu, Liam! Wenn es eine einfache Lösung gäbe, dann hätten wir sie schon gefunden. Es gibt sie nicht. Unter uns gesagt, Sette ist schon jetzt erledigt. Ich wünschte wirklich, ich könnte etwas anderes sagen. Ich habe dich gebeten, hierherzukommen, damit du analysierst, was die da gegen uns einsetzen, und damit du das, was du hier erfährst, dem Rest des Zentrums mitteilst. Dann ist unser Opfer nicht ganz vergeblich gewesen. Wenn ihr Glück habt, bleibt euch vielleicht Zeit genug, um euch dagegen zu wappnen, bis der nächste Planet an die Reihe kommt.«

»Wenn mir das jemand anderer als Jon Rakel erklärt hätte, hätte ich gesagt, seine Nerven lassen ihn im Stich.«

»Das ist keine Frage der Nerven. Mit starken Kommandoposten konnten wir, wenn schon nicht siegen, so doch nicht völlig verlieren. Trotz aller Repressalien hatten wir immer die psychologische Sicherheit, daß einige von uns überleben würden und daß wir den Planeten halten konnten. Nun können die Terraner jeden Kommandoposten einnehmen, wie und wann sie wollen, und man muß das Gewicht der Repressalien in bezug auf die reale Situation beurteilen. Es geht darum, ob man überhaupt noch jemanden von der einheimischen Bevölkerung behalten will – wenn auch als Sklaven – oder gar niemand mehr.«

»Du meinst, Kapitulation?« Liam sprach das Wort aus, als sei es eine Neubildung zweifelhaften Ursprungs.

»Rigon und Zino haben bis zum Schluß gekämpft. Beide wurden mit Neutronenbomben sterilisiert, und Ames World ist es kaum besser ergangen. Sette hat im Augenblick eine Bevölkerung von ungefähr fünfhundert Millionen. Wie viele davon darf ich in der gegenwärtigen Situation verlieren, ehe ich eingestehe, daß ich nicht in der Lage bin, die übrigen zu verteidigen?«

»Das ist ein Dilemma, dem sich kein Mensch alleine stellen sollte, verstanden? Zeig mir, was du mir zeigen willst, Jon. Und dann berücksichtige bei deiner Entscheidung meinen Rat.«

»Deshalb habe ich darum gebeten, daß du persönlich kommst, Liam. Ich weiß, wie schwerwiegend das ist, was du sagst. Im Namen der Menschheit, welche Entscheidung auch immer getroffen wird, es darf nicht die falsche sein.«

3. Kapitel

Nachdem Dam Tetri verlassen hatte, ging er zuerst zu seinem Haus in der Nähe der Wasserwälder, um seine Uniform anzulegen und ein paar persönliche Dinge mitzunehmen. Dann machte er sich, mit einem letzten, bedauernden Blick auf die Fontänenwälder, die jetzt verschleiert und ruhig dalagen und seine eigene Wehmut widerspiegelten, auf den Weg zu den Landerampen der Raumarmee. Bald war er wieder auf dem Fluß und mußte sich anstrengen, um den bockenden Schlitten in dem starken Wellengang unter Kontrolle zu behalten, und zum allerersten mal fand er den Anblick des großen Raumschiffs, das, halb in Dunst gehüllt, halb nach den Sternen greifend, neben der Flußmündung stand, abscheulich.

Das Schiff, das dem Truppenkontingent für seinen Einsatz zugewiesen war, war die ›Starspite‹, einer der neuesten, bestausgestatteten Kreuzer, die die Castalische Raumarmee besaß. Dam erreichte sein Ziel und schaffte es, sich lange bevor Colonel Dimede an Bord kam, zum Dienst zu melden; obwohl er die Ehre genossen hatte, in Dimedes Haus zu Gast zu sein, war der Colonel jetzt sein Vorgesetzter, und alle derartigen Privilegien gehörten einer vergangenen Zeit an.

Die ersten Stunden waren ausgefüllt mit Vorbereitungen für den Flug, und als der Colonel eintraf, war alles für die Endkontrolle und Abnahme bereit. Dimede erwiderte Dams Gruß und lobte ihn für seine Tüchtigkeit, aber nichts in ihren Blicken ließ erkennen, daß sie persönlich bekannt waren.

Vom Zentrum bis zu dem Stern namens Sol war es eine Reise von dreißigtausend Lichtjahren. Diese gewaltige Entfernung sollte in zehn Sprüngen à dreitausend

Lichtjahre in und aus dem Tachyon-Raum zurückgelegt werden. Rechnete man alles zusammen, die Zeit im T-Raum, die Zeit, die man brauchte, um die Eintrittsgeschwindigkeit zu erreichen, und die notwendigen Navigationsperioden im Realraum zwischen den Sprüngen, so ergab sich eine geschätzte Reisedauer von fünfunddreißig Tagen, und Dam war entschlossen, diesen Plan einzuhalten. Vielleicht, um seine mangelnde Begeisterung für das Ziel der Reise wettzumachen, stürzte er sich so beharrlich und konzentriert in die Arbeit, daß ihm nur wenig Zeit zur Entspannung blieb. Was er an Freizeit hatte, verbrachte er in der Bibliothek und im Filmbetrachtungsraum, um jede noch so unbedeutende Information über Terra in sich aufzunehmen, die er finden konnte. Colonel Dimede registrierte seinen totalen Einsatz nicht gerade erfreut, äußerte sich aber nicht dazu.

Den größeren Teil der Reise über waren sie allein im Weltraum, und die Aufgaben des Navigators bestanden lediglich in Positionsbestimmungen und Kursberechnungen für den nächsten Tachyon-Sprung. Neuntausend Lichtjahre vor Sol trafen sie jedoch auf die ersten terranischen Schiffsketten, die ein unglaublich großes Gebiet im Umkreis der terranischen Sonne überwachten und dem Linienkreuzer, der da aus dem Zentrum herangerast kam, sehr gekonnt den Weg abschnitten. Ein Schema von Anrufen und Zwangspausen, um auf die Freigabe zu warten, zerstörten, zusammen mit der Notwendigkeit, neue Kursberechnungen zu erstellen, um das Schiff durch ›genehmigte‹ Flugkanäle zu bringen, Dams Terminplanung vollständig. Außerdem bekam er den Eindruck, daß der Mutterplanet unter einem Verfolgungswahn galaktischen Ausmaßes leiden mußte.

Insbesondere ärgerte es Dam, daß die ›Starspite‹ durch Kanäle mit eingeschränkter Bewegungsfreiheit dirigiert wurde, obwohl er genau wußte, daß Lichtjahre zwischen ihnen und dem nächsten Schiff lagen. Er verbrachte viele dienstfreie Stunden an den Sternkarten, bis er allmählich den Verdacht schöpfte, der eigentliche Zweck solcher Umleitungen sei es, die ›Starspite‹ von mehreren großen Raumabschnitten fernzuhalten; in jedem dieser Abschnitte befand sich, wie er feststellte, mindestens eine Welt, von der man nicht erwarten konnte, daß sie sich freudig unter die Herrschaft der Terraner fügte. Ob die ›Starspite‹ aus Regionen ferngehalten wurde, oder ob aufständische Streitkräfte diese Sektoren durchkreuzten, darüber konnte er nur spekulieren; aber insgeheim frohlockte er, weil die Terraner offensichtlich konkreten Anlaß hatten, nervös zu sein.

Beim Eintritt ins Sonnensystem erwartete sie schließlich eine massive Überraschung. Nie zuvor hatte sich Dam eine solche Konzentration von Raumschiffen, wie sie sich in diesem engen Raumabschnitt drängte, auch nur vorgestellt. Die Verkehrsvorschriften waren so kompliziert, daß sie gezwungen waren, einen Lotsen an Bord zu nehmen, der ihnen behilflich war, das Schiff durch die vorgeschriebenen Orbitaltransferbahnen zu navigieren, welche durch eine unglaubliche Menge von Regelungen, Strafen und Forderungen noch unangenehmer wurden. Dam ließ den Lotsen keine Sekunde lang aus den Augen und gab von jeder Anweisung eine Kopie in die Computerbanken, zur späteren Verwendung. Dam war einer der höchstqualifizierten Offiziere der Castalischen Raumarmee, und er empfand die lächerlichen, disziplinarischen Maßnahmen, die man ihnen da auferlegte und welche seine Sachkenntnis einfach außer acht ließen und ihm seinen Ermessensspielraum wegnahmen, als bittere Erniedrigung.

Als die ›Starspite‹ endlich ihre Parkbahn um Terra erreicht hatte, wurde Colonel Dimede hinuntergebracht, um seinen neuen Kommandaten kennenzulernen, und übertrug Dam als diensthabendem Offizier die Verantwortung für das Schiff. Dam übernahm diese Aufgabe ziemlich verdrießlich und fragte sich, ob es ihm wohl gelingen würde, seinen Zorn und seine Enttäuschung ein ganzes Jahr lang, während des gesamten Zwangseinsatzes, zu beherrschen. Die Besatzung spürte seine Stimmung und ließ sich davon anstecken, und Dam hatte vorübergehend das Kommando über eines der unglücklichsten Schiffe in der gesamten Raumarmee Castalias.

Zum Grübeln blieb ihm jedoch nicht lange Zeit. Der Colonel konnte kaum noch gelandet sein, als auch schon eine Pinasse mit offiziellen terranischen Besuchern an Bord eintraf.

»Hafenpolizei, Marshal Segger«, stellte sich der hochgewachsene Offizier vor, als er durch die Luftschleuse kam.

Es war das erstemal, daß Dam mit einem terranischen Offizier aus Fleisch und Blut in Kontakt kam. Er war unangenehm überrascht von der fahlen Gesichtsfarbe des Mannes und seiner häßlichen, pockennarbigen Haut. Auch die grimmige, diktatorisch-graue Uniform verriet ein freudloses Pflichtbewußtsein.

»Major Stormdragon, Kommandant in Abwesenheit von Colonel Dimede«, sagte Dam und machte unbeholfen den Versuch, den komplizierten terranischen Gruß zu erwidern. »Haben Sie nicht erfahren, daß Colonel Dimede schon gelandet ist?«

»Ich bin über den Aufenthaltsort des Colonel durchaus im Bilde«, erklärte Segger mit einem dünnen Lächeln. »Aber es gibt da einige Formalitäten, die auch in seiner Abwesenheit erledigt werden können. Ich bin hier, um eine Sicherheitsprüfung durchzuführen. Können wir in Ihr Büro gehen, Major?«

Dam biß sich auf die Unterlippe und ging voran, und der Marshal und seine beiden Adjutanten folgten ihm in kriegerischer Haltung. Dam forderte sie auf, am Kartentisch Platz zu nehmen, und ließ Erfrischungen kommen.

»Sie müssen mir erklären, was Sie unter Sicherheit

verstehen«, sagte er zu Segger. »Ich dachte, viel sicherer als auf einem Raumkreuzer in der Parkbahn könnte man nicht sein.«

»Ich sprach auch nicht von der äußeren Sicherheit. Ich sprach von der Sicherheit innerhalb des Schiffs – vielleicht sogar in den Köpfen der Offiziere und der Besatzungsmitglieder.«

»Das ist leicht zu klären. Die gesamte Besatzung besteht aus Soldaten der Castalischen Raumarmee. Ihre Loyalität ist über jeden Zweifel erhaben.«

»Loyalität wem gegenüber?« fragte Segger. »Das ist die Schlüsselfrage.«

Dam fiel es schwer, seine Verärgerung zu unterdrükken. »Sie sind ihrer Armee gegenüber loyal, und ihre Armee verlangt, daß sie einen Teil ihres Dienstes ableisten, indem sie ihre Gefolgstreue auf Terra übertragen. Ich bin für die Sicherheit an Bord verantwortlich, und ich bin ganz zufrieden mit den herrschenden Verhältnissen.«

»Aber ich nicht«, sagte Segger knapp. »Zumindest so lange nicht, als ich mich nicht persönlich vergewissert habe. Ich möchte alle Personalakten einschließlich Ihrer eigenen und der von Colonel Dimede.«

»Selbst wenn ich damit einverstanden wäre, ich habe nicht das Recht, sie Ihnen zugänglich zu machen.«

»Aber ich habe das Recht, von Ihnen zu verlangen, daß Sie sie mir aushändigen, Major.« Segger legte ein Blatt Papier auf den Tisch. »Das ist ein Befehl der Führung, dem Sie sich nicht widersetzen können. Und nun holen Sie die Akten und lassen Sie uns damit allein, bis wir nach Ihnen schicken!«

Kochend vor kaum zu verbergendem Zorn schaltete Dam den Kommunikator ein, legte das Papier auf die Scannerscheibe und nahm das Handmikrophon.

»Verbindung mit Lieutenant Corda, sofort!«

Der Bildschirm wurde hell, und das Gesicht von Soo Corda, der Rechtsberaterin des Schiffs, erschien. Sie lächelte müde, als sei sie soeben aus tiefem Schlaf geweckt worden.

»Was haben Sie auf dem Herzen, Dam?«

»Man hat mir einen terranischen Führungsbefehl vorgelegt, in dem von mir verlangt wird, daß ich unsere vertraulichen Personalakten zur Einsicht herausgebe. Muß ich das tun?«

Sie sah sich das von der Scannerscheibe übermittelte Bild ein paar Sekunden lang an, und ihre Stirn legte sich dabei in immer tiefere Falten. »Ich fürchte schon, Dam. Dieses Dokument ist rechtsfähig, ein Beschluß unserer eigenen Regierung, der in den Vereinbarungen des Weltraumabkommens festgehalten ist. Für uns hat es Gesetzeskraft.«

»Das habe ich befürchtet«, sagte Dam. »Trotzdem vielen Dank.«

Er unterbrach die Verbindung und wandte sich wieder an Segger. »Sie haben gewonnen, Marshal.«

»Das tue ich immer«, sagte Segger kategorisch, aber ohne eine Spur von Triumph in der Stimme.

Dam veranlaßte, daß die notwendigen Akten herbeigeschafft wurden, dann ging er auf die Kommandobrücke, wo es relativ ruhig war, solange die ›Starspite‹ parkte. Hier beschäftigte er sich damit, die Computerinformationen für die Orbitaltransfers in das Sonnensystem herein und wieder hinaus in Ordnung zu bringen. Er hatte das ganze System der Truppenkontingente schon gehaßt, noch ehe er nach Terra gekommen war; bisher waren seine Ansichten durch nichts widerlegt worden, und zu seinen ursprünglichen Bedenken war nun noch ein ständig wachsender Abscheu vor den Terranern selbst gekommen. Er befürchtete allmählich, daß das kommende Jahr ihn noch mehr verändern würde, als Tetri schon angedeutet hatte.

Vier Stunden später wurde er wieder in sein Büro gerufen. Die Akten waren zu ordentlichen Stapeln sortiert worden, und vor den Adjutanten türmten sich Berge von Notizen auf, offenbar aus den Unterlagen exzerpiert. Nur eine Akte lag noch vor dem Marshal, und das war Dams eigene.

»Setzen Sie sich, Major! Sie werden sich freuen zu hören, daß wir mit dem, was wir vorgefunden haben, zufrieden sind. So zufrieden, daß ich den Verdacht habe, der Geheimdienst des Zentrums war noch emsiger als gewöhnlich und hat unsere Vorstellungen auf diesem Gebiet erraten. Ich habe nur noch ein paar Fragen, und die betreffen Sie persönlich.«

»Mich?« Dam war aufrichtig überrascht.

»Ihr Vater war im Vilion-Feldzug, nicht wahr?«

»Ich glaube schon. Ich erinnere mich, daß er davon sprach.«

»Hat er sich jemals über die Politik geäußert, die hinter dem Vilion-Aufstand stand?«

»Wenn ja«, sagte Dam, »so kann ich mich nicht daran erinnern. Ich war erst elf, als er starb.«

»Ich verstehe.« Segger schrieb etwas auf einen Block. »Und wie gut kennen Sie Senator Anrouse?«

»Ich habe nur einmal mit ihm gesprochen – bei einem Glas Wein. Ansonsten sind wir uns nie begegnet. Worauf, zum Teufel, wollen Sie eigentlich hinaus?«

»Beantworten Sie Fragen immer so aggressiv?«

»Nur, wenn sie dumm sind. Was soll denn ein Cocktailgeplauder mit meinen Sicherheitsvorkehrungen auf diesem Schiff zu tun haben?«

Der Marshal musterte ihn ein paar Sekunden lang eindringlich. »Möglicherweise gar nichts. Im Augenblick will ich meine Zweifel zu Ihren Gunsten auslegen.« Er blickte seine Adjutanten an. »Nun, meine Herren, damit können wir unsere Untersuchung wohl abschließen. Sollte noch etwas ans Licht kommen, dann werden wir uns auf dem üblichen Weg mit Colonel Dimede in Verbindung setzen. Noch etwas, Major ...«

»Marshal?« Dam blickte auf, von der plötzlichen Eiseskälte im Tonfall des Mannes aufgerüttelt.

»Soll ich Ihre Haltung so verstehen, daß Sie die terranische Armee ablehnen?«

»Ich weiß sehr wenig über die terranische Armee. Ich bin eben erst angekommen. Aber ich neige dazu, die Dinge danach zu beurteilen, wie ich sie vorfinde. Bisher habe ich nichts als Frustration und unbegründete Verdächtigungen erlebt. Vielleicht wird es morgen anders sein.«

»Eine umsichtige Antwort, und eine, die Sie im Gedächtnis behalten sollten. Glauben Sie mir, Stormdragon, Sie werden Ihrem Ruf, kein Blatt vor den Mund zu nehmen, durchaus gerecht. Sie wären gut beraten, diese Gewohnheit etwas im Zaum zu halten, solange Sie sich am Rand der Galaxis aufhalten.«

4. Kapitel

In einem oberflächlich getarnten Geländedepot unter einem Streifen kränklicher Bäume wartete ein Flieger auf Jon Rakel. Liam war beeindruckt, als er sah, wie hart und tüchtig die Männer waren, die das Depot betrieben, und welch großen Respekt sie offensichtlich vor dem Mann hatten, der jetzt als einziger die Befehle gab: aber es waren kriegsmüde Männer, und in allen Augen spukte das Gespenst der Niederlage.

Rakel beobachtete nervös sein Chronometer und wartete, bis das letzte Licht vom Himmel verschwunden war, ehe er das Fahrzeug aus seinem unsicheren Hangar fuhr und sich in den Nachthimmel erhob. Sobald sie in der Luft waren, schaltete er auf einen vorher eingestellten, automatisch gesteuerten Kurs, lehnte sich in seinem Sitz zurück und entspannte sich.

»Wohin fliegen wir?« fragte Liam.

»Zu einem unserer Kommandoposten, Stützpunkt 22. Er hat tiefe Schutzräume, die auch einem Atomangriff standhalten können, mehr Feuerkraft als ein ganzes Regiment, und ein Benedict-Kraftfeld, das direkt von einem Raumschlachtkreuzer Klasse zehn ausgeht. Wir rechnen damit, Stützpunkt 22 heute nacht zu verlieren.«

»Eine fatalistische Prophezeiung.«

»Nein, eine realistische Prophezeiung. Solche Situationen sind uns nicht neu.«

»Warum heute nacht?«

»Die Terraner machen kein großes Geheimnis daraus, wie sie ihre Angriffe planen; sie haben mit dem nördlichsten unserer Kommandoposten angefangen und sich in viertägigen Abständen die Landkarte systematisch hinuntergearbeitet. Heute nacht ist Stützpunkt 22 an der Reihe. Ich glaube, sie wollen uns zeigen, daß wir auch dann nichts dagegen machen können, wenn wir wissen, wo und wann der nächste Schlag erfolgt.«

»Und das stört mich«, sagte Liam. »Wenn ihr wißt, wann und wo ein Angriff stattfindet, warum könnt ihr dann keine Verteidigung organisieren?«

»Das wirst du verstehen, wenn du es mit eigenen Augen gesehen hast.« Rakels Stimme klang hohl vor dem Motorengeräusch im Hintergrund. »Wie kann man gegen Geister eine Verteidigung organisieren?«

»Geister?«

»So etwas Ähnliches. Was immer sie sind, aus festem Stoff sind sie bestimmt nicht.«

»Aber sie können kämpfen?«

»Mit Strahlungswaffen immer. Laser, Elektronengewehre, Hitzestrahler – alles, was in diese Kategorie gehört. Und sie sind durch nichts aufzuhalten. Sie marschieren geradewegs durch alles hindurch, womit wir auf sie schießen können. Sie sind unheimlich – und äußerst tödlich.«

»Wie viele von diesen ›Geistern‹ gibt es denn?«

»Ein Schiff, ungefähr ein Dutzend Geister.«

»Das ist unglaublich, verstanden? Willst du mir erzählen, daß ihr wegen einem Dutzend Geister Sette wahrscheinlich verlieren werdet?«

»Ich will dir gar nichts erzählen, Liam. Ich möchte einfach, daß du es selbst siehst. Wenn du uns irgend etwas raten kannst, was auch nur einen Funken Hoffnung verspricht, werden wir es ausprobieren. Wir haben alles ausgeschöpft, was uns eingefallen ist.«

Sobald der Flieger in der Stratosphäre war, ging er auf Mach Drei und flog fast eine Stunde mit dieser Geschwindigkeit, dann verringerte er plötzlich sein Tempo und glitt in einer sanften Kurve, die in der letzten Phase vom Boden aus gesteuert wurde, nach unten. Der Datenaustausch war komplex und präzise genug, um Liam zu zeigen, daß die Verteidiger immer noch über ein hohes technisches Niveau verfügten, obwohl sie einen fast totalen ›Krieg‹ führten. Dadurch fiel es ihm nur noch schwerer, zu begreifen, wieso Rakel sich damit abfand, daß ein Dutzend Geister, ganz gleich, welchen Kalibers, über das Schicksal von Sette entscheiden sollten. Er behielt sich jedoch ein Urteil vor, denn er kannte Jon lange genug, um zu wissen, daß ein Problem, das dieser nicht lösen konnte, wirklich ein Problem war.

Kurz über dem Boden schaltete Rakel auf Schweben und reichte Liam ein Nachtglas. Damit konnte der Agent etwas erkennen, was aussah wie die Ruinen einer Stadt, die sich über die Kuppe eines kleinen Hügels hinstreckten.

»Stützpunkt 22«, erklärte Rakel. »Hauptsächlich unterirdisch. Wenn du die Silhouette verfolgst, siehst du die Spur des Benedict-Kraftfelds. Es ist volle zehn Mikron dick; nicht einmal ein abstürzendes Raumschiff könnte eine Beule reinmachen.«

»Ich sehe es. Hat es auch Fenster?«

»Insgesamt fünf, und sie sind mit unseren Geschützen synchronisiert. Aber sämtliche Artilleriepositionen befinden sich in so festen Unterständen, daß alles, was ein Fenster durchschlägt, nur die direkt darunter aufgestellten Waffen zerstören kann.«

»Undurchdringlicher kann man es nach normalen Maßstäben nicht haben.«

»Das hatten wir auch gehofft«, sagte Rakel verdrießlich.

Der Landeplatz war eine Betonrampe dicht neben zwei massiven, verstärkten Türen, die aufgingen, als sie sich ihnen näherten. Für einen kurzen Augenblick wurde im Benedict-Feld ein Fenster geschaffen, um den Flieger durchrollen zu lassen. Sofort nachdem die Maschine das Feld passiert hatte, wurde das Fenster abgezogen, und wieder umgab der undurchdringliche Schutzschirm den ganzen Komplex mit seiner Energiehülle.

Aus der großen Fahrzeughalle, in die sie eingefahren waren, führte man sie schnell durch viele Stockwerke in eine Befehlszentrale, wo mittels Reihen von Bildschirmen Stützpunkt 22 von innen wie von außen optisch vollständig überwacht werden konnte. Liam wurde dem Stützpunktkommandanten vorgestellt, der für den Fall, daß der bevorstehende Angriff den angenommenen Verlauf nehmen würde, Liams Flucht schon geplant hatte. Um für die Möglichkeit, daß alles noch schlimmer kam, Vorsorge zu treffen, versah man Liam mit einem Elektronengewehr und übergab ihn der Obhut von vier ebenso bewaffneten Offizieren, die ausdrücklich Anweisung hatten, ohne Rücksicht auf das Schicksal des übrigen Stützpunkts für die Sicherheit des Agenten zu sorgen.

Sie mußten lange warten. Wenn tatsächlich ein Angriff bevorstand, so hatten es die Terraner nicht eilig damit, und die Einheit, die die Kampfverbände im Orbit überwachte, meldete keine außergewöhnlichen Aktivitäten. Liam trank Kaffee und prüfte Pläne des Stützpunkts und der Umgebung, um sich zu orientieren.

Eine Stunde vor Morgengrauen änderte sich die Situation drastisch. Es wurde beobachtet, wie ein einzelnes Schiff, kaum größer als eine Pinasse, sich aus der Gruppe von Schiffen im Orbit löste und in eine Flugbahn ging, auf der es in der Nähe von Stützpunkt 22 landen würde. Gleichzeitig deckte ein terranischer Kreuzer das ganze Gebiet mit einem dichten Teppich von Raumbomben ein, vermutlich, um alle Widerstandsnester zu eliminieren, die sich außerhalb des eigentlichen Kommandopostens befinden mochten. In den tiefen Gewölben des Stützpunkts fing der Benedict-Schirm das meiste ab und reduzierte die heftigen Explosionen auf ein dumpfes Grollen im Hintergrund.

Als das herabkommende Schiff die Stratosphäre durchstieß, eröffnete eine von Rakels Raketenstellungen das Feuer und bestrich die Anflugzone mit einer Serie zielsuchender Raketen. Die Abschirmung, die das kleine Schiff umgab, war so wirkungsvoll, daß keines dieser Geschosse traf. Bald fingen die Außendetektoren das Donnern der Bremsmotoren auf, das den Nachthimmel zerriß, und gleichzeitig konnte man sehen, wie die Flammen der Brenner die dicke Wolkenschicht von oben her erhellten.

»Ein Geheimnis machen sie ja nicht gerade aus ihrem Anflug«, bemerkte Liam. »Ich glaube, sie richten es bewußt so ein, daß sie wie die Racheengel herabstürzen, verstanden?«

Das Schiff landete ein kleines Stück von Stützpunkt 22 entfernt in einem Gebiet, wo die Hügelkuppe die Kameraüberwachung störte. Es war daher nicht möglich, direkt zu beobachten, wie die geisterhaften Krieger ihr Schiff verließen. Nun folgte eine lange Periode gespannten Wartens; dann riß plötzlich die Verbindung zu einem Beobachtungsposten an einem Ende des Stützpunkts ab. Sofort fegte eine Welle der Aktivität durch den Kontrollraum, und Liam runzelte die Stirn, als er merkte, wie die Spannung mit einer Schnelligkeit stieg, die in keinem Verhältnis zu den Umständen stand.

Rakel war damit beschäftigt, einer Gruppe von Überwachungsleuten Anweisungen zu geben, deshalb packte Liam einen vorbeigehenden Offizier am Arm.

»Was ist denn los?«

»Sie haben den Stützpunkt auf breiter Front angegriffen und sind schon in eine der Lagerhallen eingedrungen.«

»Das kann nicht sein, verstanden? Sie können unmöglich ungesehen vom Schiff zum Stützpunkt gelangt sein. Und sie wären nicht durch das Benedict-Feld gekommen.«

»Erzählen Sie das den Geistern«, sagte der Offizier und schüttelte Liams Hand grob ab. »Bis irgend jemand sie gesehen hat, waren sie schon durch.«

Wenn Liam noch eine Bestätigung brauchte, so erschien sie nun auf den Monitoren. Die Schirme, die Randbereiche der Anlage auf den höheren Stockwerken zeigten, gaben schon Szenen eines Massakers wieder, wobei eine kleine Gruppe, die sich bis auf den metallischen Glanz ihrer Uniformen in nichts von einem gewöhnlichen terranischen Kommandotrupp unterschied, unglaublich unangefochten durch einen wahren Hagel von Schüssen ging und dabei dutzendweise Verteidiger abschlachtete. Bei diesem unmöglichen Anblick wurde Liam die Kehle eng. Wenn man bedachte, wie fähig die Verteidigung war, hatte keiner der Angreifer, auch wenn sein Körper noch so perfekt gepanzert war, mehr ein Recht, am Leben zu sein.

Nachdem Liam sich nach Rakel umgesehen hatte, der nirgends zu entdecken war, trieb er die ihm zugewiesenen Leibwächter zusammen und zeigte auf die Kampfszene.

»Bringen Sie mich dort hinauf! Ich muß diese Geister selbst sehen, verstanden?«

Anfangs zögerten sie, aber schließlich entschieden sie, daß man einen geschützten Beobachtungspunkt finden konnte. Liam folgte ihnen schnell durch ein Labyrinth unterirdischer Gänge, in denen Schüsse widerhallten und stechender, übelriechend-warmer Qualm stand. Die Invasoren drangen sogar noch schneller vor, als seine Begleiter geschätzt hatten; die ›geschützte‹ Stelle, zu der sie ihn hatten führen wollen, war schon überrannt worden, als sie die oberen Etagen erreichten. Sie blieben vorzeitig in einem langen Tunnel stehen, dessen Wände in einiger Entfernung von einer Explosion geschwärzt waren; dort bewegten sich fluoreszierende Flecken, wo mit hochintensiver Strahlung die glücklosen Verteidiger in einem Seitentunnel aufgespürt wurden.

Plötzlich erschien auf der Kreuzung direkt vor ihnen eine Gestalt. Eine Strahlenwaffe flammte auf, und zwei von Liams Führern stürzten tödlich getroffen neben ihm zu Boden. Liam hatte den Vorfall nicht genau gesehen, weil seine beiden anderen Leibwächter ihn aus der Schußlinie gerissen und in eine flache Nische gezogen hatten. Liam machte sich los, um besser sehen zu können, kam mit einem Auge an den Rand der Nische und beobachtete nachdenklich und fasziniert, wie zwei bewaffnete Erscheinungen kurz an der Kreuzung stehenblieben, sich dann umdrehten und schießend einen Seitentunnel hinunterliefen. Die Bezeichnung ›Geister‹, die Jon Rakel gewählt hatte, kam der Wahrheit sehr nahe. Sie waren von menschlicher Gestalt und bewegten sich auch wie Menschen, man hätte sie auf den ersten Blick für Angehörige eines terranischen Kommandos halten können, die statt in die herkömmlichen, graubraunen Uniformen in Metallfolie gekleidet waren. Die am Ende des Tunnels entlangkriechenden, fluoreszierenden Punkte enthüllten jedoch noch eine erschrekkende Tatsache – die Gestalten waren teilweise durchsichtig.

Dann drehte sich eine von ihnen in ihre Richtung, und Liam wurde gewaltsam in die Nische zurückgezerrt, nur einen Sekundenbruchteil, ehe ein Hitzestrahler die Eisenträger zum Schmelzen brachte, die die Ecke verstärkten, und Liam mit brennenden Farbspritzern überschüttet wurde. Als sich der Schuß nicht wiederholte, riskierte Liam noch einen Blick. Die Phantomkrieger waren inzwischen schon in den Seitentunnel eingebogen und verschwanden schnell aus dem Blickfeld, aber erst, nachdem Liam vor dem tiefen Schwarz der rußigen Wände gesehen hatte, daß die Geister tatsächlich selbst einen gespenstischen Schein ausstrahlten.

Liam packte sein Elektronengewehr und wollte ihnen folgen, aber seine Leibwächter hielten ihn zurück.

»Riskieren Sie es nicht, Liam! Sie können nichts herausfinden, was wir nicht schon wissen – und die Chancen, daß Sie bei dem Versuch getötet werden, stehen recht gut. Wir bringen Sie jetzt lieber weg.«

Nur widerstrebend sah Liam ein, daß ihre Argumente vernünftig waren. Er konnte jetzt nichts in Erfahrung bringen, was die Verteidiger von Sette nicht schon ermittelt hatten; auch eine Wiederholung seiner Begegnung mit den Geisterkriegern würde sein Wissen wahrscheinlich nicht so sehr vergrößern, daß sich das Risiko lohnte. Ganz gleich, wie sehr ihm die Vorstellung mißfiel, einen Kampf zu verlassen, bevor er zu Ende war, er hatte vor allem anderen die Pflicht, dem Rest des Zentrums zu berichten, was er gesehen hatte, damit vielleicht andere eine geeignete Verteidigung entwerfen konnten.

Die Erschütterungen, von denen Liam und seine Begleiter herumgeschleudert wurden, als sie durch die Tunnel zurückrannten, waren schwer zu erklären, bis Liam begriff, daß der Generator des Benedict-Feldes ein Hauptziel für das Geisterkommando gewesen sein mußte. Nachdem sie den außer Kraft gesetzt hatten, konnte ein weiterer, aus dem Orbit abgeworfener Raumbombenteppich den Boden bis in eine solche Tiefe in Staub verwandeln, daß die oberen Etagen der Anlage stark in Mitleidenschaft gezogen wurden. Das gab unvermittelt Anlaß, sich um die Sicherheit des Fliegers Sorgen zu machen, mit dem Liam sein wartendes Raumschiff wieder erreichen sollte. Liam mußte sein Vorhaben, in die Befehlszentrale zurückzukehren, aufgeben und statt dessen direkt die Fahrzeughalle aufsuchen.

In der Halle herrschte ein großes Durcheinander, das riesige Dach war vom Einschlag gigantischer Sprengkörper mit großer Durchschlagskraft auf der Panetenoberfläche weit aufgerissen. Glücklicherweise war der Flieger unversehrt. Liam ließ einen Aufruf an Jon Rakel absetzen, er solle zu ihm kommen und ihn begleiten, aber die Nachricht kam nicht an. Nach der Zerstörung des Benedict-Feldes waren die Geisterkrieger sofort in die tieferen Etagen vorgedrungen und griffen nun schon die Befehlszentrale selbst an. Dem Geräusch der Explosionen von unten nach zu urteilen, wurde sicher auch das Arsenal beschossen. Liam sah schweren Herzens ein, daß die Entscheidung, ob man sich ergeben solle oder nicht, schon nicht mehr in Rakels Hand lag. Selbst wenn der Kommandant noch am Leben sein sollte, die Schlacht war unwiderruflich verloren.

5. Kapitel

Nachdem Dam die Gruppe der Terraner vom Schiff begleitet hatte, suchte er Soo Corda in ihrer Kabine auf. Sie hörte sich seinen Standpunkt verständnisvoll an, verpaßte ihm aber einen leisen Tadel, weil er eine so wichtige Persönlichkeit wie den Marshal der Hafenpolizei so von oben herab behandelt hatte. Unter dem Einfluß ihrer vernünftigen Argumente sah Dam allmählich deutlicher, wie seine Einstellung allmählich sein Urteilsvermögen beeinflußte und ihn auch dann in eine Verteidigungsposition drängte, wenn nur sein Stolz bedroht war. Er verfluchte seine Naivität, als sie ihn darauf hinwies, daß alle vertraulichen Schiffsakten auf Castalia mit Sicherheit umgeschrieben worden waren, weil man genau so eine Prüfung schon vorausgesehen hatte.

Ihre friedlichen Überredungskünste wirkten an diesem Abend stärker als die von Colonel Dimede bei dessen Rückkehr. Als der Colonel das Thema noch einmal aufnahm, hatte er die Kopie einer Beschwerde des Marshals in der Hand.

»Ich weiß, Sie fühlten sich im Recht, Dam, aber diese Leute haben eine andere Mentalität. Wir sind im gleichen Maße, wie wir eine Kampfeinheit sind, auch Gesandte – oder sollten es jedenfalls sein –, die all das zeigen, was wir von der Kultur des Zentrums für das Beste halten.«

»Und dazu gehört auch Höflichkeit gegenüber tyrannischen Schnüfflern?« fragte Dam. »Ich dachte, die Planetenstaaten des Zentrums seien im Geist der Unabhängigkeit gegründet worden. Auch das gehört schließlich zur Kultur des Zentrums.«

Dimede hob die Hand. »Schon gut, Dam! Regen Sie sich nicht auf! Sie wissen, daß ich mit Ihnen nicht über die politischen Hintergründe sprechen kann. Ob richtig oder falsch, unser Befehl lautet, uns dem terranischen Kommando zu unterstellen – und das heißt auch, alle damit verbundenen Provokationen und Erniedrigungen mit Anstand zu ertragen. Das gehört eben dazu, und wenn Sie nach den Terranern treten, versetzen Sie gleichzeitig mir einen Tritt.«

»In diesem Fall«, sagte Dam, »entschuldige ich mich und nehme den Tadel an.«

»Gut. Die Tatsache wird vermerkt, und damit ist die Angelegenheit abgeschlossen. Aber ich wollte mit Ihnen noch über ein anderes Thema sprechen. Seit wir Castalia verlassen haben, arbeiten Sie zu viel. Sie machen sich noch völlig verrückt. Wir haben ein paar heikle Einsätze vor uns, und ein Offizier, dessen Nerven schon zum Zerreißen gespannt sind, ist das letzte, was ich brauche. Wir haben noch ein paar Tage Zeit, bis unsere Befehle eintreffen. Sie werden also landen und Urlaub nehmen. Gehen Sie dahin, wo etwas los ist, und schalten Sie ab!«

»Wenn Sie gestatten, Sir, würde ich lieber an Bord bleiben.«

»Noch in dieser Stunde wird eine Pinasse für einen Kurzurlaub fertiggemacht. Sie gehen mit dem ersten Trupp von Bord. Das ist ein Befehl, Dam.«

»Verstanden, Sir. Ich gehe von Bord.«

Er stellte fest, daß man ihm im Club der Kolonialoffiziere schon ein Zimmer bestellt hatte. Die meisten anderen Gäste waren Leute aus dem Zentrum, und viele von ihnen waren, wie er selbst, zum erstenmal auf dem Mutterplaneten. Aber er spürte, daß sie etwas an sich hatten, das er bei sich nicht entdecken konnte: eine überwältigende Erregung, weil sie sich auf dem Planeten befanden, auf dem die menschliche Rasse ihren Anfang genommen hatte. In den Prospekten in der Halle wurden ausgedehnte Reisen mit dem Stratojet zur ›Wiege der Zivilisation‹, dem ›Geburtsort des Menschen‹ und ähnlichen historischen und touristischen Sehenswürdigkeiten aufgeführt. Dam fand es interessanter, wozu sich die Einwohner von Terra entwickelt hatten, als, woraus sie sich entwickelt hatten. Er fürchtete, daß es ihm schwerfallen würde, den Ausdruck ›Fortschritt‹ für die langen Jahre zwischen ihrer Entstehung und ihrer jetzigen, sogenannten Reife zu rechtfertigen.

Auf dem Weg vom Raumhafen zum Club hatte er schon die endlosen Reihen hoher, grauer, erschreckend einförmiger Wohnblocks gesehen, während der Führer voll Begeisterung über die philosophischen und praktischen Vorzüge kollektiver Wohngemeinschaften gesprochen hatte. Dam, dem Gegenden mit mehr als zwei Behausungen in einer Blickrichtung ein Greuel waren, fragte sich, wie hoch wohl die Selbstmordrate sein mochte und wie all die aufgestauten Frustrationen und Spannungen wohl freigesetzt werden konnten, ohne daß sie die Gesellschaftsstruktur sprengten. Zumindest einen Teil der Antwort bekam er, als er hörte, daß es in der Raumarmee eine Wehrpflicht gab; damit brachte man die jüngeren Elemente, sofort nachdem das Schulsystem sie freigegeben hatte, wieder unter Kontrolle.

Er aß im Club früh zu Abend, erkundigte sich dann bei einem der Mitbewohner und ging los, um den Teil der Stadt zu erforschen, der angeblich der Entspannung und Unterhaltung gewidmet war. Erst hier, inmitten der Menschenmassen, unter den strahlenden Lichtern der Cafés, Theater und Vergnügungshallen drang ein wenig von dem legendären Zauber der terranischen Nacht in sein zynisches Bewußtsein. Er mußte zugeben, daß es in bezug auf organisierte Unterhaltung und laute, aufdringliche Vergnügungsbetriebe im Zentrum nichts Vergleichbares gab.

Eine Zeitlang tat er sich mit einer Gruppe von Kolonialoffizieren zusammen, die er im Club kennengelernt hatte, trank ein paar Gläser mit ihnen und wurde einigen Mädchen vorgestellt, wollte aber nicht mit ihnen tanzen gehen. Als sich die Gruppe schließlich auflöste, blieb er allein in einem Freiluftcafé sitzen, von farbigen Lichtern übergossen, und hörte der Musik eines Wandermusikanten zu, der auf einem schönen Saiteninstrument fremdartige, Erinnerungen wachrufende Melodien von den Außenwelten spielte und damit Dams heimwehkranke Seele rührte. Irgendwann saß er dann neben einem attraktiven Mädchen, das, obwohl es nach terranischer Mode gekleidet war, einen leichten Akzent hatte, der darauf hindeutete, daß seine Heimat näher an der Mitte der Galaxis lag.

Dam wußte nicht genau, wie sie ins Reden kamen, aber er erfuhr bald, daß sie Tez-ann hieß, und daß sie ursprünglich von Gannen gekommen war, zu einem künstlerischen Experiment, das jedoch gescheitert war. Um sich ihren Lebensunterhalt zu verdienen und zu versuchen, sich die Rückreise nach Gannen zusammenzusparen, hatte sie im ›Kulturzentrum der Außenwelten‹ eine Stelle angenommen. Ihre wirtschaftliche Lage war so, daß sie nach fünf Jahren dem Ziel, auf ihren Heimatplaneten zurückzukehren, kaum näher war als zu Anfang.

Es war leicht, Tez-ann zuzuhören, und es war leicht, mit ihr zu sprechen. Dam fand Gefallen an ihrer fast naiven, aufrichtigen Art. Es schien ihm, als seien sie in ihrer gemeinsamen Abneigung und in ihrem Mißtrauen gegenüber Terra und allem Terranischen verwandte Seelen, und Dam fand es ermutigend, einen zweiten Menschen gefunden zu haben, der seine eigenen Bedenken in so hohem Maße teilte. Während sie tranken und sich unterhielten, kam der Wandermusikant, der sie offenbar mit einem Liebespaar verwechselte, an ihren Tisch und spielte und sang ihnen ein leises, eindringliches Liebeslied, das von großem Begehren und großer Sehnsucht an anderen Orten und zu anderen Zeiten erzählte. Dam gab ihm ein mehr als reichliches

Trinkgeld, und er und Tez-ann lachten über die Verwechslung und begannen, so zu tun, als seien sie wirklich ein Liebespaar, sie hielten sich an den Händen und blickten sich tief in die Augen. Schließlich fingen sie an, die erleuchteten Promenaden zu erforschen, die über die mit Scheinwerfern angestrahlten Dächer der älteren Stadtteile führten, und sie zeigte ihm einige der dunkleren Stellen, wo er mehr vom terranischen Nachthimmel mit seinen unglaublich wenigen Sternen sehen konnte.

Als die Nacht halb vorüber war, die Cafés schlossen und die Musik verstummte, schlug Tez-ann einen ernsteren Ton an. Sie vertraute Dam mit naiver Zutraulichkeit verschiedene Indiskretionen an, bestand darauf, daß er soviel von seinem Urlaub wie nur möglich mit ihr verbrachte, und lud ihn schließlich für den Rest der Nacht auf ihr Zimmer im ›Kulturzentrum der Außenwelten‹ ein; sie fügte hinzu, daß sie nicht in einer Wohngemeinschaft lebe und sie daher völlig unter sich sein würden. Dam überlegte sich, daß er ja einen strikten Befehl von Colonel Dimede hatte, sich zu entspannen und abzuschalten, und er konnte sich keine angenehmere Art und Weise vorstellen, diesem Befehl Folge zu leisten. So machten sie sich Arm in Arm auf den Weg.

Te-zanns ›Zimmer‹ stellte sich als ziemlich geräumige, gut möblierte Wohnung heraus, einigermaßen überraschend bei jemandem, der sich angeblich bemühte, sich den Fahrpreis für die Rückkehr nach Gannen zusammenzusparen. Sie beantwortete seine unausgesprochene Frage mit der Erklärung, die Wohnung gehöre zu ihrem Job, und sie könne nicht gegen ein höheres Gehalt eingetauscht werden. Aus den Schriften und Büchern, die in der Wohnung herumlagen, entdeckte Dam allmählich, daß sie Beziehungen zu einer Gruppe unterhielt, die der herrschenden Militärjunta kritisch gegenüberstand, und er las interessiert mehrere leicht subversive Flugblätter, während sie badete und sich umzog.

Sie kam duftend und mit weichem Blick in einem blauen Hauskleid wieder und brachte in schönen, flachen Gläsern etwas zu trinken mit. Der Likör, so sagte sie, sei eine Spezialität von Gannen und auf Terra nicht überall erhältlich. Es gebe eine Legende, daß man einst aus der gleichen Kräutermischung, mit der man nun das Aroma des Getränks verstärke, Liebestränke gebraut habe. Sie gab sich amüsant und aufreizend, die beiden stießen miteinander an, blickten sich tief in die Augen und tranken. Dam fand den Likör unerwartet stark, aber sein plötzlich erwachtes Mißtrauen kam zu spät; als er aufstand, taumelte er und wäre fast gestürzt. Tez-ann reagierte anders; sie schleuderte ihr Glas an die Wand, wo es zersplitterte, und ihr Gesicht war plötzlich vor Zorn weiß und starr wie eine Maske.

»Ihr Hunde!« fauchte sie, dann sank sie bewußtlos zu Boden.

Dam begriff nur, daß man ihm ein Betäubungsmittel eingeflößt hatte, er bemühte sich, auf den Beinen zu bleiben, aber sein Gleichgewichtssinn war gestört. Er fiel hintenüber auf die Couch. Dann verlor auch er das Bewußtsein.

Das nächste, was er wahrnahm, war ein starkes Licht, das sonderbar wogte und sich bewegte. Gleichzeitig spürte er, daß es regnete, daß er naß war bis auf die Haut und daß er mit dem Gesicht nach unten im Freien lag, mit der Wange in einer Pfütze. Sein Kopf tobte und schmerzte, von einem schweren Bluterguß über dem rechten Auge, wie er feststellte. Das Licht entpuppte sich als Strahl eines Suchscheinwerfers, der auf ihn gerichtet war und von der Oberfläche der seichten Pfütze, in der er lag, reflektiert wurde. Der Scheinwerfer selbst war auf einem Schwebetransporter montiert, von dem soeben eine Reihe uniformierter Männer herabstiegen.

»Keine plötzlichen Bewegungen, Soldat! Du stehst jetzt schön langsam auf und legst dabei die Hände auf den Kopf.«

Dam tat, wie ihm gesagt wurde. Beim Aufstehen stolperte er über eine dunkle Masse, der Körper einer Frau, wie sich herausstellte. Aufgrund des blauen Gewandes lag sofort nahe, daß es Tez-ann war, und ihm wurde plötzlich übel, als er ihre Verletzungen sah und erkannte, daß sich ihr Blut ungehindert mit dem Wasser vermischt haben mußte, das seine Kleidung durchtränkt hatte. Jemand hatte ihr mit einer Pistole den halben Kopf weggeschossen.

»Was ... was ist passiert?«

»Die Fragen stellen wir, Soldat! Du gibst die Antworten!« fauchte einer der Uniformierten, während ihm ein anderer die Arme hinter den Rücken riß und sie mit einer scharfen Schlinge fesselte, die ihm schmerzhaft ins Fleisch schnitt. Dann wurde er neben den Schwebetransporter gezerrt und mußte dort stehenbleiben, während Tez-anns Leiche untersucht und die Umgebung sorgfältig mit Handlampen abgeleuchtet wurde. Endlich brachte man die Leiche zu einem zweiten Fahrzeug, und ein Offizier kam auf Dam zu und streckte ihm eine Pistole hin, die er im Wasser gefunden hatte.

»Ist das deine Waffe, Soldat?«

»Könnte sein«, sagte Dam. Da seine Hände auf dem Rücken gefesselt waren, konnte er nicht nachprüfen, ob seine eigene Waffe noch in dem Halfter an seiner Hüfte steckte oder nicht.

»Ist sie es, oder ist sie es nicht?« Ein brutaler Schlag quer über das Gesicht. Dam spuckte Blut, weil er sich in die Backe gebissen hatte.

»Wenn sie es ist, habe ich sie nicht benützt. Ich schwöre es!«

Der Offizier winkte seinen Leuten. »Nehmt ihn mit und macht ihn weich fürs Verhör! Das Labor soll sich mit der Wunde und mit der Waffe beschäftigen. Ich möchte, daß dieser Typ und das Mädchen zweifelsfrei identifiziert werden, und ich möchte bis zum Morgen alle Berichte vorliegen haben. Wenn dieses Gesindel aus den Kolonien glaubt, es kann nach Terra kommen und anfangen, Schwierigkeiten zu machen, werde ich nur zu gerne ein Exempel statuieren, um es davon abzuhalten, das noch einmal zu versuchen.«

»Aber ich habe doch nichts getan«, sagte Dam. »Ich kann erklären ...«

Ein zweiter Schlag über das Gesicht brach ihm einen Zahn ab und ließ seinen Mund so anschwellen, daß er, auch wenn er es gewagt hätte, nur mit Mühe hätte sprechen können.

»Halt's Maul, du stinkendes Stück Scheiße von Nicht-Terraner!« schrie der Offizier. »Erklärungen kannst du abgeben, wenn wir die richtigen Fragen kennen. Ich habe euch Unruhestifter aus den Kolonien verdammt satt. Höchste Zeit, daß man euch mal eine Lektion erteilt. Und dafür bin ich genau der richtige Mann.«

Dam begriff immer noch nicht, wie ihm eigentlich geschah, als er, dicht gefolgt von zwei bewaffneten Wächtern, in die Stahlzelle des Schwebetransporters gestoßen wurde. Nach einer langen, unbequemen Fahrt stieß der Transporter endlich zurück an eine Rampe, und als die Tür geöffnet wurde, führte man Dam direkt in den häßlichen Empfangsraum eines Gefängnisgebäudes. Hier befahl man ihm, seine Taschen zu leeren und seine Kleider abzulegen. Man nahm ihm seine Uniform weg und gab ihm statt dessen einen unförmigen Overall. Beim Umziehen stellte er ziemlich besorgt fest, daß seine Pistole nicht im Halfter gewesen war. Er machte eine kurze, sachliche Aussage, die ohne allzu großes Interesse zu Protokoll genommen wurde, dann schob man ihn in die Zelle ab.

›Weichmachen fürs Verhör‹ war, wie Dam feststellte, ein Euphemismus für eine Stunde, in der er von vier Wachen systematisch gestoßen, geschlagen und getreten wurde, denen es offenbar großes Vergnügen bereitete, einen ›dreckigen Nicht-Terraner‹ langsam und schmerzhaft auseinanderzunehmen. Dam war noch nie zuvor zu Bewußtsein gekommen, daß die Terraner eine so tief verwurzelte Abneigung und einen solchen Haß gegen die Leute aus dem Zentrum nährten. Dadurch fiel es ihm noch schwerer, zu verstehen, warum Terra auf Truppenkontingenten von Völkern bestand, denen es offenbar mißtraute und die es verabscheute.

Die Prügelstunde, nach der er kaum mehr eine Stelle am Körper hatte, der nicht blutig oder geprellt war, fand ein Ende, als draußen auf dem Korridor ein Offizier erschien und die Wachen zu einer hastigen Besprechung zu sich rief. Danach ließen die Folterknechte von Dam ab. Er vermutete, daß man etwas über seinen Fall herausgefunden hatte, was seine Lage veränderte, aber da sich niemand entschuldigte und man ihm auch nicht die Freilassung anbot, schien es unwahrscheinlich, daß der neue Faktor sich auch sonst noch zu seinen Gunsten auswirken würde. Plötzlich wurden die Lichter in der Zelle gelöscht, er blieb allein und verbrachte viele Stunden in einem unruhigen, von Schmerzen gestörten Schlaf. Das Licht kam wieder als Vorbote eines Tabletts mit fadem, langweiligem Essen, einer Gelegenheit, sich kalt zu waschen und einer weiteren einsamen Stunde, dann ging die Tür von neuem auf, und die finster blikkende Gestalt von Marshal Segger trat ein.

»Hmmm!« brummte Segger höchst überrascht vor sich hin. »Ich dachte mir schon, daß ich Sie vielleicht wiedersehen würde, Major. Aber jetzt ist es doch einiges früher dazu gekommen, als ich erwartet hätte.«

6. Kapitel

Da sich die großen Tore der Fahrzeughalle infolge Stromausfalls nicht automatisch öffnen konnten, mußten sie von Hand aufgedreht werden. Aber da alle wußten, wie wichtig Liams Mission war, fehlte es nicht an helfenden Händen, und viele neiderfüllte Blicke richteten sich auf den leeren Sitz im Flieger. Es zeigte, in welch ernster Lage sich Stützpunkt 22 befand, daß die ursprünglich für seine Flucht entwickelten Pläne schon gescheitert waren: Liam wartete so lange wie möglich, weil er vergeblich hoffte, daß Jon Rakel sich ihm noch anschließen könne, aber es war für alle gefährlich, wenn bei der Bombardierung die Tore der Halle offenblieben, und so rutschte er schließlich auf den Pilotensitz und studierte die Bedienungselemente.

Obwohl Liam auf seinem Heimatplaneten ein ausgebildeter Pilot war, war die Anordnung der Schalter, die Anzeigen und die Bedienung dieses auf Sette gebauten Fliegers so anders, daß Liam zweifelte, ob er in der Lage sein würde, das Flugzeug sicher zu steuern. Und er konnte sich auch nicht darauf verlassen, daß man ihn von Stützpunkt 22 aus über Funk mit Informationen versorgte. In einer Stimmung unterdrückter Verzweiflung prüfte er schließlich, ob die Motoren ansprangen und rollte hinaus auf die Überreste der Betonrampe. Überrascht stellte er fest, daß die Dämmerung angebrochen war. Die Gegend, die er bei seiner Ankunft durch das Nachtglas gesehen hatte, ähnelte jetzt einer öden Mondlandschaft mit sich überlappenden Trichtern und aufgewühlter Erde.

Obwohl das, was von der Betonrampe noch übrig war, für einen sicheren Start bei weitem nicht ausreichte, war es ein Wunder, daß überhaupt noch etwas standgehalten hatte. Die fortgesetzte Bombardierung zwang Liam jedoch, diese Stelle unverzüglich zu verlassen; er jagte das Flugzeug vorwärts und spürte, wie es schwindelerregend schwankte, als es den Rand eines Bombenkraters erreichte, dann hob es, gegen alle Wahrscheinlichkeit und nach der sicher kürzesten Startphase, die jemals für ein Flugzeug seines Typs verzeichnet worden war, von dem zerrissenen Boden ab und schoß in den Himmel.

Als es sich der Wolkendecke näherte, erschütterte eine Reihe schwerer Explosionen das gesamte Gelände. Liam vermutete, daß das Geisterkommando das Kraftwerk von Stützpunkt 22 gesprengt und so die Zerstörung des Kommandopostens vollendet hatte. Er war so damit beschäftigt, sich mit den Bedienungselementen der unvertrauten Maschine anzufreunden, daß er keine Gelegenheit hatte, sich umzudrehen und sich das Ergebnis der Detonation anzusehen. Bis er herausgefunden hatte, wie man Richtung und Steiggeschwindigkeit automatisch kontrollierte, befand er sich weit über der Wolkendecke und hatte keine Möglichkeit mehr, das letzte Ende von Settes Hoffnungen auf Unabhängigkeit mitzuerleben.

Liams unmittelbares Problem war, in der kürzestmöglichen Zeit den Rückweg zum Raumhafen Wanderplas zu finden. Wenn der terranische Nachrichtendienst erfahren hatte, daß Jon Rakel sich bei der Zerstörung von Stützpunkt 22 dort aufgehalten hatte, würde er eine vollständige Besatzungstruppe einfliegen, ehe sich die Widerstandsorganisationen unter einem neuen Kommandanten wieder sammeln konnten. Und damit wäre der Raumhafen für Liam völlig unerreichbar. Seiner Schätzung nach hatte er nur noch Stunden Zeit, dann würde eine Flucht von diesem Planeten unmöglich geworden sein. Auf dem Flug zu Stützpunkt 22 hatte er nur eine ungefähre Ahnung von Kurs mitbekommen, und da die Maschine den Stützpunkt mit Autopilot angeflogen hatte, konnte er sogar mit seiner Entfernungsschätzung weit daneben liegen.

Während die Maschine weiter an Höhe gewann, durchsuchte Liam das Register von fest programmierten Kursen, weil er wußte, daß einer davon die Anweisung für die Rückkehr des Flugzeugs zum Ausgangspunkt enthalten mußte. Von Jon Rakels Standpunkt aus vernünftigerweise trugen alle Programme Codebezeichnungen. Da Liam keinen Zugang zum Schlüssel hatte und auch nicht lange herumprobieren konnte, um zu sehen, welches Programm annähernd den richtigen Kurs einschlagen würde, war er gezwungen, die ganze Serie fallenzulassen und sich selbst eine Möglichkeit auszudenken, wie er den Raumhafen ausfindig machen konnte. Er entdeckte, daß er mit dem Funkgerät auch die Navigationsfrequenzen von Raumschiffen erreichen konnte und funkte auf dem Notrufkanal die ›Starbukket‹ an. Euken Tor meldete sich sofort.

»Euken, ich sitze ungefähr zweitausend Kilometer entfernt in einem Flugzeug und habe weder eine Karte noch eine Kursbestimmung. Was kannst du tun, um mich einzuweisen?«

»Ich könnte das Funkfeuer einschalten, aber das würde da draußen auf der Rampe zuviel Aufmerksamkeit erregen. Hier wimmelte es von einfliegenden, terranischen Fährschiffen. Sieht so aus, als hätte die große Offensive schon angefangen.«

»Richtig analysiert. Sette ist erledigt. Wir müssen uns jetzt darum kümmern, daß wir selbst lebend rauskommen, verstanden?«

»Richtig! Ich habe deinen Funkspruch angepeilt und kann dir daher eine grobe Kursbestimmung geben, aber ich kann keine Triangulation machen, um die Entfernung festzustellen. Stell die Kurszahl ein, die ich dir gebe, und flieg so lange weiter, bis wir dich auf dem Scanner haben. Sobald wir dich sehen, sprechen wir dich rein. Wenn du den Raumhafen siehst, landest du so dicht wie möglich auf der Rampe. Wir machen uns für einen Blitzstart bereit.«

»Du bist verrückt, wenn du glaubst, daß die mich mit einem Flugzeug über die Raumrampen lassen.«

»Die werden zu beschäftigt sein, das Feuer unter Kontrolle zu halten.«

»Auf dem Raumhafen ist ein Feuer?«

»Noch nicht, aber im Quarantänebereich steht ein Tankfahrzeug mit Boroflamm, das ungefähr ein Viertel des Treibstoffkomplexes mitnehmen müßte, wenn jemand so unvorsichtig sein sollte, eine Granate durch die Rohrklappe zu werden.«

»Aber du paßt auf dich auf, verstanden? Wir brauchen Leute wie dich.«

Liam speiste die Richtungsdaten in den Bordcomputer ein und stellte befriedigt fest, daß der Kurs, den die Maschine daraufhin einschlug, sich nur unwesentlich von dem unterschied, den er intuitiv gesteuert hatte. Dann schaltete er die Suchscanner ein und hielt nach Flugzeugen Ausschau, die vielleicht ein Abfangmanöver versuchen könnten. Die Maschine war bewaffnet, aber nur mit zielsuchenden Raketen mit chemischem Antrieb, einem schnellen, mit Elektronenkanonen bewaffneten Atmosphärepiraten wäre er nicht gewachsen.

Wie sich herausstellte, brauchte Euken ihn gar nicht auf die Endpositionen herunterzusprechen. Schon von weitem waren dort, wo ein dichter Strom terranischer Raumschiffe einen ständigen Zubringerdienst zu den Schiffen der Flotte im Orbit aufrechterhielt, breite Kondensstreifen zu sehens, die sich hoch hinaufzogen und den Standort des Raumhafens verrieten. Liams letzter Anhaltspunkt war ein riesiger Rauchpilz, aus dem Flammenzungen schlugen, er ging zweifellos von der Stelle aus, wo jemand unvorsichtigerweise eine Granate in ein Tankfahrzeug mit Boroflamm geworfen hatte. Es war eine befriedigende Sabotageleistung, weil praktisch der gesamte Vorrat des Raumhafens an chemischen Treibstoff ebenfalls in Flammen aufgegangen war.

Liam konnte die ›Starbucket‹ schon sehen, als ein Trio von Atmosphäreflugzeugen aus dem Himmel herabstieß, um ihn abzufangen. Sie waren gegen seinen Suchscanner abgeschirmt gewesen, und er hatte sie so lange nicht bemerkt, bis es für ein Ausweichmanöver zu spät war. Sein erster Gedanke war, daß dies Leute von Jon Rakels Verteidigungstruppen seien, die das Flugzeug als eines der ihren erkennen würden. Sie flogen jedoch dicht heran, um ihn zu inspizieren, wendeten dann schnell und kamen zurück, offensichtlich um anzugreifen. Ein Fluchtmanöver war nicht mehr möglich, deshalb ergriff Liam die Initiative und schoß eine Salve ab. Die Zielsuchköpfe der Raketen wurden von den angreifenden Schiffen elektronisch ausgeschaltet, die Geschosse taumelten wirkungslos am Ziel vorbei und fielen in Spiralen auf den Boden hinab. Liam hielt die Maschine weiter auf Abwärtskurs und betete um ein Wunder, das es ihm erlauben würde, zu landen, ehe die herumschwenkenden Abfangjäger ihn erreichten.

Die Explosionen, die den Himmel erschütterten, als die drei angreifenden Flugzeuge zerplatzten, reichten fast aus, um Liams Absturz herbeizuführen. Glücklicherweise gelang es ihm, das Flugzeug unter Kontrolle zu halten und, reiner Zufall, den Trümmermassen auszuweichen, mit denen die Luft plötzlich erfüllt schien. Die ausgezeichnet gezielten Geschosse, die seine Angreifer im letzten Augenblick vernichtet hatten, konnten nur von dem verborgenen Geschützimplantat auf der ›Starbucket‹ gekommen sein. Sie hatten ihm zwar das Leben gerettet, aber auch die Verkleidung des Z-Schiffs als pazifistischer Sonderling zerstört; es war wichtiger denn je, jetzt mit äußerster Schnelligkeit zu fliehen.

Er machte praktisch eine Bruchlandung, so dicht neben der ›Starbucket‹, daß er bis zur Luke kaum fünf Meter zu laufen hatte. Starke Arme halfen ihm durch die

Öffnung. Trotzdem rettete ihn vor einem wahrscheinlich tödlichen Kreuzfeuer aus den Handwaffen einer Gruppe terranischer Raumfahrer nur die einfache Tatsache, daß in der kurzen Zeit niemand die Situation hatte analysieren können – die Schüsse waren eher als Warnung gedacht und sollten nicht gezielt töten. Es herrschte offenbar Unsicherheit darüber, ob das kleine Trampschiff tatsächlich eine Bedrohung darstellte. Diese Unsicherheit wurde plötzlich zerstreut, als der klapprig aussehende Tramp sich elegant in den Raum schwang.

Es war möglich, daß in dem Augenblick, als die ›Starbucket‹ startete, die Schiffe im Orbit von dem Durcheinander, das auf dem Boden herrschte, gar nichts wußten. Das änderte sich jedoch schnell, nicht nur, weil das kleine Schiff, das zwischen den plumpen Fähren aufstieg, sich durch seine hervorragende Schubfähigkeit deutlich abhob, sondern auch, weil es jedes andere Schiff aus dem Weg pustete, das seiner Flugbahn zu nahe kam. Mit seinem Null-g-Ausgleich konnte es Beschleunigungswerte erreichen, die die Besatzung weniger modern ausgerüsteter Schiffe zermalmt hätten, und es schoß in den Himmel wie ein Speer aus der Hand irgendeines legendären Kriegsgottes.

Es bekam jedoch nicht ganz seinen Willen. Die Trägerschiffe im tieferen Orbit gaben ihre Beobachtungen an die Schiffskette weiter, die die Anflüge von draußen überwachte. Bis die ›Starbucket‹ sich durch die dünne Exosphäre um Sette gewühlt hatte, war der Kapitän schon alarmiert und erwartete sie. Drei terranische Sternenkreuzer, jeder mit der stärksten Bewaffnung, die es nur gab, deckten die vielen, projizierten Fluchtwege ab, von denen das kleine Schiff einen nehmen mußte, wenn es vorbeikommen wollte. Man rechnete, daß durch die automatischen Waffen die Fluchtchancen des Tramps statistisch auf Null reduziert wurden. Um die Sicherheit noch zu vervielfachen, aktivierten die Terraner darüber hinaus große Raumminenfelder, um die weniger wahrscheinlichen Fluchtwege zu versperren, und warteten an ihren Instrumenten voller Vorfreude darauf, daß das Schiff entweder vernichtet wurde, oder seinen Fluchtversuch aufgab und kapitulierte.

Ein Faktor war jedoch übersehen worden, und zwar deshalb, weil kein Computer je darauf programmiert worden war, diese Möglichkeit in Betracht zu ziehen. Obwohl das kleine Schiff soeben erst aus dem Schwerkraftloch von Sette herausgeklettert war, konnte es durch seine hektische Beschleunigung die Eintrittsgeschwindigkeit für den Übergang in den Tachyon-Raum erreichen, und zwar lange bevor es auf die todbringenden Glieder der Schiffskette traf. Die ›Starbucket‹ zögerte nur lange genug, um eine Salve zielsuchender Raketen auf ihre anfliegenden Gegner abzufeuern, dann sprang sie auf einer Linie, die der planetarischen Interferenz näher war, als terranische Theoretiker es für möglich gehalten hätten, in den Tachyon-Raum.

Plötzlich eins geworden mit den fremdartigen Teilchen des invertierten Raum-Zeit-Kontinuums, floh die ›Starbucket‹ mit vielfacher Lichtgeschwindigkeit, und trotz der perfekten Instrumente der Schiffskette hinterließ sie beim Vorüberfliegen keinerlei Spuren auf den Aufzeichnungsgeräten. Liam Liam war unterwegs …

7. Kapitel

Der Marshal der Hafenpolizei rief Wachen herbei und ließ Dam in einen Verhörraum überführen. Als sie wieder allein waren, zog er einen kleinen Recorder aus der Tasche und stellte ihn auf den Tisch.

»So, Major, nun geben Sie bitte Ihre Erklärungen ab.«

Dam berichtete so genau über die Ereignisse des Abends, wie es ihm möglich war, und schloß damit, daß er nicht wisse, was in der Zeit zwischen dem Augenblick, als er betäubt wurde, und dem, als er neben dem toten Mädchen aufwachte, vorgefallen sei.

Als er geendet hatte, schüttelte der Marshal den Kopf.

»Sie sind nicht so erfinderisch, wie ich erwartet hatte.«

»Ich sage Ihnen die Wahrheit, Marshal.«

»Ich will Ihnen sagen, was ich für die Wahrheit halte – wenn Sie das Mädchen nicht selbst getötet haben, so wissen Sie zumindest, wer es getan hat.«

»Das ist doch Wahnsinn«, sagte Dam. »Ich hatte sie doch gerade erst kennengelernt. Ich hatte wirklich keinen Grund, ihr etwas anzutun. Und nachdem ich eben erst nach Terra gekommen war – was Sie ja persönlich bestätigen können –, kann ich wohl kaum wissen, wer für ihren Tod verantwortlich war.«

»Wollen Sie behaupten, Sie hätten nicht gewußt, daß Tez-ann eine meiner Agentinnen war?«

»Nein, das wußte ich nicht. Ich war leichtgläubig genug, sie für echt zu halten. Aber das erklärt vermutlich die Anti-Establishment-Schriften in ihrem Zimmer.«

»Genau! Es könnte durchaus sein, daß sie für Ihre Leute lästig wurde, und daß sie sich ihrer deshalb entledigen wollten. Ich glaube, Sie haben sie betäubt und dann Ihre Freunde dazugeholt. Die haben sie getötet und es so eingerichtet, daß Sie bewußtlos danebenlagen, damit es so aussah, als seien Sie unschuldig.«

»Ich bin unschuldig«, sagte Dam. »Und ich habe auf Terra keine Freunde.«

»So etwas läßt sich arrangieren. Wir unterschätzen hier den Geheimdienst des Zentrums nicht.«

»Davon weiß ich nichts. Ich bin Raumsoldat, kein Geheimagent.«

»Und doch bekamen Sie, nur wenige Stunden vor Ihrer Abreise, Instruktionen von Senator Anrouse. Warum sollte jemand, der dem Geheimdienst des Zentrums so nahesteht, sich sonst die Mühe machen, ein Treffen mit einem kleinen Offizier herbeizuführen? Sie sehen, Stormdragon, wir wissen mehr über Sie, als Sie glauben.«

Verwirrt und bedrückt wurde Dam in seine Zelle zurückgebracht, er hatte nichts erreicht, außer daß er etwas erfahren hatte, wovor er bisher keine Ahnung gehabt hatte: daß es nämlich eine äußerst lebhafte Spionagetätigkeit zwischen dem Zentrum und dem Mutterplaneten gab. Später brachte man ihn in einen anderen Raum und stellte ihn dem Offizier gegenüber, der ihn verhaftet hatte. Die abweisende Haltung des Mannes wurde durch die Gegenwart von einem von Seggers Adjutanten, den Dam erkannte, weil er mit auf der ›Starspite‹ gewesen war, ein wenig gemildert. Dam spürte, daß es eine Kluft zwischen der regulären Militärpolizei und dem Sicherheitsdienst gab, dessen Vertreter der Marshal der Hafenpolizei war.

Der Offizier legte die Akte, in der er gerade gelesen hatte, beiseite und blickte den Adjutanten an, ehe er begann.

»Stormdragon, nach unseren Ermittlungen besteht kein Zweifel daran, daß die unter dem Namen Tez-ann bekannte Frau infolge eines von Ihnen abgegebenen Schusses den Tod gefunden hat. Die Röntgenuntersuchung des Wundgewebes zeigte Reste von Isotopen, die mit den bei einer Waffe castalischer Herstellung verwendeten übereinstimmen. Ihre eigene Pistole, die am Tatort gefunden wurde, war kurz zuvor abgefeuert worden, und die Fingerabdrücke und die Mikroanalyse von Hautrückständen deuten auf Sie und nur auf Sie. Was haben Sie dazu zu sagen?«

»Ich habe sie nicht getötet«, sagte Dam. »Ich stand zu der Zeit unter Drogen und war bewußtlos.«

Der Offizier blätterte ein paar Seiten in seiner Akte um.

»Das behaupten Sie. In der Wohnung wurden Wein und benützte Gläser gefunden, aber keine Spur von dem von Ihnen beschriebenen Gannen-Likör – und auch keine Drogen. Kurzum, Stormdragon, Ihre Geschichte ist nichts als ein Hirngespinst, ein Gewirr von nachweislichen Lügen. Normalerweise würde ich ein Geständnis aus Ihnen herausprügeln, oder Sie würden dabei sterben und uns die Kosten eines Prozesses ersparen. Leider sind in diesen Fall jedoch geheimnisvolle Probleme verwickelt, und das hindert uns daran, mit unserer gewohnten Gründlichkeit vorzugehen.« Er schaute den Adjutanten an. »Wie soll der Fall behandelt werden, Staff?«

»So unauffällig wie möglich. Wir wollen nicht, daß die Verbindung zum Geheimdienst in der Öffentlichkeit bekannt wird, denn das würde die Arbeit ähnlicher, noch im Einsatz befindlicher Agenten beeinträchtigen. Ich glaube, ein schnelles Militärgerichtsverfahren mit einer schwachen Verteidigung und einer garantierten Verurteilung wäre für unsere Zwecke am besten.«

»Verstehen die Terraner das unter Gerechtigkeit?« fragte Dam entgeistert. »Ich habe nichts getan.«

»Sie zählen nicht«, sagte der Offizier brutal. »Die Leute aus den Kolonien sind doch alle gleich – Unruhestifter durch und durch.« Er sah wieder den Adjutanten an. »Ich persönlich finde ja, daß er gar kein Verfahren verdient hat. Ich würde ihm die Seele aus dem Leib prügeln und ihn dann mit dem übrigen Abfall verbrennen. Aber wenn Sie es so haben wollen, lasse ich sofort die Papiere für das Büro des Marshals vorbereiten.«

Später wurde Colonel Dimede in die Zelle geführt. Sein Gesicht drückte tiefe Besorgnis aus, und dadurch wirkte er älter und gebrechlicher, als es Dam jemals zuvor aufgefallen war.

»Tja, Dam, jetzt erzählen Sie mal, in welchen Schlamassel Sie da hineingetreten sind. Ist doch gar nicht Ihre Art, sich auf eine Rauferei einzulassen.«

»Rauferei?« Dam war momentan überrascht, dann begriff er, daß der Colonel die Blutergüsse und Schwellungen auf seinem Gesicht ansah. »Keine Rauferei, Colonel. Das sind nur die äußeren Zeichen des Gerechtigkeitseifers der Militärpolizei. Hier wird man immer als schuldig angesehen, wenn man aus den Kolonien kommt, ganz gleich, ob man nun ein Verbrechen begangen hat oder nicht.«

»Haben Sie ein Verbrechen begangen?«

Dam stürzte sich erneut in einen Bericht der Ereignisse, die zu seiner gegenwärtigen Zwangslage geführt hatten. Dimede hörte aufmerksam zu und stellte seinerseits einige Fragen.

»Das ist eine üble Sache, Dam. Ich werde über Funk unsere Regierungsvertreter anrufen und sie bitten, zu intervenieren. Wenn wir nicht erreichen können, daß die Anklage zurückgezogen wird, könnten wir vielleicht durchsetzen, daß der Prozeß auf einer Welt stattfindet, wo Sie zumindest ein faires Verfahren bekommen. Aber machen Sie sich keine zu großen Hoffnungen. Sie sind nicht der erste, dem so etwas passiert ist, und unsere Interventionen waren nicht immer erfolgreich.«

»Ich begreife nicht«, sagte Dam, »wer etwas dabei gewinnen könnte, daß er mich in eine solche Situation bringt.«

»Rache?« fragte Dimede. »Sie haben sich dem Marshal gegenüber nicht gerade vor Hilfsbereitschaft überschlagen.«

»Aber als er hierherkam, schien er aufrichtig überrascht, mich zu sehen. Entweder ist der Mann ein blendender Schauspieler, oder er hatte nichts mit der Sache zu tun.«

»Ich werde Senator Anrouse eine Nachricht schicken. Vielleicht kann man von Regierungsseite etwas Druck machen.«

»Da ist noch etwas. Der Marshal hat sich für den Senator interessiert. Er glaubt, er hätte Verbindungen zum Nachrichtendienst des Zentrums.«

Dimede zuckte die Achseln. »Für solche Dinge bin ich nicht zuständig. Aber niemand würde einem Offizier mit Ihrem außergewöhnlichen Werdegang den bescheidenen Auftrag geben, eine Prostituierte zu ermorden – selbst wenn sie nebenbei noch eine unbedeutende Geheimagentin wäre.«

»Kann man es einrichten, daß Soo meine Verteidigung führt?«

»Da ist man uns schon zuvorgekommen, Dam. Man hat uns aufgefordert, einen Beobachter zu entsenden, aber mehr nicht. Wir haben Einspruch erhoben, aber es gibt nicht viel, was wir als Druckmittel verwenden können.«

Obwohl Dimede sich sehr einsetzte, wurde verfügt, daß Dam schon drei Tage später vor einem Militärgericht zu erscheinen hatte. Die ›Starspite‹ wurde in der Zwischenzeit in den Weltraum beordert, und nur Soo Corda blieb zurück, um für Dam zu tun, was sie konnte, so wenig das auch war. Jedesmal, wenn sie ihn besuchte, wirkte sie genervter und angegriffener von den Hindernissen, die die Bürokratie und wahrscheinlich auch eine konspirierende Justiz vor ihr auftürmten, und weder von den Regierungsvertretern noch von Castalia selbst hatte man bisher eine Antwort erhalten.

Die tatsächliche Verhandlung war für Dam ein reiner

Alptraum. Im Laufe der Nacht hatte ihm der Gefängnisarzt eine Injektion verabreicht, angeblich ein Beruhigungsmittel. Es hatte nicht etwa Dams Ängste gedämpft, sondern einen Zustand geistiger Abkapselung herbeigeführt, der sein Zeitgefühl zerstörte und in dem er alles wie durch das falsche Ende eines Teleskops wahrnahm. Selbst Stimmen schienen ganz weit entfernt und waren mit dem, was er erlebte, nur schwer in Verbindung zu bringen.

So in der Zwangsjacke einer nicht zu erschütternden Trance gefangen, konnte Dam nur stumm dastehen und seinen Prozeß an sich vorbeiziehen lassen. Er brannte darauf, die Sicherheit ins Wanken zu bringen, mit der die Anklage seinen Fall vortrug, aber der Nebel, der seine Stimme dämpfte und sein Bewußtsein isolierte, schränkte auch sein Reaktionsvermögen ein. Er merkte, daß er kaum mehr als mit einem schwerfälligen Ja oder Nein antworten konnte, wenn man ihm eine direkte Frage stellte. Obwohl tief in ihm ein heller Funke des Bewußtseins danach schrie, sich auszudrücken, stand da ein schwachsinniger, lethargischer Tölpel wegen Mordes vor Gericht.

Der ganze Tag wurde wie mit schweren Eisengewichten in die falsche Richtung gezogen: die Zeit schrumpfte zusammen, so daß fälschlich der Eindruck unglaublicher Hast entstand, und die Verteidigung stimmte der Anklage in allen wichtigen Punkten zu. Dam konnte das alles nur in stummem Entsetzen wahrnehmen.

Nach einer Weile wurde die Sitzung unterbrochen, und man führte Dam hinaus, während sich das Tribunal beriet. Nach weniger als fünfzehn Minuten – oder waren es Sekunden? – brachte man ihn wieder vor die entfernten Gesichter, und er wartete darauf, daß der Präsident, mit kristallklarer, aber winziger Stimme bekanntgab, zu welchem Ergebnis das Tribunal gekommen war.

»Major Dam Stormdragon ... aus der Raumregion

Castalia ... in allen Punkten für schuldig befunden ... hiermit zur Exekution durch das Militär verurteilt ... innerhalb von sieben Tagen von heute an.«

»Wie bitte?« fragte Dam – oder glaubte es zumindest, aber die dunklen Schranken in seinem Gesicht schlossen sich schnell, und wahrscheinlich bewegten sich seine Lippen in Wirklichkeit gar nicht. Dam, der sich nun fast völlig außerstande sah, seine Umgebung zu verstehen, stolperte an die Balustrade und versuchte verzweifelt, seine völlig verwirrten Sinne unter Kontrolle zu bringen. Alles, was er erreichte, war ein heftiger Brechreiz; danach, viel zu spät, fühlte er sich sehr viel besser.

Soo wartete auf ihn, als er in seine Zelle zurückgebracht wurde. Sie war so wütend, daß ihr die Tränen übers Gesicht liefen. Man hatte ihr das Recht, als Beobachterin anwesend zu sein, so lange streitig gemacht, bis die Verhandlung schon halb vorüber war, die Aufzeichnungen, die sie der Verteidigung hatte vorlegen wollen, waren beschlagnahmt, ihr Mikro-Recorder war konfisziert worden, und ihr Vorwurf, man habe Dam unter Drogen gesetzt, hatte ihr nichts weiter eingebracht, als daß man sie als ›koloniale Unruhestifterin‹ des Saales verwies. Um das Maß ihrer Verzweiflung vollzumachen, hatte man ihr soeben einen Brief der castalischen Regierungsvertreter überreicht, in dem diese bedauerten, den ursprünglichen Briefwechsel verloren zu haben, und um Kopien baten. Der Brief war in jedem Fall zwei Tage lang zurückgehalten worden. Als sie ging, verkündete sie, sie wolle sich sinnlos betrinken, und das war das letztemal, daß Dam sie je zu sehen bekam.

Mehrere Tage später landete Colonel Dimede auf Terra und besuchte ihn. Dam sah seinem Gesicht an, daß er keine guten Nachrichten brachte.

»Geben Sie die Hoffnung nicht auf, Dam! Die castalische Regierung hat noch nicht geantwortet, aber wir haben ja noch Zeit. Und Soo hat einen Vollstreckungsaufschub beantragt, bis über eine Berufung entschieden ist. Wir wollen erreichen, daß das Urteil für rechtswidrig erklärt wird, und dann einen neuen Prozeß in neutraler Umgebung verlangen. Leider ...«

»Leider was?« fragte Dam.

»Die ›Starspite‹ ist zum Patrouillendienst in den Tiefraum beordert worden. Wir brechen heute abend auf. Ich muß die ganze Besatzung mitnehmen, Soo eingeschlossen. Die ganze Angelegenheit muß also wohl in den Händen der Regierungsvertreter verbleiben.«

»Die wahrscheinlich den Briefwechsel wieder verloren haben«, sagte Dam mutlos.

»Ehrlich, Dam, wir haben alles versucht, was in unseren Kräften stand.«

»Ich weiß es, Colonel – und vielen Dank! Die Wahrheit ist, daß wir arme Toren in einem fremden Land sind. Bei dem Intrigenspiel können wir nicht mithalten, und das System manövriert uns einfach aus. Dürfte ich Sie bitten, dafür zu sorgen, daß Tetri meine Version der Geschichte zu hören bekommt?«

»Ich lasse einen Verbindungsoffizier hinschicken, der alles erklären soll. Und in Ihrer Personalakte wird ebenfalls ein vollständiger Bericht stehen. Ganz gleich, was geschieht, es wird kein ungünstiges Licht auf den Namen Stormdragon fallen.«

Als Dam dem Colonel nachblickte, spürte er, wie eine Welle der Einsamkeit über ihm zusammenschlug. Zusätzlich zu seinem sonstigen Unglück fühlte er sich auch noch von seinen eigenen Leuten abgeschnitten. Er saß in einem fernen Land im Gefängnis, unter Menschen, denen er sich nicht zugehörig, ja nicht im entferntesten verwandt fühlte, und es gab keine Aussicht auf Wiedergutmachung dessen, was man ihm angetan hatte. Nachdem er einen Grad der Verzweiflung erreicht hatte, den er nicht mehr steigern konnte, ging er mit seiner Lage so um, wie er irgendwann mit allen großen Krisen seines Lebens umgegangen war. Als die Wachen kamen, um herauszufinden, was da für ein Lärm war, sahen sie überrascht, wie er darüber lachte, daß er dreißigtausend Lichtjahre weit gereist war, um ein so sinnloses Ende zu finden.

8. Kapitel

Am sechsten Tag wurde Dam in die Todeszelle überführt. Hier zeigte man ein wenig menschliches Entgegenkommen: man gestattete ihm Bücher und Musikaufzeichnungen; und durch eine unzerbrechliche Glasscheibe hatte er eine begrenzte Aussicht auf eine Reihe von Dächern und ein Stück Straße darunter. Dam stand den ganzen Tag an der Scheibe, preßte die Stirn dagegen, beobachtete die Leute, die auf der Straße vorübergingen und fing gelegentlich Geräuschfetzen von der Welt draußen auf. Eine Szene berührte ihn eigenartig, ein Wandermusikant – vielleicht derselbe, den er in jener Nacht mit Tez-ann im Café gesehen hatte – kam an die Straßenecke und spielte. Dam bemühte sich, die Melodie zu hören, aber das Glas ließ nicht genug durch.

Zu Dams Überraschung konnte er den größten Teil der Nacht ohne Schwierigkeiten schlafen. Nur Terras Erstes Licht brachte soviel Unruhe, daß er aufwachte, und dann rebellierte sein Magen und der Gedanke, daß dieses Erwachen sein letztes sein sollte, erfüllte ihn mit angstvoller Spannung.

Es war immer noch vier Stunden vor dem für die Hinrichtung angesetzten Zeitpunkt, als er unerwartet Besuch bekam. Ein großes, bläßliches Individuum holte etwas aus einem Koffer, was Dam als seine Personalakte von der ›Starspite‹ erkannte.

»Ich sollte mich wohl vorstellen. Mein Name ist Abel. Ich bin der Leiter der Arbeitsgruppe für Ionentechnik.«

»Und was geht mich das an?« Dam sah keinen Anlaß, Höflichkeit auch nur zu heucheln.

Der Mann namens Abel warf einen Blick auf seine Uhr. »Ich bedauere, daß ich so spät gekommen bin, aber ich habe Ihre Unterlagen erst jetzt erhalten. Ich bin sehr beeindruckt. Die Militärakademien des Zentrums leisten heutzutage ausgezeichnete Arbeit.«

»Natürlich! Gekämpft wird schließlich im Zentrum«, sagte Dam. »Kein Außerirdischer ist jemals näher als auf zehn Kiloparsek an Terra herangekommen.«

»Zugegeben! Es ist eine Akte, auf die Sie stolz sein können.«

»Das hat für mich jetzt keine Bedeutung mehr. Wenn Sie etwas zu sagen haben, bringen Sie es hinter sich. Ich habe nicht die Absicht, meine letzten Stunden damit zu verbringen, mit einem Terraner weltraumtheoretische Fragen zu diskutieren.«

»Ein begreiflicher Standpunkt – den ich in Ihrer Lage teilen würde. Aber paradoxerweise waren es Ihre ausgezeichneten, wissenschaftlichen Leistungen, die mich hierhergeführt haben. Es wäre ein Jammer, solche Talente zu vergeuden.«

»Bei allen Teufeln!« Dam war außer sich. »Erzählen Sie das doch dem Marshal von der Hafenpolizei! Glauben Sie denn, daß ich freiwillig hier bin?«

»Mit dem Marshal habe ich schon gesprochen. Deshalb komme ich ja mit einem Vorschlag.«

»Was für ein Vorschlag?«

»Wir haben auf Terra ein wissenschaftliches Versuchskommando eingerichtet. Das ist so erfolgreich, daß wir es schnell vergrößern müssen. Leider ist die Aufgabe schwierig und gefährlich, und wir haben große Mühe, Freiwillige zu finden. Aber jemandem wie Ihnen, der nichts zu verlieren, nur etwas zu gewinnen hat, könnten sich die Schwierigkeiten und Risiken vielleicht anders darstellen.«

Dam bemühte sich, seinen aufwallenden Zorn unter eisiger Ruhe zu verbergen.

»War das der Grund, warum man mir erst einen Mord angehängt hat?«

Abel schaute ihn überrascht an. »Ich habe keine Ahnung, aus welchen Gründen Sie hier sind. Bis vor ein paar Stunden war mir noch nicht einmal bekannt, daß es Sie überhaupt gibt.«

»Ich nehme Ihnen das vorläufig einmal ab«, sagte Dam. »Fahren Sie fort mit dem, was Sie sagen wollten.«

»Ich möchte gleich zu Anfang ganz deutlich machen, daß das, was ich Ihnen jetzt anbiete, nicht das Leben ist, sondern lediglich eine Alternative zum Tod. Sollten Sie akzeptieren, würde man Sie juristisch für tot erklären. Dann gehen Sie mit Geist und Körper in unseren Besitz über, völlig und unwiderruflich, und wir können Sie gebrauchen, mißbrauchen oder uns Ihrer entledigen, wie wir es für richtig halten. Wenn wir also auf eiserner Disziplin bestehen müssen, sind wir, wenn es um die Durchsetzung dieser Forderung geht, nicht den üblichen Einschränkungen unterworfen.«

»Und wenn ich Ihnen jetzt ins Gesicht spucke?« fragte Dam.

»Dann findet Ihre Hinrichtung statt, als ob es dieses Gespräch nie gegeben hätte.«

»Was ist an diesem Kommando so einmalig?«

»Etwas, das man als Ionisationstechnik bezeichnet – ziemlich fortgeschrittene Physik. Durch ein Verfahren, bei dem Elektronen abgespalten und Ionengruppen gebildet werden, ist es möglich, einen Menschen in einen empfindungsfähigen, gasförmigen Plasmazustand zu überführen. In dieser Form kann er unter Bedingungen existieren, die kein Mensch aushalten könnte, er kann massiven Beschuß unverletzt überleben und ist frei von einer ganzen Reihe physischer Beschränkungen – und er kann sehr effektiv mit einer speziellen Art von Waffe kämpfen.«

»Ist diese Ionisierung ein Dauerzustand?«

»Nein. Es ist viel Energie erforderlich, um sie aufrechtzuerhalten. Daher wird sie nur für begrenzte Zeiträume angewendet.«

»Und wo liegt die Schwierigkeit dabei?«

»Überall. Im Psychischen wie im Physischen. Der

Übergang in den ionisierten Zustand ist mit dem Tod gleichzusetzen, und mit der Rückumwandlung verbindet sich das Trauma der Wiedergeburt. Das einzige Mittel, das durchzuhalten, ist eiserne Disziplin, die man sich selbst auferlegt und die einem auferlegt wird. Besonders in der Ausbildungsphase liegen die Anforderungen häufig über einem Niveau, das man noch freiwillig akzeptieren kann. Deshalb müssen wir extreme Zwangsmethoden anwenden, um gute Leistungen zu erreichen.«

»Ich hätte gerne etwas Bedenkzeit«, sagte Dam.

Abel blickte wieder auf seine Uhr. »Eine Stunde kann ich Ihnen geben. Aber über eines müssen Sie sich klar sein – die Entscheidung ist unwiderruflich. Sollten Sie annehmen, dann hat es keinen Sinn, wenn Sie es später bereuen.«

Dam trat ans Fenster; die Aussicht auf alte Dächer, die vom Nieselregen des grauen, trostlosen Morgens feucht glänzten, schien genau zu seiner Stimmung zu passen. So wie Abel an ihn herangetreten war, hielt er den Mann für aufrichtig; und wenn man davon ausging, durfte man nicht unterschätzen, was er in bezug auf harte Anforderungen und Gefahren angedeutet hatte. ›Nicht das Leben, sondern eine Alternative zum Tod‹ – das klang wie eine zutreffende Zusammenfassung. Der andere Weg war, Abels Angebot abzulehnen und die Endgültigkeit einer Hinrichtung zu akzeptieren.

Endgültigkeit – das war der springende Punkt. Solange er am Leben war, gab es immer eine schwache Hoffnung auf Flucht. Wenn er sich für den Tod entschied, war diese Hoffnung völlig verloren. Daher beschloß er, die Chance zu nutzen, sein Leben, ganz gleich, wie schrecklich es auch sein mochte, fortzusetzen und auf eine Flucht und eventuell eine Rückkehr nach Castalia hinzuarbeiten und zu planen. Um das zu erreichen, so sagte er sich, würde er kein Risiko scheuen und jedes Leiden auf sich nehmen; denn ein Ziel vor

Augen zu haben und in sich den brennenden Ehrgeiz, es zu erreichen, das war die einzige Lebensweise, die Dam kannte.

Als Abel zurückkehrte, brauchte er nur den entschlossenen Ausdruck in Dams Gesicht zu sehen, um zu wissen, wie die Entscheidung ausgefallen war. Er holte ein Formular aus seinem Koffer.

»Was ist das?« fragte Dam.

»Nennen wir es das Ende einer Identität. Sobald Sie das unterschrieben haben, verlieren Sie alles – Name, Besitz, Menschenrechte – alles. Es ist der Augenblick der Wahrheit, in dem so viele schwankend werden. Als Gegenleistung für die Unterschrift stellen wir Ihnen einen Totenschein aus. Wenn es Ihnen ein Trost ist, das ist das letzte Dokument, das Sie jemals unterschreiben müssen.«

Als Dam den großgedruckten Vertragstext durchlas, hatte er das Gefühl, als balle sich in seinem Magen ein großer Bleiklumpen zusammen. Schließlich griff er nach dem dargebotenen Stift und setzte in breiter, bewußt schwungvoller Schrift seinen Namen darunter. Abel griff in seinen Koffer und holte einen schon ausgefüllten Totenschein auf den Namen Dam Stormdragon, vormals Major der Castalischen Raumarmee, hervor.

»Überlegen Sie nur einmal«, sagte Abel im Plauderton. »Nicht viele Menschen genießen das Privileg, das Dokument sehen zu dürfen, mit dem ihr eigenes Ableben bescheinigt wird.«

»Was geschieht jetzt?«

»Wir warten, bis der Hinrichtungstermin vorüber ist. Dann wird man Sie heimlich ins Ausbildungszentrum für Ionisationstechnik überführen. Nervös?«

»Ein wenig.«

»Das ist gut. Sie müssen einen gesunden Respekt vor dem empfinden, was Ihnen nun bevorsteht.«

»Sagen Sie mir eines. Wenn man Sie mit dem Wissen, über das Sie verfügen, vor die gleiche Entscheidung gestellt hätte, mit der Sie mich konfrontiert haben, was hätten Sie getan?«

»Ich bin ein Feigling«, sagte Abel offen. »Ich hätte den langen Schlaf dem unruhigen Wachsein vorgezogen. Ich glaube, Sie würden das auch tun, wenn Sie sich alles genau durchgedacht hätten. Was Sie aufrechthält, ist die Vorstellung, Sie könnten das System besiegen. Das ist absolut unmöglich, aber das werden Sie mir natürlich nicht glauben.«

»Da haben Sie verdammt recht, ich werde Ihnen das nicht glauben!«

Abel zuckte die Achseln. »Darauf bauen wir. Solange Sie Hoffnung haben, sind Sie für uns nützlich. Erst wenn dieser Funke erlischt, werden Sie den falschen Zug machen – oder gar keinen Zug –, und dann muß ich mich nach einem anderen Kandidaten umsehen.«

»Hassen Sie sich nie selbst für das, was Sie tun?«

Abel antwortete nicht. Er hatte sich abgewandt und ordnete die Papiere in seinem Koffer. Alles, was Dam von seinem Gesicht sehen konnte, war seine vorgeschobene Unterlippe.

Bis zu dem Zeitpunkt, zu dem die Hinrichtung angesetzt war, ging alles seinen normalen Gang weiter. Dann senkte sich draußen über die Gänge eine seltsame Stille, so, als ob man alle Gefängniswärter abgezogen hätte. Kurz darauf kam ein Trupp bewaffneter Männer in seine Zelle, die nicht zum Gefängnispersonal gehörten und keinerlei Abzeichen auf ihren Uniformen trugen. Anders als die übrigen terranischen Soldaten trugen diese gepolsterte Schuhe und bewegten sich fast lautlos. Dam gab ihnen den Spitznamen ›Stille Brigade‹ und war sorgsam darauf bedacht, ihre wortlosen Anweisungen so schnell wie möglich zu befolgen. Jetzt, wo er den Status einer Unperson hatte, zweifelte er nicht daran, daß diese grimmigen, schweigsamen Männer ihre eigenen Methoden hatten, mit Widerspenstigkeit fertigzuwerden.

Er wurde in einen Schwebelaster gebracht, in dem er die lange Reise verbringen mußte. Da es keinerlei Inneneinrichtung gab, legte er sich auf den Boden und versuchte, sich zu entspannen; er dachte darüber nach, in welche Art von Anstalt man ihn wohl bringen würde, und wie realistisch Abels Voraussage war, daß manche Anforderungen in der Ausbildungsphase über einem Niveau lagen, das man noch freiwillig akzeptieren konnte. Als er das Fahrzeug verlassen durfte, empfand er als erstes eine gewisse Erleichterung. Er befand sich in einem Lager innerhalb einer festen Einzäunung, aber die zwanglos angeordneten Hütten und die modernen Gebäude, die zwischen Rasenflächen und Buschgruppen standen, deuteten nicht auf die Atmosphäre einer Strafkolonie hin. Seine schweigenden Wächter führten ihn in einen abgelegenen Verhörraum und ließen ihn dort mit Handfesseln, aber ohne Bewachung zurück.

Bald kam ein weiblicher Offizier, deren Dienstgradabzeichen sie als Major auswiesen, herein und setzte sich hinter den Schreibtisch. Sie war insoweit attraktiv, als sie eine gute Figur und scharfgezeichnete, ausdrucksvolle Züge hatte, aber ihre überwältigend autoritäre Ausstrahlung raubte Dam den Atem. Sie hatte keinerlei Papierkram bei sich, sondern schien, ehe sie das Wort ergriff, in Gedanken eine Akte zu konsultieren. In ihrer Stimme lag ein leiser Hauch eisiger Verachtung.

»Genau genommen bist du tot. Das heißt, daß du nicht einmal einen Namen hast. Es ist hier üblich, daß wir alle Rufnamen bekommen. Der meine ist Absolut, aus Gründen, die du noch schätzen lernen wirst. Wie soll ich dich nennen?«

Dam öffnete den Mund, um etwas zu sagen, merkte dann aber, daß er nichts zu sagen hatte. Die Frau mit dem Namen Absolut lächelte boshaft, als wäre sie innerlich sehr belustigt.

»Wenn meine Informationen zutreffen, bist du hier, weil du dich allzu eifrig einem Mädchen gewidmet hast

– und das nur wenige Stunden nach deiner Ankunft auf Terra. Ich glaube, ich werde dich ›Liebhaber‹ nennen. Der Name verspricht interessante, ironische Entwicklungen. Verstehst du das ... Liebhaber?«

Sie machte sich auf seine Kosten lustig. Schon in der Art, wie sie das Wort aussprach, lag eine Fülle von versteckten Andeutungen, von denen keine auch nur entfernt glaubwürdig schien. Dam, der Abels ominöse Prophezeiungen noch frisch in Erinnerung hatte, beschloß, sich soweit zurückzuhalten wie nur möglich.

»Ja, Madam«, sagte er leise.

Sie schlug ihm mit solcher Kraft ein Lineal über die Backe, daß es knallte wie ein Pistolenschuß. Dam begannen die Augen zu tränen, aber er wollte ihr nicht die Genugtuung geben, daß er sich Schmerzen anmerken ließ.

»Wenn man jemand vom Personal anspricht, verwendet man Rufnamen, sonst nichts. Das ist die erste Lektion, die du zu lernen hast.«

»Ja ... Absolut.«

»Die Ausbildung, die du erhalten wirst, wird härter sein als alles, was du je erlebt hast. Körperlich kannst du es schaffen. Geistig werde ich dich noch beträchtlich abhärten müssen. Es wird mir viel Spaß machen, dich da durchzubringen. Es wird mir sogar einen besonderen Nervenkitzel bereiten, dich zu töten, wenn du das Ziel nicht erreichst. Hast du mich verstanden, Liebhaber?«

Dam spürte, wie sein altes Temperament zurückkehrte. »Ich habe verstanden, daß du ein absolutes Biest bist. Absolut.«

Er hatte gedacht, sie würde ihn wieder schlagen, aber sie setzte sich nur hin und grinste breit.

»So ist es schon besser. Ich dachte mir doch, daß unter dieser kolonialen Schweineschwarte ein Funken Leben stecken muß. Aber in Wirklichkeit verstehst du, verdammt nochmal, gar nichts. Ich spreche von Stufen des Gehorsams, die weit über alles hinausgehen, was du je erlebt hast. Ich spreche von einer Form von Disziplin, die dich zwingt, auch dann zu gehorchen, wenn jede Faser deines Körpers sich schreiend dagegen wehrt. Ich spreche davon, daß du auch dann funktionieren mußt, wenn deine Eingeweide verkrampft sind und die Angst so groß ist, daß sie dich blind macht und du dich erbrechen mußt. Ich spreche davon, daß du auch dann noch nicht aufgibst, wenn dein Hals vom Schreien wund ist und der Tod die bei weitem angenehmste von mehreren schrecklichen Alternativen ist. Dann erst wirst du Absolut absolut verstehen.«

9. Kapitel

Als Liam in die Gesichter blickte, die um den Tisch saßen, wußte er, daß es eine schwierige Konferenz werden würde. Die hoffnungsvollen, entschlossenen Mienen waren ihm nur ein schwacher Trost: was er eigentlich sagen wollte, war nicht durchgedrungen.

Sinter Pauls, Liams oberster Chef, winkte ihm, sich auf einen Stuhl zu setzen, der vor dem im Halbkreis aufgereihten Untersuchungsausschuß stand.

»Liam, ich glaube, Sie kennen alle hier Anwesenden. Wir haben Ihren Bericht über Sette mit größter Aufmerksamkeit gelesen. Im großen und ganzen stimmen wir Ihren Ergebnissen und Schlußfolgerungen zu, und der Bericht verdeutlicht und bestätigt mehrere Gerüchte, die wir bis dahin nicht hatten festmachen können. Er liefert auch eine plausible Erklärung für den plötzlichen Zusammenbruch der Verteidigungsanlagen von Rigon in den späteren Stadien.«

»Aber?« fragte Liam Liam.

»Aber vom Standpunkt der bekannten Physik ist das, was Sie auf Sette gesehen haben, völlig unmöglich. Es gibt keine wissenschaftliche Grundlage für dieses ›Geisterkommando‹, wie Sie es nennen. Ja, wären die Beobachtungen nicht das Ergebnis Ihrer eigenen, persönlichen Anschauung, wir hätten dem Bericht nicht allzuviel Glauben schenken können.«

»Und deshalb ist Sette gefallen«, sagte Liam geduldig. »Weil niemand den Gerüchten Glauben schenken wollte, die sich um die letzten Tage von Rigon rankten. Daß Sie keine passende Theorie haben, bedeutet doch nicht, daß es das Phänomen nicht gibt. Vielleicht bedeutet es einfach, daß es Ihnen an Theorien fehlt, verstanden?«

Sinter Pauls rutschte unbehaglich auf seinem Stuhl herum.

»Zugegeben, Liam! Und diesmal haben wir auch etwas unternommen. Wir haben eine Clearingstelle für alle Nachrichten eingerichtet, die von Bedeutung zu sein scheinen. Und der Sicherheitsrat hat praktisch unbeschränkte Mittel für die Forschung zur Verfügung gestellt, sobald wir wissen, in welche Richtung die Arbeit gehen soll. Aber wenn wir keine geeignete Theorie haben, können wir nicht viel tun, um eine Verteidigungsstrategie zu entwickeln. Deshalb möchten wir, daß Sie ein Nachrichtennetz aufbauen, damit haben wir erst einmal etwas, woran wir arbeiten können.«

Liam schüttelte traurig den Kopf. »Unser Feind ist die Zeit, verstanden? Angenommen, die setzen ihren Geistertrupp nur ein, um den harten Kern einer planetaren Verteidigung zu beseitigen, wie viele Zentrumswelten wollen Sie dann verlieren, bis Sie der Ansicht sind, genügend Informationen zu haben? Sie haben selbst zugegeben, daß Sie nicht einmal wissen, wo Sie anfangen sollen. Ich habe gesehen, wie leistungsfähig die Terraner sind. Selbst wenn ich morgen alle Informationen bekommen könnte, die Sie brauchen, hätten sie immer noch einen Vorsprung von zehn Jahren.«

»Und wie lautet dann Ihre Antwort, Liam?«

»Totaler Einsatz auf allen Ebenen von allen Regionen des Zentrums. Sabotage, Spionage, Infiltration der Hauptanlagen auf Terra und jede Form bewaffneten Eingreifens einschließlich des offenen Kriegs.«

»Dafür besteht keine Chance«, sagte Sinter Pauls. »Nur sehr wenige Zentrumswelten werden bereit sein, in diesem Stadium Farbe zu bekennen, aus Angst, an die Spitze der terranischen Vernichtungsliste gesetzt zu werden. Ich bezweifle ohnehin, daß es notwendig ist, so weit zu gehen.«

»Sinter – wenn zwölf Geister Sette zerstören konnten, wie viele wären dann erforderlich, um den Rest des Zentrums zu zerstören? Ungefähr fünfzig, mehr nicht, verstanden?«

Der Schwanz von Di war eine Kette von Steinbrocken und Weltraumgeröll, die zwischen den Schwerkraftfeldern des Planeten Halcyon und seines Satelliten Di gefangen waren. Die Kräfte glichen sich so vollständig aus, daß diese Felsen wie eine langgezogene Prozession aneinandergereiht waren und Di wie ein Schweif folgten, daher der Name. Die terranische Schiffskette hätte, selbst wenn sie sich die Mühe gemacht hätte, den Schwanz zu beobachten, nicht feststellen können, daß da noch ein kleiner Stein hinzugekommen war, so gut war die ›Starbucket‹ für ihre neueste Rolle, in der sie einen reglosen Felsbrocken darstellte, getarnt.

Im Innern des Z-Schiffs herrschte jedoch alles andere als Reglosigkeit. Nachdem Liam praktisch unbegrenzte Mittel zur Verfügung gestellt bekommen hatte, hatte er die ›Starbucket‹ in großem Umfang neu ausrüsten lassen, und die elektronischen Überwachungsgeräte waren nun das Leistungsfähigste und Empfindlichste, was die Technologie des Zentrums zu bieten hatte. Das Z-Schiff unterhielt im Augenblick sechzehn Datenverbindungen mit Stationen auf Halcyon, wobei es Laserstrahlen mit nicht mehr als zwei Mikron Durchmesser verwendete, die theoretisch für die terranische Streitmacht, die um den schwergeprüften Planeten kreiste, nicht aufzuspüren waren.

Wie eine Spinne saß Liam Liam mitten in seinem Netz, studierte den nicht abreißenden Strom von Meldungen von seinen Überwachungseinrichtungen und gab mit einer Schnelligkeit neue Anweisungen, die zeigte, daß er die Situation, sowohl was die Informationen anging, als auch intuitiv gut im Griff hatte. Dicht neben ihm tat Euken Tor das Seine, um den reibungslosen Informationsfluß am Laufen zu halten und sicherzustellen, daß jede noch so kleine Angabe von den

Computern registriert wurde, um später analysiert zu werden.

Auch in der Zeit, als es relativ ruhig gewesen war, hatte das Z-Schiff die Schlacht unter sich und die genauen Aufgaben der Schiffe im Orbit ständig beobachtet. Als nun das kleine Fahrzeug, von dem Liam annahm, daß es das Geisterkommando enthielt, sich aus dem Orbit löste, wurde jede kleine Information, die man darüber bekommen konnte, peinlich genau gesammelt, und der Computer hatte schon begonnen, die Angaben zu verarbeiten.

Er kam, überraschenderweise, zu dem Schluß, daß das Schiff für seine Größe und seine Antriebskapazität auffällig schwer war. Das paßte zu der Information, daß es im Innern eines gewaltigen Mutterschiffs in den Orbit um Halcyon gebracht worden war; vermutlich war es zu spezialisiert, um selbst für den Tachyon-Raum-Flug eingerichtet zu sein.

Als Liam auf den Schirmen beobachtete, wie das kleine Schiff herunterkam, gelangte er zu der Ansicht, daß seine Abschirmungen, so undurchdringlich sie auch waren, nicht mehr als ein Viertel des unerklärlichen Gewichts ausmachen konnten. Man durfte also vernünftigerweise annehmen, daß das, was die Soldaten in Geister verwandelte, ungeheuer schwer war und einen hohen Energiebedarf hatte.

Als nächstes richtete Liam seine Aufmerksamkeit auf die Meldungen, die direkt von Halcyon kamen. Wie auf Sette war das Zielgebiet vorher festgelegt worden, aber das Oberkommando auf Halcyon war vorgewarnt, hatte daher das Personal aus den Befestigungsanlagen abgezogen und nur einen automatischen Verteidigungsposten zurückgelassen, der gespickt war mit Liams Spezialkameras und -sensoren, außerdem würde der Reaktorkern des Atomkraftwerks auf ein Signal von Liam hin kritisch werden.

Aufgrund sorgfältiger Planung hatte Liam diesmal

das Glück, die Landung des ›Geisterwaggons‹ – wie er scherzhaft genannt wurde – direkt beobachten zu können, und dabei bestätigte sich sofort, welch unerhörtes Gewicht das Raumschiff hatte. Das ganze Gebiet wurde heftig aus dem Weltraum bombardiert, wodurch an Liams Sensoren und Kommunikationsgeräten verheerende Schäden entstanden, aber das Glück blieb ihm insofern treu, als eine Kamera mit Teleobjektiv gehorsam auf die Hauptluke des Geisterwaggons gerichtet blieb.

Als die ersten Phantomkrieger erschienen, kamen sie nicht in einer Gruppe, sondern einzeln in exakt bemessenen Abständen, so als müsse jeder eine bestimmte Vorbereitungsprozedur durchlaufen. Jedesmal, wenn ein Geist auftauchte, lief er geradewegs auf eine vorherbestimmte Position zu und schien dabei, von Liams Beobachtungsposten aus gesehen, offenbar ohne alle Schwierigkeiten die elektronischen Abschirmungen des Schiffes zu passieren. Die gleiche Fähigkeit, mühelos ein Kraftfeld zu durchdringen, war auch zu beobachten, als sie ohne Zögern durch das Benedict-Feld um die Befestigungsanlagen von Halcyon gingen.

Das automatische Verteidigungssystem funktionierte gut, auch wenn es gegen diese immateriellen Angreifer wirkungslos war. Es hatte weniger die Aufgabe, den Angriff abzuwehren, als die Tatsache, daß die Anlage unbesetzt war, so lange zu verheimlichen, bis die Phantomkrieger tatsächlich in den befestigten Komplex vorgedrungen waren. In dieser Hinsicht war es ein voller Erfolg, und die Soldaten waren schon tief im Innern, ehe sie erkannten, daß der Posten nicht besetzt war und daß sie elektronisch beobachtet wurden. Als diese Tatsache offenkundig wurde, sahen sie sich unsicher um und suchten nach Gründen, die diesen sonderbaren Umstand erklären könnten. Es dauerte nicht lange, bis sie zielstrebig Jagd auf Liams Kameras, Spektrometer und andere Geräte machten und alles zerstörten, was sie fanden. Inzwischen befanden sich jedoch alle Informationen, die die Instrumente liefern konnten, schon in den Datenbanken der ›Starbucket‹, und obwohl die Geister die neugierigen Elektroniksensoren sehr schnell und gründlich zerstört hatten, hatte das den Erfolg von Liams Unternehmen kaum schmälern können. Nur ein Experiment mußte noch durchgeführt werden, und Liam, in dessen Gedächtnis die Erinnerung an Jon Rakel fest eingegraben war, spürte keinerlei Skrupel, als er den ungebremsten Atomzerfallsprozeß im Kraftwerk in Gang setzte.

Die Techniker auf Halcyon hatten gute Arbeit geleistet. Als das Kraftwerk explodierte, war es zwar keine sehr leistungsfähige Bombe, aber es war doch eine Bombe. Durch die auf einem entfernten Hügel aufgestellte Telekamera sahen die Zuschauer in der ›Starbukket‹, wie die ganze, befestigte Anlage langsam und majestätisch hochging und auseinanderbrach, sich aber bald selbst unsichtbar machte, indem sie eine Wolke aus Rauch und Staub erzeugte, die nach oben stieg. Als das Bild endlich wieder klar wurde; wirkte das ganze Gebiet wie eingeebnet, und der Geisterwaggon mußte, wenn er überhaupt noch existierte, tief unter Tonnen radioaktiven Staubs begraben sein.

»Das war dem Andenken an Sette gewidmet, verstanden?« sagte Liam mit leichter Genugtuung in der Stimme.

»Möchtest du jetzt weg?« fragte Euken Tor.

»Noch nicht gleich. Ich möchte sehen, ob sie nach Überlebenden suchen.«

»Überlebenden?« Euken war erstaunt. »Da unten?«

»Ich weiß, es klingt unwahrscheinlich. Aber es wäre doch von Bedeutung, wenn sie sich auch nur die Mühe machten, nachzusehen, verstanden?«

Inzwischen bekamen sie über Monitor mit, welche Bestürzung der Verlust des Geisterwaggons in der Flotte im Orbit ausgelöst hatte, und sie zeichneten alle chiffrierten Botschaften für eine spätere, kryptographische Analyse auf. Die unmittelbarste Reaktion war, daß das Mutterschiff ein Schwesterfahrzeug des soeben verlorengegangenen ausspuckte. Das raste auf einer ähnlichen Flugbahn wie das erste Schiff aus dem Orbit, und es war absehbar, daß tatsächlich eine Suche nach Überlebenden stattfinden sollte. Das Schiff flog völlig ohne Abschirmung, und Euken sah Liam fragend an, als wolle er ihn um Erlaubnis bitten, es mit einer der größeren Kanonen, mit denen das Z-Schiff üppig ausgestattet war, aus dem Weltraum zu holen. Liam Liam schüttelte jedoch den Kopf.

»Es ist wichtiger, daß wir sehen, was sie tun, wenn sie gelandet sind. Wenn es tatsächlich Überlebende gibt, könnte uns allein diese Tatsache schon viel verraten.«

»Liam!« Einer der Techniker, die die terranische Streitmacht im Orbit überwachten, verlangte dringend Gehör. »Ich glaube, die sind dahintergestiegen, daß es der Zweck der Übung gewesen sein muß, die Daten an ein Aufnahmegerät im Weltraum zu senden. Sie suchen nach uns.«

»Könnten sie uns im Schwanz finden?«

»Wenn sie so gründlich sind, daß sie jeden Felsen einzeln untersuchen, werden sie uns finden.«

»Dann glaube ich, daß sie diesen Grad an Gründlichkeit bald erreichen werden. Euken, bring uns von hier weg!«

»Kenntnis genommen und verstanden, Skipper!«

Euken hatte die Fluchtbahn schon vom Computer planen und ständig auf den neuesten Stand bringen lassen. Da das Aufflammen der Motoren der suchenden Schiffskette verraten würde, wo sie sich befanden, schwenkte die ›Starbucket‹, gedeckt von Dis Schweif nach oben und raste hinter den Satelliten selbst. Durch dessen Masse vorübergehend geschützt flog sie unvermittelt eine Kurve und entfernte sich in den Tiefraum, wobei sie darauf bedacht war, die Masse von Di zwischen sich und den Schiffen zu haben, die nun wie wütende Hornissen aus dem Orbit ausbrachen und sich an die Verfolgung machten. Es war ein brillantes Manöver, und obwohl der Weltraum ringsum von explodierenden, exotischen Raketen hell aufleuchtete, konnte die ›Starbucket‹ innerhalb des immer schmaler werdenden Kegels flüchten, den ihr die Felsmasse des Mondes als Schutzraum gewährte.

Obwohl sich die Terraner der Folgen bewußt waren, warfen sie einen Planetenkiller auf Di ab, der es praktisch sofort vaporisierte. Noch ehe sich jedoch das höllische Plasma der Explosion verzogen hatte, hatte das Z-Schiff schon die Eintrittsgeschwindigkeit für den Tachyon-Raum erreicht; und mit einem Schiff voller unbezahlbarer Daten und Analysen über die Geistersoldaten sprangen sie direkt in die relativ sicheren, wenn auch fremdartigen Gefilde des invertierten Raums.

10. Kapitel

Das System der Rufnamen dokumentierte einen boshaften, destruktiven Humor, wie ihn hauptsächlich Absolut praktizierte. Dam, der noch nie einer so tyrannischen, bösartigen Frau begegnet war, war angesichts des Hasses und der Verachtung, die sich in der sadistischen Namenwahl ausdrückten, gleichzeitig entsetzt und fasziniert. Er fragte sich, wieviel davon man einer verkrüppelten Persönlichkeit anlasten mußte, und wieviel in jeder weiblichen Psyche angelegt war und nur in Situationen zum Vorschein kam, in denen, wie im Falle seines weiblichen Folterknechts, die Macht über andere Menschen wahrhaft absolut war.

Gleich an seinem ersten Tag lernte Dam die Person kennen, von der er nur den Namen ›Satan‹ erfuhr. Der Name schien zu dem wilden Kolonialtyp mit den ungebändigten Kräusellöckchen und den Augen, die anscheinend ständig mit dem gebannten Blick eines Wahnsinnigen ins Leere starrten, zu passen. Absolut hatte Dam im Verhörraum zurückgelassen, und Satan, der offenbar eine Art Praktikant in fortgeschrittenem Stadium war, war gekommen, um ihn zu befreien und ihn in das fremde, strenge Leben hier einzuführen.

Er nahm Dam die Handschellen ab und reichte ihm zur Begrüßung eine Hand, die härter und muskulöser war, als es der Major je erlebt hatte.

»Mein Rufname ist Satan. Willkommen in der Legion der Verdammten! Hat sie dir schon einen Rufnamen verpaßt?«

»Sie hat mich Liebhaber genannt«, sagte Dam ein wenig verlegen.

Satan stieß überrascht einen Pfiff aus.

»Das ist nicht gut! Sie hat dich aus irgendeinem

Grund auf dem Kieker. Und sie ist bestenfalls ein absolutes Biest.«

»Ist sie wahnsinnig?« fragte Dam.

Satans Gesicht nahm einen nachdenklichen Ausdruck an. »Ich möchte dir einen Rat geben. Versuche nicht, Absolut zu beurteilen, ehe du ihre Fähigkeiten kennst! Wenn du herausgefunden hast, was wir hier machen und wie hart es ist, schätzt du Absolut hinterher vielleicht anders ein. Ich weiß, daß es bei mir so war.«

Sie waren in Einzelzimmern untergebracht, die durch einen Korridor verbunden waren und sich in einem langen, niedrigen Gebäude an einer Seite des eingezäunten Geländes befanden. Die Zimmer waren eher als Zellen zu bezeichnen, nur wurden die Türen lediglich bei Nacht versperrt. Jede Zelle hatte ein Bett, einen Stuhl, Schreibtisch, Waschbecken, Spind und eine audiovisuelle Lernmaschine. Satans Zimmer lag nicht weit von dem, welches man Dam zugewiesen hatte; er ließ dem Neuankömmling ein wenig Zeit, sich zu orientieren, dann kam er wieder und setzte sich aufs Bett, um mit ihm zu plaudern.

»Sag mir Bescheid, wenn du es nicht hören willst«, sagte er, »aber es gibt drei Möglichkeiten, wie du mit dem umgehen kannst, was hier auf dich zukommt: du kannst dagegen ankämpfen, du kannst es ertragen, oder du kannst hingehen und dich stellen. Wenn du dagegen ankämpfst, werden sie dich töten. Wenn du es erträgst, werden sie dich leiden lassen, aber ich zweifle, daß du es überlebst. Am leichtesten ist es, wenn du es annimmst und versuchst, es zu besiegen. Das System ist darauf angelegt – die körperlich und geistig Schwachen sollen eliminiert werden. Nur die Stärksten erreichen je das Ziel.«

»Auf welcher Seite stehst du?« fragte Dam unverblümt.

Satan nahm die Frage gleichmütig auf. »Auf meiner eigenen, wenn du schon fragst.«

»Du stammst aus den Kolonien«, sagte Dam. »Du bist dir doch klar darüber, daß ein terranischer Kommandotrupp wahrscheinlich bei Gefechten gegen die Regionen des Zentrums – möglicherweise sogar gegen deine eigene Welt – eingesetzt wird.«

»Das gehört zu dem, was ich mit geistiger Stärke meinte. Es gibt keine Möglichkeit, das System zu besiegen. Entweder überlebst du innerhalb seiner Grenzen, oder du überlebst nicht. Wenn du nicht mit aller Kraft überleben willst, wäre es besser für dich gewesen, wenn du dich gleich für die Hinrichtung entschieden hättest, denn bei dieser Ausbildung gibt es einige bemerkenswert schmerzhafte Todesarten.«

»Du rätst mir also zur Kollaboration?«

»Das einzige, was mich über Wasser hält, ist der Gedanke, daß ich eines Tages eine Möglichkeit finden werde, diese Hunde zu schlagen. Und das wird dann der Tag sein, für den sich alles andere gelohnt hat. Aber es gibt einen Punkt, an den du noch nicht gedacht hast. Man gibt dir eine Lernmaschine, damit du deine theoretischen Kenntnisse auffrischen kannst. Nütze sie! Du bekommst die Chance, Einblick in ein ziemlich außergewöhnliches Gebiet der wissenschaftlichen Kriegführung zu gewinnen. Wenn du jemals wieder nach Hause kommen solltest, überlege einmal, wie nützlich dieses Wissen für einige der Planeten rund um das Zentrum sein könnte.«

»Vorausgesetzt, bis dahin sind noch welche übrig«, sagte Dam resigniert. »Aber danke für den Gesichtspunkt. Ich werde ihn nicht vergessen.«

Nachdem Satan Dam somit Stoff zum Nachdenken gegeben hatte, schien er keine Lust mehr zu haben, sich noch weiter zu unterhalten, und ging. Dam untersuchte die Lernmaschine und stellte fest, daß das mathematische und technologische Material in den einzelnen Lektionen überraschend anspruchsvoll war, auch wenn es durchaus im Rahmen dessen lag, was er schon gemacht hatte. Er sah, daß man ihm schon ein umfangreiches Pensum vorgegeben hatte, und während ein Teil seiner Gedanken sich mit den Konsequenzen von Satans Ansichten beschäftigte, begann er, kontinuierlich die Aufgaben für den ersten Tag durchzuarbeiten. Die Lektion enthielt nichts, was er nicht schon wußte, aber die Darstellungsweise war interessant; und diese Verheißung künftiger wissenschaftlicher Offenbarungen bewog Dam, über die Ratschläge des wilden Mannes aus den Kolonien ernsthaft nachzudenken.

»Der Schmerz«, sagte Absolut in der ersten, praktischen Sitzung, »ist entwicklungsgeschichtlich verknüpft mit dem Überleben. Der doppelte Druck durch Vererbung und spätere Konditionierung machen ihn zu einem Faktor, den man instinktiv zu meiden sucht. Das ist für euch ungünstig. Ein Merkmal des Übergangs in und aus dem ionisierten Zustand ist, daß der Vorgang äußerst schmerzhaft ist. Und doch müßt ihr lernen, diesen Übergang ohne das geringste Zögern zu vollziehen.«

Nackt bis zur Taille, die Beine mit Eisenbändern und einer kurzen Kette gefesselt, wartete Dam voll Beklommenheit ab. Die vier anderen Neuankömmlinge, ebenso in ihrer Bewegungsfreiheit gehemmt, standen zitternd neben ihm. Dam konnte das Ausmaß ihrer Angst am Geräusch ihres Atems abschätzen.

»Und das bedeutet«, sagte Absolut, »daß wir uns in den ersten Sitzungen darauf konzentrieren, euch beizubringen, eure instinktive Reaktion auf den Schmerz abzulegen. Dazu haben wir eine Reihe von Übungen, die euch helfen sollen, Schmerzen zu ertragen, die im normalen Toleranzbereich des Menschen liegen. Um euch beim Überwinden der natürlichen Reaktion zur größerem Eifer anzuspornen, haben die Wachen elektrische Stachelstöcke, mit denen sie die Toleranzschwellen weit überschreiten können. Glaubt ja nicht, daß wir zögern werden, sie einzusetzen.«

Absolut genoß sichtlich ihre Überlegenheit, und sie musterte ihre neue Schülergruppe mit gehässiger Vorfreude.

»Du wirst überschätzt, Halbmensch. Ich habe schon verhungernde Ratten gesehen, die in besserer Verfassung waren. Und du, Wurm, dich vergraben wir am besten wieder – und zwar bald, Kriecher, du hast das Aussehen und die Anziehungskraft eines gerupften Huhns. Und die gleiche Lebenserwartung, glaube ich. Und was Neutrum angeht – Heiliger Himmel! Was erwartet man eigentlich von mir? Daß ich aus einem Haufen verfaulender Untermenschen Soldaten mache? Mit Kompost wäre es einfacher. Da hat der Prozeß wenigstens schon angefangen.«

Als sie zu Dam kam, hielt sie inne. Die Stärke seiner Muskeln wetteiferte mit der Kraft, die sich in seinem Gesicht ausdrückte, und die castalische Sommerbräune war noch kaum zu einem Bronzeton verblaßt.

»Und natürlich mein Liebhaber. In jedem Kartenspiel muß es ja einen Joker geben. Du hast noch keine Angst vor mir, was, Liebhaber? Nun, du hast mich ja schon als absolutes Biest bezeichnet, ich verspreche dir also, dich nicht zu enttäuschen.«

»Wenn du dich dann besser fühlst«, sagte Dam sanft.

Für einen Augenblick bohrten sich ihre Blicke ineinander, und Dam wappnete sich für einen Schlag, aber sie beherrschte sich, wandte sich um und sah alle an.

»Noch etwas will ich euch sagen. Diese Einführung ist hart, und sie ist entscheidend. Statistisch gesehen halten zwanzig Prozent derer, die mit den Übungen anfangen, nicht bis zum Ende durch. Wir werden die Sache also einfacher machen. Derjenige, der bei den Übungen das schlechteste Ergebnis erreicht, ist morgen früh nicht mehr am Leben. Das soll für euch ein Ansporn sein, Höchstleistungen zu vollbringen.«

»Das ist Mord!« sagte Dam.

Sie fuhr sofort auf ihn los. »Aber natürlich, Liebhaber!

Es ist Mord, Sadismus, Brutalität, und jedes andere, dumme Schimpfwort, das sich eure kindischen Kolonialgehirne nur ausdenken können. Was, zum Teufel, erwartest du in einer Situation, in der du auf alle Menschenrechte verzichtet hast?«

»Ich weiß, was mit meinem Anspruch, ein Mensch zu sein, geschehen ist.« Dam wußte, daß er gefährlich nahe am Wind segelte. »Und was ist mit dem deinen?«

Für einen Moment zeigte ihr Gesicht Verärgerung.

»Ich warne dich, Liebhaber. Versuch nicht, dich mit mir anzulegen!«

»Wozu sind Liebhaber sonst da?«

»Richtig!« Zornige Entschlossenheit lag in ihrer Stimme. »Du wolltest es nicht anders! Mal sehen, woraus man auf Castalia die kleinen Jungen macht.« Sie deutete auf eine Maschine, die an der Stirnseite des Saales stand. »Diese beiden Griffe sind elektrisch geladen. Faß sie an!«

Hinter ihm rückten die Wachen mit den elektrischen Stachelstöcken näher. Dam erkannte, daß er den Streit zu weit getrieben hatte und trat vor. Bei der ersten Berührung spürte er gar nichts, nur seine Hände wurden feucht von einem Gelee, mit dem die Griffe bestrichen waren. Als er jedoch fester zupackte, bekam er einen so heftigen, elektrischen Schlag, daß er rückwärts zu Boden geschleudert wurde.

»Versuch's noch einmal, Liebhaber!« sagte Absolut, und in ihrer Stimme war kein Erbarmen.

Obwohl es ihn immer mehr Überwindung kostete, versuchte Dam es noch einmal. Als er diesmal zu Boden stürzte, schlug er sich den Kopf an und war fast betäubt. Er stand viel langsamer auf.

»Noch einmal!« sagte Absolut.

»Das ist unmöglich!« Dam war sich völlig sicher. »Das kann niemand freiwillig aushalten.«

»Niemand?« Sie ging an die Maschine und umfaßte ganz bewußt die Griffe. Dam humpelte hinter ihr her und beobachtete ihr Gesicht, aber nur ihr Blick wurde ein wenig starr, sonst zeigte sie überhaupt keine Reaktion. Um auszuschließen, daß er hereingelegt wurde, streckte er die Hand aus und berührte ihr Handgelenk – und bekam einen Schlag, der ihm den Arm hoch in die Luft riß.

Sie ließ die Griffe mit einem triumphierenden Lächeln los.

»Fängst du jetzt allmählich an, Absolut zu begreifen, Liebhaber?«

In einer Weise besiegt, die er sich nicht hatte vorstellen können, nickte er demütig. Die Willenskraft, die er aufbringen mußte, um sich an die Griffe zurückzuzwingen und seine zuckenden Muskeln zu beherrschen, war eine Leistung, die er sich vorher niemals zugetraut hätte. Absolut beobachtete seine Qualen mit grausamen Blicken.

»So ist es gut, Liebhaber! Du lernst«, sagte sie nach einer Weile.

Hätte man Dam dazu gezwungen, so hätte er zugeben müssen, daß ihm vor allem die grimmige Entschlossenheit, sich nicht von Absolut übertrumpfen zu lassens, half, den Schmerz zu ertragen. Ohne die psychologische Triebfeder dieser persönlichen Gegnerschaft schnitten alle anderen schlechter ab; und Wurm, einen geborenen Terraner, trieb der Konflikt zwischen den schrecklichen Griffen vor ihm und den entsetzlich schmerzhaften Stachelstöcken der Wachen in seinem Rücken in einen Zustand hysterischer Panik.

Es gab mehrere Übungen, jede schmerzhafter als die vorhergehende; und Dam stürzte sich auf jede davon mit der gleichen Wildheit, der gleichen Entschlossenheit, sie zu bewältigen, die ihn befähigt hatte, an der ersten Maschine seine verzweifelt aufbegehrenden Nerven zu besiegen. Absolut beobachtete seine Fortschritte mit kritischem Blick, und wenn Dam zögerte, gab sie ihm erneut die Sporen, indem sie sich derselben Herausforderung mit eiserner Gelassenheit stellte. Um nicht zurückzustehen, versuchte Dam die schmerzhafteste Prüfung von allen, und obwohl er in Schweiß gebadet war, gelang es ihm tatsächlich, dabei laut zu lachen.

Nach dem Ende der Behandlung führten die Wachen Wurm, dessen Haut eine eigentümlich graue Färbung angenommen hatte, hinaus, um ihn mit ihren Stachelstöcken zu erschlagen. Die drei anderen, die mit Dam angefangen hatten, hatten nur die Hälfte der Übungsserie geschafft und mußten noch einen Tag zugeben. Dam wurde von Absolut besonders herausgestellt.

»Du hast dich außerordentlich gut gehalten, Liebhaber. Aber glaube mir, es ist mir nicht entgangen, daß du deine Kraft aus Haß geschöpft hast.«

»Hast du auch erkannt, wegen wen mein Haß sich richtete?«

»Aber natürlich. Das ist ein positives Zeichen. Das wird sich noch steigern, je weiter sich unsere Beziehung entwickelt. Aber es ist ein zweischneidiges Schwert. Auch ich habe meinen Dämonen zu besiegen.«

Sie drehte sich um und lieh sich von einem der Wachen einen elektrischen Stachelstock, dann nahm sie ihn in beide Hände und blickte Dam genau in die Augen.

»Komm auf mich zu, Liebhaber!«

»Auf dieses Ding?« Dam sah am Regler, daß sie den Stachelstock auf die höchste Stufe eingestellt hatte.

»Du kannst es ganz schaffen, wenn du dir wirklich Mühe gibst.«

Dam nahm die Herausforderung an und ging auf sie zu, er wußte, ganz egal, welche Schmerzen es ihm bereiten würde, der Preis würde gering sein, verglichen mit der Schande, wenn er ihr die Genugtuung gab, ihn zurückzucken zu sehen. Mit erzwungener Gelassenheit ging er geradewegs auf das Ende des Stachelstocks los. Der fürchterliche Schmerz ließ fast keinen Raum mehr für Überraschung, als sie den Stachelstock durch die

Finger gleiten ließ, so daß Dam fest an sie gedrückt wurde, als er stehenblieb. Dann stieß sie ihm den Stock mit aller Kraft in den Leib, und die anschwellende Schmerzflut stürzte Dam in eine gnädige Ohnmacht; er brach vor ihren Füßen zusammen.

11. Kapitel

Das Z-Schiff hatte sich in solcher Hast vom Schwanz von Di abgesetzt, daß man die Überwachung der Signale ganz vergessen und dem Sturzflug allen Vorrang eingeräumt hatte. Die Instrumente waren jedoch nicht in solcher Bedrängnis gewesen und hatten bis zu dem Augenblick, als die ›Starbucket‹ in den Tachyon-Raum gesprungen war, alle Funkbotschaften aufgezeichnet. Ohne Wissen oder Eingreifen der Menschen waren die letzten Signale von Halcyon digital kodiert und direkt in die Datenbanken des Schiffes eingespeist worden, von wo sie erst viel später wieder abgerufen wurden, als die Forschungsteams das Durcheinander von Restinformationen für den Fall ›aufräumten‹, daß irgendeine wichtige Einzelheit übersehen worden war.

Es war praktisch unglaublich, aber die Telekamera, die die Geschehnisse auf Halcyon überwachte, zeigte, daß das Schwesterschiff des ursprünglichen Geisterwaggons an der Explosionsstelle in der Festung tatsächlich Überlebende gefunden hatte, und daß nicht weniger als vier der ursprünglichen zwölf Geister geborgen worden waren, ehe die Aufnahme der Szene abriß. Liam Liam ließ sich die Aufzeichnung viele Male vorspielen, bis ein aufkeimender Verdacht ihn veranlaßte, bestimmte Aspekte genauer zu studieren. Er richtete sich unvermittelt auf, weil das Bild eine völlig unerwartete Erinnerung wachrief, die ihn bewog, die Bänder weiter bearbeiten und Einzelausschnitte vergrößern zu lassen, die sein Interesse erregt hatten. Als er endlich zufrieden war mit dem, was er sah, requirierte er das Original und ließ alle anderen Kopien vernichten. Mit dem Originalband in der Tasche verließ er, einen grüblerischen Ausdruck auf dem Gesicht, das Forschungszentrum.

Eine halbe Stunde später konnte man Liam im Zentralarchiv des Geheimdienstes des Zentrums finden, wo er eifrig mit einer Mikrofilmspule beschäftigt war und gelegentlich auf einen Knopf drückte, um sich ausdrukken zu lassen, was er auf dem Bildschirm sah. Nachdem er die letzten Vergleiche gezogen hatte, steckte er die Ausdrucke ein und schlenderte zu den Besprechungsräumen, wo eine Konferenz stattfand, für die er schon überfällig war.

Diesmal waren die im Halbkreis gruppierten Gesichter in aufnahmebereiterer Stimmung als beim letztenmal. Sinter Pauls, der hinter einem mit Akten beladenen Schreibtisch saß, begrüßte ihn herzlich.

»Diesmal haben Sie sich wirklich selbst übertroffen, Liam! Mit den Informationen, die Sie von Halcyon mitgebracht haben, haben wir monatelang zu tun, bis wir sie verdaut haben.«

»Die Monate werden aber allmählich kostbar, verstanden? Rigon, Zino, Ames World, Sette, und jetzt Halcyon. Welche Welt wird die nächste sein?«

»Wir haben gehofft, daß Sie uns das sagen könnten. Sie haben doch sicher eine Vorstellung von den neueren Plänen der Erde gewonnen.«

»Ich kann Ihnen nicht von etwas berichten, was überhaupt nicht existiert.«

»Das müssen Sie mir erklären.«

»Die Terraner haben keine Gesamtstrategie. Es handelt sich nicht um diese Art von Feldzug. Sie werden einfach jeden angreifen, mit dem sie Streit bekommen. Sobald jemand der Kolonialpolitik von Terra nicht zustimmt, werden sie behaupten, sie hätten Anzeichen von Aufruhr festgestellt. Dann greifen sie an und begehen ein paar Greueltaten, um wirklich eine gewisse Widerstandsbewegung ins Leben zu rufen. Sobald sie auf diese Weise ihrer Behauptung, es gäbe aufrührerische

Tendenzen, eine sachliche Grundlage gegeben haben, schleppen sie die großen Kanonen heran und stampfen die Verteidiger in Grund und Boden. Wenn sie damit fertig sind, dezimieren sie die Planetenbevölkerung oder sterilisieren den Planeten völlig, und dann sehen sie sich um, wo sie den nächsten Streit vom Zaun brechen können.«

Sinter Pauls schüttelte skeptisch den Kopf. »Ich weiß, daß es oberflächlich betrachtet so aussieht, aber den tieferen Sinn habe ich noch immer nicht erfaßt.«

»Das liegt daran, daß es keinen tieferen Sinn gibt. Terra greift die Regionen des Zentrums nicht an, weil es ein Territorium im Zentrum will. Es greift sie an, weil ihm die Vorstellung einer kollektiven Opposition widerstrebt. Terra sähe lieber überhaupt keine bewohnten Welten im Zentrum, als das Risiko eingehen zu müssen, eine zweite Macht könnte sich erheben und ihm seine galaktische Vorherrschaft streitig machen. Ein interstellarer Neidhammel sozusagen.«

»Das gibt doch keinen Sinn.«

»Überlegen Sie doch einmal folgendes: Terra war immer die Heimat und die Mutter der gesamten, menschlichen Rasse. Nun stellte es fest, daß es überall, außer auf militärischem Gebiet, von seinen kolonialen Abkömmlingen übertroffen wird. Wenn die Zentrumswelten sich jemals zu einer wirksamen Föderation zusammengeschlossen hätten, hätten sie es vielleicht sogar mit Terras militärischer Macht aufnehmen können. Aus diesem Grund hält es Terra für notwendig, seine potentielle Opposition aufzuspalten und zu zerstören. Es ist ein kollektiver Verfolgungswahn: die alte Hündin will nicht anerkennen, daß ihre Welpen erwachsen geworden sind.«

»Das ist doch sicher übermäßig vereinfacht. Da muß doch noch mehr dahinterstecken?«

»Was glauben Sie, was Terra mit den Welten macht, die es besiegt hat? Ich werde Ihnen sagen, was es nicht macht. Es siedelt nicht seinen eigenen Bevölkerungsüberschuß dort an, verstanden?«

»Das weiß ich, aber ich verstehe es nicht«, sagte Sinter Pauls.

»Es besiedelt diese Welten nicht, weil genau auf diese Weise ursprünglich die Kolonien entstanden sind. Innerhalb von zwei Generationen werden Terraner zu Kolonialbewohnern, und die Forderungen nach Unabhängigkeit gehen von neuem los. Daher setzt Terra auf die besiegten Welten nur eine streng militärische Garnison. Und das verrät mir, daß die Strategie des Zentrums, sich zurückzuhalten und Zugeständnisse zu machen, für das Problem völlig unerheblich ist. Es geht nicht darum, wer wir sind, oder was wir tun, sondern darum, daß Terra die Tatsache unserer Existenz nicht ertragen kann.«

»Ich werde Ihre Bemerkungen an den Sicherheitsrat weiterleiten, Liam. Aber ich bezweifle, ob damit die Politik beeinflußt werden kann. Die Welten, die im Augenblick bei Terra in Gunst stehen, wollen das Boot sicher nicht ins Wackeln bringen.«

»Das ist unlogisch. Ob Schaf oder Lamm, gefressen werden sie trotzdem alle. Gegen wen Terra kämpft, ist völlig gleichgültig – nur das Kämpfen selbst ist wichtig.«

»Vielen Dank für den neuen Gesichtspunkt«, sagte Sinter Pauls, der dem Gespräch offensichtlich eine andere Richtung geben wollte. »Inzwischen gibt es immer noch genehmigte Aktionen, und die bleiben Aufgabe des Geheimdienstes des Zentrums. Unsere Leute von der Forschung haben vorab schon einen Blick auf das Material von Halcyon geworfen, und sie glauben zu begreifen, wie es gemacht wird. Sie schätzen, daß sie das Verfahren innerhalb von zwei Jahren für unbelebte Objekte rekonstruieren können.«

»Und wann können sie es auf Menschen anwenden?«

»Darüber gibt es noch keine Schätzungen.«

»Und Abwehrmaßnahmen dagegen entwickeln?«

»Ebenfalls keine Schätzungen, obwohl da andere Forschungsbereiche vielleicht auch etwas beitragen könnten.«

»Dann bin ich also mit meiner Schätzung, daß Terra einen Vorsprung von zehn Jahren hat, nicht falsch gelegen?«

»Nein.«

»Sinter – ist Ihnen klar, wie wenige von den Zentrumswelten in zehn Jahren noch übrig sein werden? Zu wenige, um einen allerletzten Kampf gegen Terra zu führen, selbst wenn man bis dahin die Methoden entwickeln kann. Der Zeitpunkt für ein gemeinsames Handeln ist jetzt!«

»Auch wenn ich persönlich Ihren Argumenten vielleicht zustimme, Liam, ist es nicht unsere Aufgabe, Kriegshetzerei zu betreiben. Wir können Ratschläge geben, aber wir haben keine Möglichkeit, die Politik zu ändern.«

»Es ist nicht genug, verstanden?« Liam musterte die Gesichter seiner Zuhörer. »Senator Anrouse – Sie sind auch im Sicherheitsrat. Verstehen Sie denn nicht, worauf ich hinauswill?«

»Ich schon, Liam, aber ich kenne viele, die es nicht sehen werden. Sie unterschätzen, welch erschreckende Verantwortung jene Leute zu tragen haben, die berufen sind, solche Entscheidungen zu treffen. Angenommen, Sie irren sich in dem, was Sie für die Motive Terras halten? Haben Sie uns wirklich genügend Beweise vorgelegt, um einen totalen, interplanetarischen Krieg zu rechtfertigen? Mit solchen Argumenten muß man die meisten der Zentrumsregionen umstimmen, oder man muß es lassen, denn wenn einige diesen Weg alleine gehen, sind sie zum sicheren Untergang verurteilt. Und die Männer, die es auf sich nehmen, sie dem auszuliefern, sind selbst am Völkermord mitschuldig, wenn sie sich irren.«

»Das war wie ein wahrer Politiker gesprochen! So

Gott will, werde ich auf Ihr Grab schreiben: ›Hier liegt der Senator, der aus den ehrenvollsten Motiven überhaupt keine Entscheidungen traf.‹ Wird es Ihnen leichter fallen, Castalia einfach deshalb zu verlieren, weil die Terraner die Initiative ergriffen und Ihnen die Entscheidung aus den Händen genommen haben?«

»Das ist unfair, Liam!« Anrouse wurde allmählich wütend. »Trotz Ihrer Analyse *könnte* man die Aktivitäten Terras im Zentrum durchaus als berechtigtes Streben nach Erhaltung des terranischen Imperiums durch die Bekämpfung aufrührerischer Gruppen interpretieren. In diesem Fall hätten jene Regionen, die sich die Finger nicht schmutzig gemacht haben, absolut nichts zu befürchten.«

»Wenn Sie das glauben, dann werden Sie alles glauben!« Liam ließ sich nicht einschüchtern. »Die ›Rebellion‹ auf Halcyon war nicht mehr als ein Streit über die Bestimmung im Truppenabkommen, man müsse dreißig Schiffe nach Terra liefern. Die Raumarmee von Halcyon *hatte* nur dreiundzwanzig Schiffe zur Verfügung, verstanden? Sie haben sich die Finger ›nicht schmutzig gemacht‹, wie Sie sich auszudrücken belieben, und zur Belohnung hat man ihnen den Hintern weggeschossen. Wenn das der Lohn der Gesetzestreue ist, dann bleibe ich ein überzeugter Bastard.«

Später am Abend erhielt Senator Anrouse unerwarteten Besuch. Liam Liam kam an die Tür der Suite, die der Senator bewohnte, wenn er von Castalia aus hier war, und wurde sofort von Anrouses Adjutanten abgefangen. Man hielt ihn in einem Nebenraum fest, bis man sich erkundigt hatte, wie der Senator zu verfahren gedachte. Anrouse erklärte sich sofort bereit, ihn zu empfangen.

»Liam – warum haben Sie sich nicht vorher gemeldet? Sie hätten sich eine Menge Streitereien ersparen können.«

»In meinem Geschäft ist es unklug, wenn man seine Absichten im voraus verkündet.«

»Wahrscheinlich haben Sie recht.« Anrouse schloß die Tür und schaltete die Schutzschirme wieder ein. »Nun, welchem Umstand haben wir die Ehre Ihres Besuchs zu verdanken? Sie haben doch sicher nicht vor, unseren frühreren Wortwechsel fortzusetzen?«

Liam lächelte müde. »Kaum! Die Schauspielerei hat ihren Platz, aber ohne Publikum verliert sie an Wirkung. Ich wollte Ihnen dies zeigen.«

Er zog die Filmkassette aus der Tasche und schob sie in das Videogerät. Anrouse dämpfte das Licht und schaute gebannt auf den Bildschirm, bis der Film unvermittelt zu Ende ging. Dann wandte er sich Liam zu.

»Das letzte Stück des Halcyon-Materials, nehme ich an. Ich habe schon einiges von den früheren Bändern gesehen. Was ist an diesem Teil so besonders neu?«

»Etwas, was die Computer nicht herausfinden konnten. Ich habe es anfangs selbst übersehen. Aber dann hat es geklingelt ...«

»Ich verstehe nicht ...«

Liam spulte das Band zurück und setzte es wieder in Gang.

»Ich glaube, Sie waren mir gegenüber nicht offen, Senator. Einen von den Geistern erkenne ich.«

Anrouse ließ den Film durchlaufen, ohne etwas zu sagen, dann schaltete er das Gerät ab und blätterte ernst den Stapel Fotos durch, die Liam ihm gereicht hatte.

»Hatte ich recht?« fragte der Agent des Zentrums.

»Hat wohl keinen Sinn, wenn ich es leugne. Sie haben scharfe Augen, Sie alter Teufel.«

»Die brauche ich in meinem Beruf.«

»Wie ich Sie kenne, sind Sie nicht nur aus freundschaftlichem Interesse zu mir gekommen. Was wollen Sie?«

»Wenn Sie bei Terras Phantomkriegern schon einen

Agenten eingeschleust haben, warum haben Sie mir das nicht früher gesagt?«

Anrouse schüttelte traurig den Kopf. »Hauptsächlich aus zwei Gründen. Erstens ist kein Sicherheitssystem absolut sicher. Je weniger Leute deshalb Bescheid wußten, desto besser. Zweitens konnten wir diese Person zwar zwischen die Geister schmuggeln, aber es war bisher nicht möglich, sie oder irgendwelche Informationen herauszubekommen. Das Projekt ist durch terranische Hypersicherheitseinrichtungen abgeschirmt, und was den Rückfluß von Informationen angeht, war es ein Fehlschlag!«

»Trotz alledem, es könnte sehr positive Auswirkungen haben, verstanden? Ich bin mir ebenso darüber im klaren wie Sie, daß der Sicherheitsrat sich nicht zu interplanetarischen Feindseligkeiten wird hinreißen lassen. Trotzden glaube ich, daß Sie meinen Ansichten wohlwollend gegenüberstehen. Aber es gibt eine leise Schlacht, die schon im Gange ist, und aus diesem Grund bin ich heute abend hier. Ich möchte Sie überreden, sich Liams Privatkrieg anzuschließen.«

12. Kapitel

Das Geräusch begann an einem Frühnachmittag, hielt die ganze Nacht hindurch an und erreichte am nächsten Morgen volle Lautstärke. Angefangen hatte es als dumpfes, vibrierendes Grollen, das Dam zuerst nur schwer hatte einordnen können. Als es jedoch dunkel wurde, konnte er es an seinen Ursprung zurückverfolgen. Das Geräusch kam aus einem langen, grauen Gebäude, das parallel zum Zellenblock verlief und anstelle von Fenstern quadratische, unverglaste Öffnungen hatte. Wenn er sich auf sein Bett stellte, konnte er durch den Luftschacht sehen, daß so etwas wie ein großer Hochofen angezündet worden war. Der Lärm kam von gewaltigen Gasdüsen, die eine große Ziegelkammer aufheizten, welche einen großen Teil des grauen Gebäudes einzunehmen schien.

Im Laufe der Nacht war die Helligkeit aus den Öffnungen so stark geworden, daß der dazwischenliegende Raum rosarot erleuchtet war und der Schein durch den Luftschacht bis in seine Zelle drang. Als es dämmerte, hatte sich das Geräusch der Gasdüsen zu einem Kreischen gesteigert, und die ausgestrahlte Helligkeit war so stark, daß der von den Wänden reflektierte Feuerschein ihn weckte und ihm Visionen vom höllischen Feuer vermittelte. Als ihm wieder einfiel, daß er jetzt zur Legion der Verdammten gehörte, begann er sich erst recht ängstlich zu überlegen, was der große Hochofen wohl zu bedeuten hatte und zu welchen Zwecken er eingesetzt werden mochte.

Man ließ ihn darüber nicht lange im Zweifel. Absolut holte ihn persönlich kurz nach dem Ersten Licht ab.

»Ich will deine Ausbildung abkürzen, Liebhaber. Wir haben soeben festgestellt, auf welchem Niveau du wissenschaftlich stehst, und gesehen, daß es drei naturwissenschaftlichen Doktortiteln im terranischen System entspricht. Das heißt, wir können die Präliminarien größtenteils überspringen und direkt in die komplexe Ionisationstheorie gehen. Bei den praktischen Übungen hast du ebenfalls hervorragende Leistungen gezeigt, deshalb werde ich dich jetzt sofort dem Ionisationsverfahren unterziehen.«

»Sofort?« Dam stellte plötzlich eine nicht sehr angenehme Verbindung zwischen sich und dem großen Hochofen her, der seine Nachtruhe gestört hatte.

»Wir haben einen auf zwölfhundert Grad Celsius aufgeheizten Trainingsraum – das ist so heiß, daß Gold flüssig wird wie Wasser. Ich werde dich ins Tiefe werfen, Liebhaber, denn wenn ich je einen geborenen Überlebenskünstler gesehen habe, dann bist du es. Ich weiß nicht, was ihr Hunde aus den Kolonien an euch habt, aber ich bin entschlossen, es mir zunutze zu machen.«

Darauf hätte eigentlich eine schlagfertige Antwort folgen müssen, aber Dam fiel nichts Passendes ein, und so zuckte er nur die Achseln und folgte Absolut voll banger Vorahnungen zu dem grauen Gebäude, während drei Wachen die Nachhut bildeten. Die Luft im Vorraum war erstickend heiß, Dam brach sofort der Schweiß aus, und er fragte sich, wie Absolut es wohl schaffte, weiter so kühl zu wirken.

»Zieh dich aus!« befahl sie.

Er sah sich nach einer Umkleidekabine oder auch nur einem Vorhang um, aber es gab nirgends eine Deckung.

»Hier?«

»Was ist los; Liebhaber? Bist du noch nie nackt vor einer Frau gestanden?« Ihr Ton war ätzend. »Dein Ruf läßt andere Schlüsse zu.« Sie nahm eine Elektronenpistole aus ihrem Gürtel und stellte sie auf einen schmalen Strahl ein. »Ich glaube, du weißt, was mir Spaß machen wird, wenn du nicht mitspielst.«

Dam begann sich auszuziehen, weil er sich daran erinnerte, wie sie ihn an das Ende des Stachelstocks gelockt hatte. Von den beiden erzeugte der dünne Strahl den größeren Schmerz, und die tiefen Brandwunden brauchten lange, um zu heilen.

Als er fertig war, musterte sie ihn spöttisch von oben bis unten, dann griff sie in einen Schrank und warf ihm etwas zu, das sich anfühlte und auch so aussah wie ein weiches, feines Drahtgeflecht.

»Zieh das an!«

Dam untersuchte das Geflecht argwöhnisch und stellte fest, daß es die Form eines enganliegenden, einteiligen Anzugs hatte, der seinen ganzen Körper einschließlich der Hände, des Kopfes und sogar des Gesichts umschließen sollte. Die Schlupföffnung war klein, und er mußte sich ordentlich drehen und wenden, bis er die enge ›Metallhaut‹ angelegt hatte. Das Geflecht war in sich elastisch und legte sich daher fest um Rumpf und Gliedmaßen.

Dann gab sie ihm einen schweren Rucksack mit Riemen aus geflochtenen Kupferbändern. Dam betrachtete sich die komplizierten, elektronischen Geräte darin, spürte, wie sich die Gurte eng um seinen Leib legten und bekam erstmals ernstlich Angst um sein Leben. Absolut musterte ihn kritisch und nahm einige Änderungen an dem Rucksack vor.

»Weißt du, was Leben ist, Liebhaber?«

»Ist das eine rhetorische Frage – oder ein Angebot?«

»Keines von beiden.« Unwillkürlich zuckten ihre Mundwinkel leicht belustigt. »Leben ist Organisation. Nimm alle Stoffe, aus denen ein menschlicher Körper besteht, mische sie zusammen, und alles, was du bekommst, ist ein widerlicher Eintopf. Aber bei richtiger Organisation genau derselben Komponenten bekommst du ein denkendes, lebendiges Wesen. De facto ist die Organisation sogar noch wichtiger als die Bestandteile, aus denen sich der Körper zusammensetzt. Wenn die Organisationsinformation erhalten bleibt, kann man ein

Wesen aus einer stofflichen Zusammensetzung in eine andere überführen und wieder zurück.«

»Ich glaube es dir. Ist das die Grundlage der Ionisationstechnik?«

»Ganz genau. In wenigen Augenblicken werde ich dich durch den Transformierer schicken. Dort werden alle Atome deines Körpers aufgespalten und an die Atome einer Wirtssubstanz – in diesem Fall Wasserstoff – angelagert. Du wirst mit allem, was sich innerhalb deiner Energiehülle befindet, buchstäblich in einen gasförmigen Plasmazustand überführt. Der Rucksack ist ein Energiemodulator. Seine Funktion ist es, die Energiehülle zu erzeugen, und die gesamte, organisatorische Information, die dich zu einem Individuum macht, so zu erhalten, daß deine Wirtsmoleküle nicht miteinander verschmelzen und dich in einen homogenen Klumpen verwandeln können. Ohne die Energiehülle würdest du dich natürlich sofort und vollständig in die Atmosphäre verflüchtigen.«

»Ich glaube, ich begreife allmählich, warum ihr Schwierigkeiten habt, Freiwillige zu finden.«

»Tatsächlich, Liebhaber? Aber das Beste kommt erst noch. Vor dir befindet sich ein mit Wasserstoff gefüllter Hochofen, der bis zur Weißglut erhitzt ist. Du mußt den Transformierer passieren, durch den Ofen laufen und durch einen zweiten, am anderen Ende stationierten Transformierer wieder herauskommen. Zumindest theoretisch.«

»Und praktisch?«

»Die Ionisierungs-Transformation ist ein schmerzhafter Vorgang. Viele können sich nicht überwinden, den zweiten Transformierer zu betreten, nachdem sie den ersten erlebt haben. Aus diesem Grund hat der Rucksack eine Zeitautomatik. Du hast fünf Minuten Zeit, den Hochofen zu durchqueren. Danach schaltet der Rucksack ab. Wenn das geschieht, solltest du darum beten, daß du Glück hast und dich im Hochofen nur auflöst.«

»Und wenn ich kein Glück habe?«

»Dann beginnst du, innerhalb des Hochofens in den Normalzustand zurückzukehren. Es ist ein sehr sauberes System. Ganz gleich, was geschieht, wir brauchen keine Leichen zu beseitigen. Wir müssen nur gelegentlich ein bißchen Staub herausfegen.«

»Mußtest du dich eigentlich sehr anstrengen, um ein so hartgesottenes Biest zu werden? Oder ist das Veranlagung?«

»Eine ganz natürliche Veranlagung, das kann ich dir versichern. Und es ist eine meiner geringsten Fähigkeiten, Liebhaber. Und jetzt los!«

Mit dem Lauf ihrer Elektronenpistole bedeutete sie ihm, in einen schmalen Tunnel einzutreten. Unter beträchtlichem Zittern gehorchte Dam. Vor sich, am anderen Ende des Tunnels, sah er eine Schräge, die steil nach oben führte. Trotz des höllischen Leuchtens, das der Hochofen nach allen Seiten hin ausstrahlte, gab es keinen Zweifel, daß die Schräge selbst kirschrot glühte. Von dem Raum, den man ihn zu betreten zwang, ging eine fast unerträgliche Hitze aus, und er spürte, wie seine Haut spannte, als der Schweiß unter dem Metallgeflecht auf seinem Körper trocknete.

Ehe er es überhaupt merkte, stand er tatsächlich im Transformierer. Er war in Boden und Decke des Tunnels eingebaut und hauptsächlich an einem Komplex dicht beieinanderstehender, quadratischer, wulstförmiger Kupferspulen zu erkennen, die von innen gekühlt wurden, und auf denen sich daher in der erhitzten Atmosphäre in großen Tropfen Feuchtigkeit absetzte. Von hier aus war es möglich, den höchsten Punkt der Schräge zu sehen, wo der Wasserstoff, wenn er mit der Außenluft in Berührung kam, in großen, durchsichtigen Flammen abbrannte. Es war eine Vision des Höllenfeuers, realistischer, greifbarer und abstoßender als alles, was die Mystiker in alten Zeiten beunruhigt hatte.

Er blieb im Transformierer stehen, schaute zurück zu Absolut und fragte sich, wann sich seine Qualen wohl steigern würden. Ihr Gesicht war durch das Licht, das an ihm vorbeiflutete, in einen rosig-goldenen Schein getaucht, und in ihren Augen spiegelten sich die hellen Flammen so, daß man den Eindruck bekam, auch in ihnen brenne ein Feuer. Einen Augenblick lang war er wie gebannt, denn sie sah aus, als sei sie nicht sterblich, sondern ein strahlender Engel Satans. Er las auch noch etwas anderes in ihrem Gesicht, nämlich eine Erregung, für die er keine Worte finden vermochte. Er wußte nur, daß dieses Bild in sein Gedächtnis eingebrannt bleiben würde, bis er starb.

Sie berührte einen Schalter an der Tunnelwand; ein durchsichtiger Käfig glitt von der Decke herab und schloß Dam im Transformierer ein. Dann kam Absolut näher heran und sprach ihn durch ein Lautsprechersystem an.

»Fünf Minuten, um durch den Hochofen zu gelangen, Liebhaber. Du kannst dir das als Feuertaufe vorstellen. Wenn du merkst, daß deine Entschlossenheit nachläßt – denke nur an mich.«

»Ich verspreche dir, du wirst meinen Gedanken niemals fern sein«, sagte Dam aufrichtig.

Er bemerkte, daß der Luftdruck stark abfiel, weil große Pumpen die Luft aus dem Käfig saugten. Ihm fiel auch auf, daß alle Außengeräusche sonderbar gedämpft waren, daß es in seinen Ohren rauschte und er nach Atem rang, weil ihm das lebensnotwendige Gas so drastisch entzogen wurde. Dann begann der Prozeß der Ionenbildung und der Anlagerung: zwischen dem Fußboden und der Decke entstand eine große, fluoreszierende Säule und schloß ihn ein, er glaubte zu spüren, wie die erregten Ionen an seinem Fleisch zerrten und es wegfraßen. Jede Nervenfaser wurde freigelegt und einzeln weggeätzt, und er wurde verzehrt von einer lückenlosen Schmerzhülle, die ganz außen begann und sich gnadenlos durch seinen ganzen Körper bis ins innerste Mark vorarbeitete.

Fluchend, betend und schreiend zwang er seinen Geist, die Botschaften abzublocken und zurückzuweisen, die ihm seine zerfetzten Nerven übermitteln wollten, er setzte jeden Krümel seiner abbröckelnden Selbstbeherrschung ein, um der ihn verhöhnenden, ihn aufs höchste folternden Göttin, die sich aus dem sicheren Tunnel heraus an seinen Qualen weidete, eine Welle von erbittertem Haß nach der anderen durch das undurchdringliche Glas entgegenzuwerfen. Dann wurde ihm bewußt, daß sich etwas verändert hatte. Er wußte, daß er völlig zerstört war; aber er hatte noch einen Geist, der das wissen konnte, der also weiterhin existierte. Seine Vernunft sagte ihm, daß er tot war; und doch brachte der Tod nicht den willkommenen Schlaf, sondern nur die Qual eines neuen Erwachens. Es war eine entsetzliche Metamorphose, an die Stelle dessen, was er gewesen war, wurde etwas Neues gesetzt: es war Tod und Wiedergeburt, eine Mischung aus den zu beiden gehörigen Traumata. Und dann war er durch ...

Die Lichtentladung hörte auf, die innere Wand des Käfigs wurde angehoben und gestattete ihm den Zugang zu der rotglühenden Schräge, die in den dahinterliegenden Hochofen führte. Gleichzeitig verschwanden die restlichen Schmerzen völlig und wurden durch eine sonderbare Hochstimmung, ein Gefühl der Freiheit ersetzt. Dam wußte von Absolut, daß sein ganzes Wesen in elementaren Wasserstoff umgesetzt worden war, und machte sich sorgfältig mit seiner neuen Existenzform vertraut.

Zuerst fühlte er sich einem Gott verwandt. Obwohl er genügend Masse besaß, um sich orientieren und am Boden halten zu können, war das Gewicht seines alten Körpers verschwunden, und er spürte, daß ihn seine Muskeln nun mit einem Satz fünfzig Meter weit tragen konnten, wenn er das wollte. Sein Körper war zwar immer noch sichtbar, aber jetzt so transparent, daß er durch ihn hindurch den Fußboden darunter in allen Einzelheiten erkennen konnte. Erstaunlicherweise blieben ihm seine Muskelkoordination und seine Berührungsempfindlichkeit voll erhalten, aber die sengende Hitze der ansteigenden Schräge verursachte ihm keine Schmerzen und verbrannte auch sein substanzloses Fleisch nicht.

Er schaute zurück, um zu sehen, ob Absolut ihn beobachtete, aber die Dunkelheit im Tunnel war zu groß, als daß er sie hätte erkennen können, und so begann er mit einem Achselzucken, die entsetzliche Schräge vor sich hinaufzugehen. Einmal unterwegs, konnte er die Gefahren seiner Lage deutlicher einschätzen. Da war er nun, ein Analogmensch aus strukturiertem Wasserstoff, der in eine Hochofenatmosphäre aus demselben Gas, aber in überhitzter Form eintrat, wo sich die Moleküle in heftigster Bewegung befinden würden. Bei der kleinsten Fehlfunktion der Geräte in seinem Rucksack würde er mit hundertprozentiger Sicherheit so gründlich in das ihn umgebende Medium verteilt, daß selbst ein empfindliches Spektrometer nicht mehr feststellen konnte, daß Dam Stormdragon mit der Hochofenfüllung vermischt worden war.

Abgesehen von den Schmerzen bei der Überführung hatte bisher nichts Absoluts Bemerkung über das Nachlassen seiner Entschlossenheit rechtfertigen können. Als er den Scheitel der Schräge erreichte und in das brodelnde, weißglühende Gas des eigentlichen Hochofens eintauchte, begann sich die Sache jedoch von einer ernsteren Seite zu zeigen. Die Helligkeit war überall gleich intensiv, dadurch wurde jeglicher optische Kontrast aufgehoben, und er hatte keinen Anhaltspunkt mehr, um Entfernungen und Perspektiven abzuschätzen. Dazu kam noch die Wasserstoffatmosphäre, die sich so sonderbar dünn anfühlte, und seine eigene, unnatürlich schwebende Leichtigkeit, und all das zusammengenommen erzeugte ein Gefühl der Isolation und der sensorischen Deprivation, durch das er sich gefährlich von der objektiven Beurteilung seiner Situation weglocken ließ. Die kalte Welt voller Gefahren, Sorgen und Arbeit da draußen erschien ihm wie ein Überrest aus einem bösen Traum, während sein neues, befreites Bewußtsein direkt in die Weiten einer weißen Unendlichkeit blickte.

Er fing sich noch rechtzeitig, stolperte auf eine Wand zu und stellte, nur durch Berührung, ihre Richtung fest, dann zwang er sich, nach Anhaltspunkten zu suchen, die ihm Veränderungen im Winkel des Fußbodens, der Decke und schließlich eine weiter entfernte Wand zeigten. Kaum hatte er aber herausgefunden, wie man aus dieser fast kontrastlosen Umgebung eine Perspektive herausholen konnte, da stieß er sofort auf eine neue Schwierigkeit. Die Hochofenkammer war nicht ein schlichter Kasten, wie er es sich vorgestellt hatte, sondern es gab darin eine ganze Reihe von Innenwänden und Öffnungen, und nach einer schnellen Untersuchung stellte sich heraus, daß er sich in einem komplizierten Labyrinth befand, und daß seine Existenz auf dem Spiel stand, wenn es ihm nicht gelang, den Ausgang zu finden.

Zuerst wäre er fast in Panik geraten. Während der ersten Phase der Ionisierung, als er sich bemüht hatte, die Lage in den Griff zu bekommen, war eine bestimmte Zeitspanne verstrichen. Wieviel, das konnte er nicht feststellen, und es war sogar denkbar, daß mehrere Minuten vergangen waren, ehe er seine Objektivität wiedergefunden hatte. Also blieb ihm wirklich nur noch sehr wenig Zeit, das Rätsel des Labyrinths zu lösen und die Kammer wieder zu verlassen, ehe sein Rucksacks sich abschaltete.

Schnell entschlossen machte er sich daran, die weißglühenden Wände zu untersuchen, er versuchte Zeit zu sparen, indem er im Geiste jene einladenden Eingänge aussortierte, die, wie er glaubte abschätzen zu können, in Sackgassen führten. Nach mehreren Versuchen und mehrmaligen Umkehren kam er an den Punkt, den er aufgrund logischer Überlegungen für den einzig möglichen Weg hielt – nur um besiegt vor einer neuen, leeren, starren Wand zu stehen. Mit wachsender Verzweiflung ging er zurück, er hatte das Gefühl, daß da, wo selbst die Logik versagt hatte, nur ein unglaublicher Zufall ihn in der noch verbleibenden Zeit zum Erfolg führen könnte.

Dam hatte nicht viel Vertrauen in den Zufall, und außerdem war es, wenn er genauer darüber nachdachte, unwahrscheinlich, daß man dieses tödliche Labyrinth entworfen hatte, um gute Rater von schlechten zu scheiden. Absolut hatte ihn als geborenen Überlebenskünstler eingeschätzt, und unter diesen Umständen konnte man sich das Überleben nur verdienen, indem man sich hartnäckig sträubte, sich töten zu lassen. Es mußte eine Möglichkeit geben, durch den unerschütterlichen Vorsatz, am Leben zu bleiben, seine Chancen positiv zu beeinflussen.

Dann wußte er, was er zu tun hatte. Die Wände des Labyrinths bestanden aus dicken, porösen Keramikplatten. Er packte eine, schüttelte sie und merkte, daß sie weder oben noch unten befestigt und so leicht war, daß er sie ins Wanken bringen konnte. Er stemmte sich mit aller Kraft dagegen, und es gelang ihm, sie umzukippen; als sie fiel, brachte sie auch noch einige andere Wände aus dem Gleichgewicht. Er schätzte ab, wie er die größtmögliche Wirkung erzielen konnte, nahm diesen Vorteil wahr und setzte bewußt eine Wand gegen die andere ein, um das ganze Labyrinth in ein Durcheinander aus umgeworfenen und gegeneinanderlehnenden Platten zu verwandeln. An einer Ecke brach er in einen dahinterliegenden, größeren Raum durch und wurde für seine Mühe mit dem Anblick der Schräge belohnt, die zum zweiten Transformierer hinabführte. Er rannte die restliche Strecke mit unterdrückter Verzweiflung, der Gedanke, die Zeit könne ihn schlagen, wo es den Umständen nicht gelungen war, war ihm zutiefst zuwider. Als er den Transformierer betrat, senkte sich sofort der Käfig auf ihn herab, und erst als der Umwandlungsprozeß schon begonnen hatte, kamen ihm Zweifel, ob er ihn würde ertragen können.

Die Wiederherstellung seiner alten, molekularen Identität dauerte unendlich viel länger und war weitaus schmerzhafter als der umgekehrte Prozeß; dazu kam, daß die Rückkehr in den unangenehmen Normalzustand eine psychische Belastung bedeutete, mit der sich sein Gehirn nur äußerst unwillig abfinden wollte. Als Absolut schließlich die Wände des Transformationskäfigs hob, lag Dam in Embryohaltung auf dem Boden und hatte nur noch einen einzigen sehnlichen Wunsch: tot zu sein.

Sie stieß ihn mit der Metallspitze ihres Schuhs an, um ihn in der Realität willkommenzuheißen, dann half sie ihm auf die Füße, und er stolperte in den Vorraum zurück.

»Gar nicht übel, Liebhaber! Aber die Zeit war ein bißchen knapp kalkuliert. Du hattest weniger als neun Sekunden übrig, als du den zweiten Transformierer erreicht hast.«

»Ich habe mich unterwegs mit ein paar Freunden verplaudert«, sagte Dam, der allmählich sein Gleichgewicht wiederfand. »Sag mir nur eines, Absolut: Gab es einen Durchgang durch das Labyrinth?«

»Gewöhnlich gibt es einen – aber für dich gab es keinen.«

»Und warum nicht für mich?«

»Weil ich mit dir etwas ganz Besonderes vorhabe, Liebhaber. Und ich kann es mir nicht leisten, einen Versager zu unterstützen. Du hast mir soeben bewiesen, daß du unter Ionenstress nicht nur Probleme lösen, sondern auch das Spiel im Ganzen durchschauen kannst. Das ist eine wertvolle Fähigkeit. Aber du brauchst dir nichts einzubilden. Ich beurteile dich nicht nach gewöhnlichen Maßstäben. Verdammt, ich muß dich noch ganz schön weit schleppen, bis wir am Ziel sind!«

13. Kapitel

Es war ein Zeichen dafür, wie verzweifelt die ersten Kolonisten während der Großen Wanderung waren, daß sie den Planeten namens Lightning – Blitz – ihrer ursprünglichen Heimatwelt vorzogen. Der Planet trug seinen Namen zu Recht. Eine praktisch ununterbrochene Kette von Unwettern wühlte die Atmosphäre von Lightning auf, seine Meere schäumten von windverwehtem Gischt, das Donnern, mit dem die Wellen gegen die felsig zerklüfteten Küsten geschmettert wurden, war ein ewig gegenwärtiges Geräusch im Hintergrund, und die Regenwolken waren so dick, daß fast ständig ein düsteres Dämmerlicht über dem Land lag. Am häufigsten wurde der trübe Himmel von gewaltigen, elektrischen Entladungen erhellt, die, anscheinend endlos aufeinanderfolgend, die Lüfte zerrissen.

Weniger offensichtlich waren die Vorteile eines Lebens auf einer solchen Welt. Sobald die ersten Siedler ihr Staunen und ihre Bestürzung überwunden und genügend Mut gefaßt hatten, um aus den Höhlen zu spähen, in die sie sofort nach der Landung gerannt waren, fanden sie sich im Besitz eines Gebiets, das reich genug an leicht zugänglichen Mineralien und organischen Naturschätzen war, um sie reichlich dafür zu entschädigen, daß ihnen nicht mehr als ein gelegentlicher, flüchtiger Blick auf die Sonne vergönnt war. Unter den riesigen Granitflächen, auf die der Regen niederprasselte, züchteten sie zähe, verschlossene Nachkommen heran, die sich den Stürmen trotzende, feste Häuser in einem dem Gelände und ihrem wachsenden Reichtum angemessenen Stil bauten. Mit einem angeborenen Sinn für den Schutz ihrer Welt gründeten sie ein interstellares

Handelsnetz, exportierten aber nur die exotischen Meeresfrüchte und Pflanzenprodukte, also Dinge, die sich regenerierten. Ihren Reichtum an Mineralien verwendeten sie ausschließlich für den eigenen Bedarf, und in dieser Hinsicht waren sie weitaus besser dran als jede andere Gesellschaft im Zentrum.

Die begehrlichen Blicke von einigen weniger begünstigten Nachbarplaneten, die nach Metall hungerten, hatten schon früh zur Spaltung der Zentrumsföderation geführt, sie war schon in jungen Jahren zugrundegegangen, und so stieß die terranische Kolonialpolitik auf keinen nennenswerten Widerstand. Die Bewohner von Lightning zeigten sich, vom Handel abgesehen, in jeder Beziehung als in sich gekehrt und defensiv, und so war von allen Zentrumswelten über diese am wenigsten bekannt, und es gab die meisten Spekulationen.

Die ersten, persönlichen Erfahrungen, die Liam Liam auf Lightning gemacht hatte, hatten ihm diese Welt nicht gerade ans Herz wachsen lassen. Die ›Starbucket‹ war mitten in einem Gewitter gelandet, wie er nie wieder eins zu erleben hoffte. Aus dem bleischwarzen Himmel ergossen sich unglaubliche Regenmassen, der Donner dröhnte ihm in den Ohren, und die Peitschenhiebe der Blitzschläge waren auf dem langen Weg vom Schiff zum Stationsgebäude ständig eine Bedrohung für Leib und Leben, daß der Agent überzeugt war, sich auf der Flucht vor feindlichen Geschützen schon sicherer gefühlt zu haben.

Sobald er jedoch das Stationsgebäude erreicht hatte, fand er sein Gleichgewicht wieder, aber er empfand es doch als tröstlich, daß ihn von den elektrischen Schlägen, die draußen das Gelände erschütterten, sechzehn Meter massiver Fels trennten. In der Station selbst war alles massiv und klobig, gleichzeitig aber zweckmäßig und praktisch. Die Planer von Lightning lehnten es ab, Gebrauchsgegenstände zu verzieren und hatten beim Bau ihrer Anlagen in erster Linie auf Haltbarkeit und nicht auf Ästhetik Wert gelegt. Sie verwendeten in großem Umfang massive Gußplatten ohne Bewurf, wo andere Gesellschaften sich mit dünnen Formpreßplatten begnügt hatten, und da sie ja über soviel mineralische und geothermische Energie verfügen konnten, wie sie aller Voraussicht nach jemals brauchen würden, übertrieben sie bei ihren Entwürfen logischerweise, um die Stabilität noch zu erhöhen. Ihre Fahrzeuge waren so massiv gebaut, daß sie wahrscheinlich alle mehrere Generationen überdauern würden.

Das war auch der erste Eindruck, den Liam von der unterirdischen Amphibienbahn bekam. Die erfahrenen Konstrukteure dieser stürmischen Welt hatten sich damit abgefunden, daß Überschwemmungen in den Tunneln unvermeidlich waren, und darauf Rücksicht genommen, als sie eine Verkehrsverbindung zwischen ihren Städten bauten. Der gewichtige, rostige ›Zahnstangenpanzer‹, der durch die unebenen, überschwemmten Höhlen der Strecke kroch, ließ dem Regenwasser keine Chance und schonte auch in keiner Weise das Gehör seiner Fahrgäste. Liam brummte der Kopf von dem Lärm, als er anderthalb Stunden später dankbar das Fahrzeug verließ, und er fühlte sich, als hätte er einen beträchlichen Teil seines Lebens im Innern einer Wasserzisterne verbracht. Die Reise war gerade dreißig Kilometer weit gewesen, aber subjektiv betrachtete er sie noch immer als eine der längsten seiner ganzen Raumfahrerkarriere.

Er befand sich in Bama, dem Ort, der auf Lightning einer Hauptstadt am nächsten kam. Garside Raad, der Chef des planetaren Sicherheitsdienstes, erwartete Liam oben auf der langen Metalltreppe, die aus der dröhnenden Höhle, wo Liam abgesetzt worden war, nach oben führte. Die beiden Männer kannten sich schon lange, und Liam hegte für die engstirnige, aber äußerst praktische Art, wie Garside für die Unabhängigkeit des Zentrums kämpfte, höchsten Respekt. Garside seinerseits war ein überzeugter Anhänger von Liams Krieg.

Auf dem Weg, auf dem Liam nach Bama gekommen war, war es ihm zuerst als unterirdische Stadt erschienen, die nicht als Höhlenkuppel, sondern als verwirrendes Netz in Stein gehauener Korridore errichtet war, welche zu unlogisch plazierten Einrichtungen führten. Erst als sie in die oberen Stockwerke vorgedrungen waren, begriff er allmählich, daß Bama eigentlich auf der Oberfläche erbaut war, daß aber alle Verbindungsgänge zwischen den verschiedenen Gebäuden unterirdisch verliefen, um von den Unwettern unabhängig zu sein. Als er einige der Gebäude betrat, fiel ihm auch auf, wie eindrucksvoll und majestätisch das Leben sein konnte, wenn man über praktisch unbegrenzte Energievorräte und Naturschätze und dazu über einen gutentwickelten Sinn für das Praktische verfügte, gekoppelt mit einem angeborenen Verlangen nach Sonnenlicht.

Garsides Büros befanden sich in einem schroffen Turm, dem aufgrund seiner massiven Bauweise das Unwetter, das vor den dreifach verglasten Fenstern wütete, nichts anhaben konnte. Hier bekam Liam die Dokumente überreicht, in denen Terra bekanntgab, man habe festgestellt, daß auf Lightning Aufruhr herrsche und beabsichtige, mit Waffengewalt dagegen vorzugehen. Er las die Papiere sorgfältig durch, legte sie dann auf den Schreibtisch zurück, schaute auf und begegnete Garsides Blick.

»Du brauchst es nicht auszusprechen, Liam! Ich weiß, du hast es uns gesagt. Die Frage ist, wie es nun weitergeht.«

»Wieviel Unterstützung hast du von der Regierung?«

»Ich kann völlig frei entscheiden. Deshalb habe ich dich hergebeten. Wir haben gesehen, was ohne die Hilfe von Liams Krieg mit den anderen passiert ist. Nun, du hast auf der ganzen Linie bewiesen, daß du recht hattest. Diesmal möchten wir es auf deine Art versuchen. Wir treffen den Präsidenten beim Abendessen, aber ich wollte vorher mit dir reden.«

»Ich kann euch keine Wunder versprechen, verstanden? Meine Pläne richten sich auf die Rettung des gesamten Zentrums, nicht auf einzelne Welten. Es ist durchaus möglich, daß wir Lightning verlieren, ehe wir Terra aufhalten können.«

»Das ist eine Möglichkeit, die wir schon mit einkalkuliert haben. Die Geschichte lehrt uns, daß wir schon verloren sind. Wenn du uns retten oder uns irgend etwas ersparen kannst, wären wir schon ein Stückchen weiter. Wir stehen völlig zu deiner Verfügung.«

»Das sind auch die einzigen Bedingungen, die ich akzeptieren kann. Normalerweise wird der Ablauf der Schlacht von terranischen Strategen sorgfältig ausgearbeitet. Aber diesmal läuft die Geschichte anders, weil es auf dem Notizblock von Liam Liam anders vorgesehen ist, verstanden? Die Terraner werden etwas mitbringen, das wir uns unbedingt verschaffen müssen. Wir müssen es in die Hand bekommen, selbst wenn wir Lightning dabei verlieren sollten. Und jetzt schlage ich vor, daß wir die Einzelheiten besprechen, ehe wir zum Präsidenten gehen.«

Der terranische Feldzug gegen Lightning stieß von Anfang an auf Schwierigkeiten. Völlig unerwartet wurde die bedrohliche Flotte, die den Planeten umkreiste, beschossen, nicht aus bodengestützten Waffensystemen, sondern von raffinierten, unbekannten Schiffen aus, die plötzlich aus dem Tachyon-Raum gesprungen kamen, eine Serie von Flugkörpern nach der anderen abfeuerten, großen Schaden anrichteten und mit einem Satz den Normalraum wieder verließen, ehe ein wirksames Gegenfeuer in Gang kommen konnte. Es bestand sogar der Verdacht, da einige von den Raketen selbst für den Tachyon-Raum-Flug eingerichtet waren und per Fernsteuerung aus einer sicheren, viele Parsek entfernten

Schußposition heraus auf die Schiffskette gelenkt wurden.

Obwohl die terranischen Streitkräfte lernten, mit der Situation zu leben, hatten sie so hohe Verluste, daß der ganze Feldzug abgekürzt werden mußte, um nicht länger eine angreifbare Flotte im Orbit um den Planeten lassen zu müssen. Man setzte die Regierung von Lightning ab, bildete eine Militärregierung, führte mehrere Strafexpeditionen gegen offenkundige Widerstandsnester durch und war ansonsten damit zufrieden, daß, wer auch immer die Schiffskette angriff, dies mit Mitteln tat, die für die einheimische, auf dem Planeten immer noch bestehende Opposition nicht erreichbar waren. Inzwischen verdreifachten sich die Verluste im Weltraum.

Die Terraner hatten auf Lightning zwei größere Widerstandsnester ausgemacht, beide auf dem Gelände ehemaliger Städte, die sich zur Verteidigung gut eigneten und vor einer Bombardierung aus dem Weltraum schon allein durch die Felsmassen, unter denen sich ihre Anlagen und Versorgungslinien verbargen, praktisch geschützt waren. Ein Versuch, diese Gebiete mit konventionellen Raumtruppen zu überrennen, scheiterte an einer Verschwörung von entsetzlichem Wetter und guter Verteidigungstaktik und wurde für die terranischen Streitkräfte zu einer größeren Katastrophe. Am selben Abend verloren sie auch ihr Flaggschiff im Orbit und einen erschreckend hohen Prozentsatz ihres hiesigen Oberkommandos.

Der terranische Vizekommandant nahm sofort die Zügel in die Hand, stellte fest, daß die Moral seiner Truppe erschütternd schlecht war und beschloß, den ganzen Feldzug so schnell wie möglich zu beenden. So verließ, gedeckt von einer der drastischsten Weltraumbombardierungen, die es je gegeben hatte, das kleine Schiff des Ionen-Kommandos den Bauch des Mutterschiffs und begab sich auf seine Vergeltungsmission auf die Planetenoberfläche hinab. Bald war seine geisterhafte Besatzung in eines der Hauptgebiete des Widerstandes eingedrungen und erforschte eine richtiggehende Katakombe unterirdischer Verteidigungsanlagen, dabei stieß sie, abgesehen von zahlreichen Minen und versteckten Bomben, mit denen die Eindringlinge spielend fertigwurden, nur auf wenig Widerstand. Von den erwarteten Verteidigern war überhaupt nichts zu sehen.

Der Offizier, der die Phantomkrieger befehligte, befürchtete eine ähnliche Falle wie damals auf Halcyon und ordnete den sofortigen Rückzug an, aber es war schon zu spät. Die Explosion auf Halcyon war nur die kalkulierte Sprengung eines Atomkraftwerks gewesen, hier jedoch detonierte eine hochwirksame Fusionsbombe und riß die uralten, zähen Gebirge von Lightning auseinander. Diesmal konnte man kaum daran zweifeln, daß die Ionenkrieger den Tod gefunden hatten.

Aber damit waren die Schrecken noch nicht vorüber. Während die um den Planeten kreisende Flotte noch die Spuren der katastrophalen Explosion untersuchte, bei der ihre Geheimwaffe in tausend Stücke zerrissen worden war, wurde erneut Alarm gegeben. Wie hundert winzige Piranhas waren Einmannboote, die einzeln zu klein waren, um den Telealarm auszulösen, unbemerkt von der Planetenoberfläche aufgestiegen und stürzten sich nun alle auf das Mutterschiff, das seine Schutzschirme abgeschaltet hatte und gerade versuchte, das Schwesterschiff des bei der Explosion zerstörten Fahrzeugs abzusetzen.

Die Wut der Terraner schlug in Bestürzung um, als sich herausstellte, daß sie keine Möglichkeit hatten, ihre Waffen auf die winzige Flotte zu richten, ohne ein sehr großes Risiko einzugehen, ihr eigenes, nicht abgeschirmtes Mutterschiff zu beschädigen oder gar zu zerstören. Der Vizekommandant wand sich in quälender

Unschlüssigkeit, wußte nicht, ob er befehlen sollte, alles in diesem Bereich ausnahmslos zu zerstören – in diesem Fall würde er nicht nur das Mutterschiff, sondern auch den zweiten Geisterwaggon und dessen Ionenbesatzung verlieren – oder ob er mit einer konventionelleren Raumkommandotaktik gegen die Neuankömmlinge vorgehen sollte. Er entschied sich für das letztere und spielte damit Liam Liam direkt in die Hände.

Um die Kommando-Pinassen abzusetzen, mußten auch die Kriegsschiffe ihre Schirme abschalten. Das war kaum geschehen, als unbekannte Raumschiffe in nächster Nähe aus dem Tachyon-Raum sprangen und, selbst hinter ihren Schirmen unangreifbar, in aller Ruhe das Feuer auf die ungeschützten terranischen Kriegsschiffe eröffneten. Es folgte eine Periode des Chaos, in der die terranischen Trägerschiffe in fliegender Hast ihre Kommandotrupps über Bord warfen und nur noch um ihr eigenes Überleben kämpften. Liam hatte das alles so genau vorausgesehen, daß ein Viertel der Streitmacht im Orbit vernichtet war, ehe die verbliebenen terranischen Schiffe sich so weit in Sicherheit gebracht hatten, daß sie zum Angriff übergehen konnten. In diesem Augenblick zogen sich die unbekannten Angreifer zurück. Als die Terraner endlich ihre Verluste in dieser Schlacht feststellen konnten, mußten sie auch ein Mutterschiff und den zweiten Geisterwaggon dazurechnen, die in einem waghalsigen Manöver mitten aus der Flotte heraus gekapert worden waren.

In dieser Nacht feierte man auf Lightning, aber das Fest war überschattet von dem Wissen, daß Terra massiv und schrecklich Vergeltung üben würde. Trotzdem war Liam Liams Signal von der ›Starbucket‹ mit der Nachricht, die Mission sei ein voller Erfolg gewesen, eine Verheißung für die Zukunft. Vielleicht würde Lightning selbst der Verwüstung durch Terra nicht entgehen, und Liams private Raumarmee war, auch wenn sie durch anonyme Zuwendungen an Geld und Schiffen von Tag zu Tag stärker wurde, immer noch nicht mehr als eine Mücke im Dschungel von Terras Macht; aber hier war wenigstens ein Hoffnungsschimmer, der sogar durch die düsteren Wolken über Lightning dringen konnte, und sein Licht war dort ebenso willkommen wie die schüchterne Sonne.

14. Kapitel

Erst später erfuhr Dam von dem wildblickenden Satan, daß er bei seinem jüngsten Einsatz im Ionisierungsofen eigentlich drei Stufen der Ausbildung auf einmal durchlaufen hatte. Man nahm ihn jetzt aus der ersten Trainingsgruppe heraus und teilte ihn einem Kreis von Fortgeschritteneren zu, zu dem auch Satan gehörte. Diese hatten eine völlig andere Einstellung zum Training, denn durch die gezielte Ermordung derjenigen, die den Anforderungen physisch oder psychisch nicht gewachsen waren, waren die Überlebenden schon auf Vertreter eines Typs reduziert worden: gesunde, zähe, wissenschaftlich ausgebildete Männer, hauptsächlich ehemalige Offiziere aus den Kolonien, denen allen die grimmige Entschlossenheit, zu überleben, was sie ertragen mußten, und ein ständiges Ausschauhalten nach einer Möglichkeit zur Flucht gemeinsam war.

Diese Fortgeschrittenen trainierten nun regelmäßig in Gasatmosphären und in natürlicher Umgebung und übten sich im ionisierten Zustand im Umgang mit verschiedenen Strahlenwaffen. Dam interessierte sich besonders für die Arbeit in ›freier‹ Atmosphäre, wobei sie, nachdem sie im Transformierer eine Ionen-Identität bekommen hatten, hauptsächlich im offenen Gelände der Anlage trainierten, wo es offensichtlich Fluchtmöglichkeiten gab. Hier wurde es Dam jedoch auch allmählich klar, wie sorgfältig die Fesseln geknüpft waren, mit denen sie in Sklaverei gehalten wurden.

Jedesmal, wenn sie eine Ionen-Identität annahmen, wurde in ihre Informationsmodulatorblocks eine Zeitbegrenzung eingegeben, und jeder von ihnen mußte vor Ablauf der eingestellten Zeit den Transformierer passieren, um in seine normale, molekulare Identität rücküberführt zu werden. Versäumte man es, diesen Termin einzuhalten, so hatte das die Vernichtung zur Folge, weil dann der Modulatorblock die Energiehülle abschaltete, die sie in ionisiertem Zustand zusammenhielt. Das wurde ihnen einmal drastisch vor Augen geführt, als sie draußen, im feuchten Gras auf dem langen Feld in einer Phosphor-Identität arbeiteten. Einer von ihnen, ein Terraner namens Gehässig, flammte plötzlich hell auf, ein Phosphorfeuer, das ihn völlig verzehrte. Seine Schmerzensschreie, als er teilweise in seine normale Identität zurückkehrte und dabei gleichzeitig verbrannte, erfüllte sie alle mit Entsetzen und erinnerten sie daran, daß auch sie nur eine haarfeine Linie vom äußersten Schrecken trennte.

Absolut hatte dem qualvollen Sterben des Mannes so gleichmütig zugesehen, daß Dam überzeugt war, sie habe den Tod des Burschen mit Absicht herbeigeführt. Außer einer mit leichter Kritik durchsetzten Verachtung zeigte sie jedenfalls keinerlei Reaktion. Dam warf Satan einen schnellen Blick zu und stellte überrascht fest, daß dessen wilde Augen, nachdem der erste Schreck abgeklungen war, eher fragend und nachdenklich wurden, anstatt Entsetzen, Wut oder sonst eines der Gefühle auszudrücken, die man hätte erwarten können. Dam seinerseits konnte es kaum erwarten, wieder in seine normale, molekulare Identität zurückzukehren. Ihm war sterbensübel.

Durch diesen und ähnliche Vorfälle wurde Dam so manches über die Übungen klar, besonders der Sinn der ersten, die darauf abzielten, zu einem freiwilligen Akzeptieren des Schmerzes anzuspornen. Die Überführung in den ionisierten Zustand war ein Erlebnis, das anscheinend alle Nerven des Körpers zu reizen vermochte, und wenn man dieser Qual wiederholt ausgesetzt wurde, entwickelte man eine instinktive Abwehrhaltung gegen dieses Martyrium, die zeitweise durch Willenskraft nicht mehr zu überwinden war. Selbst die

Geübtesten kamen gelegentlich an einen Punkt, wo sie hysterisch wurden und ihre Gliedmaßen tatsächlich nicht mehr dazu zwingen konnten, sie in den Transformierer zu tragen. Die Strafe, die man bezahlen mußte, wenn man nicht innerhalb der vorgeschriebenen Zeit in den Normalzustand zurückkehrte, war so hoch, daß die Mitglieder der Gruppe nötigenfalls alle Kräfte einsetzten, um sich untereinander zu helfen, und dadurch entstand eine gegenseitige Abhängigkeit und eine Kameradschaft, die immer stärker wurden, je kritischer sich die Trainingsbedingungen gestalteten.

Als nach dem Phosphorbrand die Übelkeit in Dam hochstieg, stellte er fest, daß seine Glieder ihm nicht gehorchen wollten. Satan war es, der ihn gewaltsam in die Transformationskammer schob, und Satan packte auch seine zuckenden Schultern, als die Überführung abgeschlossen war, und führte ihn weg von Absolut, die ihn voll Bosheit beobachtete.

»Durchhalten, Liebhaber! Das passiert eben manchmal.«

Dam schüttelte matt den Kopf. »Wahrscheinlich hat mich dieser Phosphorbrand umgeworfen.«

»Ich weiß, was du meinst – aber man kann solche Sachen auch anders betrachten. Statistisch gesehen könnte sich das zu unseren Gunsten auswirken.«

»Wie kommst du denn darauf?«

»Hier werden von Anfang an hauptsächlich Leute aus den Kolonien aufgenommen, mit ein paar wenigen Terranern dazwischen. Aufgrund der ständigen Verluste während der Ausbildung besteht der Anteil der Besten, die den Kurs bis zu Ende durchhalten, fast ausschließlich aus Koloniebewohnern.«

»Das war mir noch gar nicht aufgefallen.«

»Es gibt eine noch sonderbarere Tatsache. Wenn wir schon von Prozentzahlen sprechen, so ist nicht nur zu Anfang der Anteil an einheimischen Terranern niedriger, auch die Verlustrate ist bei ihnen beträchtlich höher. Manchmal könnte ich fast schwören, daß Absolut, dieses Biest, sie mit voller Absicht ausrottet.«

»Das gibt doch keinen Sinn, Satan.«

»Ich weiß.« Satans wilder Blick wurde irrer denn je. »Aber eines Tages wird die Organisation einen winzigen Fehler machen – und an diesem Tag wird sie feststellen, daß sie ein gnadenloses, erbittertes koloniales Armeekorps mit der Fähigkeit, als Ionenkrieger zu kämpfen, in ihrer Mitte sitzen hat.«

»Glaubst du, daß die Organisation einen Fehler machen könnte?«

»Alles ist im Fluß. Es wird gemunkelt, daß in letzter Zeit viele Ionisierte im Kampf gefallen sind. Deshalb hat man das Ausbildungsprogramm hier gestrafft. Außerdem ist eine neue Technik im Kommen. So, wie die menschliche Natur nun einmal beschaffen ist, wird zwangsläufig irgend jemand irgendwo in der Hierarchie einen Fehler machen, sobald die Routine einmal durchbrochen ist. Halt die Augen offen, Liebhaber! Ich habe das Gefühl, daß die Zeit für uns arbeitet.«

Am folgenden Tag wurden sie mit dem Phänomen der ›Durchlässigkeit‹ in der Ionenarbeit bekannt gemacht; und die Methode, mit der man es ihnen vorstellte, war bemerkenswert, sowohl wegen ihrer dramatischen Wirkung, als auch, weil sie Absolut Gelegenheit gab, einige ihrer sonderbaren, abstrusen Charaktereigenschaften auszuleben. Wie immer, wenn sie in gehässiger Stimmung war, konzentrierte sie sich auf Dam. Aus irgendeinem Grund, der nicht erklärt worden war, hatte man Dam an diesem Morgen nicht seinen gewohnten Anzug aus feinem Drahtgeflecht gegeben, sondern einen gröberen, steiferen, der ihn bei jeder Bewegung beträchtlich hinderte und langsamer machte. Absurderweise hatte Absolut für diesen Vormittag ein Übungsprogramm zusammengestellt, bei dem sie auf hohe Betontürme klettern und von einem Turm zum anderen springen mußten, dabei war es sehr wichtig, daß durch die Ionisierung zwar das Gewicht verringert wurde, die normale Muskelkraft aber voll erhalten blieb.

Dam in seinem schwerfälligen Anzug schnitt von Anfang an schlecht ab. Davon, daß ihm Absolut ständig mit Fluchen und Nörgeln im Nacken saß, wurden seine Leistungen auch nicht besser. Körperlich fast am Ende durch die unverhältnismäßige Anstrengung und fast nicht mehr in der Lage, Absoluts Sticheleien zu ertragen, ließ sich Dam schließlich hinreißen und protestierte. Sie ging sofort mit einem provozierend und amüsiert ungläubigen Gesichtsausdruck auf ihn los.

»Du willst dich doch wohl nicht beklagen, Liebhaber – nachdem ich soviel für dich getan habe!«

»Du vergnügst dich also mit kleinen Spielchen? Und inwiefern nützt mir das bei meiner Ausbildung in der Ionisationstechnik?«

»Mehr als du ahnst. Du bist mein Musterschüler – na schön, mal sehen, wie hell du brennst. Du machst die letzte Übung noch einmal, aber in der Hälfte der ursprünglichen Zeit.«

»Du bist verrückt! Das ist nicht zu schaffen. Besonders nicht in diesem Anzug.«

»Trotzdem wirst du es tun!« Ihre Augen funkelten gefährlich. »Sonst müßte ich meine Aufmerksamkeit vielleicht jemand anderem zuwenden, mein Liebhaber.« Sie blickte sich um, nahm einem der Bewacher einen Automatikkarabiner ab und richtete ihn drohend auf Dam. »Und jetzt beweg dich!«

Dam wußte zwar, noch ehe er angefangen hatte, daß es aussichtslos war, aber er versuchte es doch. Er hatte nicht die geringste Chance. Bei einem Sprung von einem Betonturm zum anderen reichte sein Schwung nicht aus, um ihn über den Abgrund zu tragen. Er stürzte zwischen den beiden Türmen ab, ein Fall, der ihn getötet hätte, hätte er sich nicht in ionisiertem Zustand befunden. Aber auch in seiner Ionenidentität wurde er schwer durchgeschüttelt und war ganz benommen.

Als er sich aufrappelte, hörte er ein Fauchen, und als er sich umdrehte, sah er Absolut auf sich zukommen, den Karabiner im Anschlag und mit einem gräßlich wild entschlossenen Gesichtsausdruck. Dam hatte gerade den Mund aufgemacht, um etwas zu sagen, da schoß sie mit dem Karabiner aus nächster Nähe auf seine Brust. Dem verblüfften Dam blieb der Mund offenstehen, er hörte, wie hinter ihm die Kugel vom Sockel des Übungsturms abprallte und wußte, daß sie direkt durch seinen Körper hindurchgegangen sein mußte, obwohl er keinen Schmerz und auch sonst keine Wirkung einer Verletzung spürte.

Die Augen schmal vor Erregung wie damals, als er zum erstenmal einen Transformierer betreten hatte, stellte Absolut den Karabiner auf Dauerfeuer um und schoß so lange, bis das Magazin leer war und die Kugeln eigentlich ein Sieb aus ihm gemacht haben müßten. Erst als das letzte Geschoß den Lauf verlassen hatte, stützte sie die Waffe auf, und ein triumphierendes Lächeln entspannte ihr Gesicht.

»Das hat mir unheimlich gutgetan, Liebhaber! Und wie war es bei dir?«

»Teuflisch!« Dam hatte sich umgedreht und untersuchte den Sockel des Übungsturms, der durch den wiederholten Aufprall der Hochgeschwindigkeitsprojektile Löcher und Sprünge bekommen hatte. Er fühlte sich ganz normal, mußte aber die Tatsache, daß der Inhalt eines ganzen Magazins seinen Körper durchschlagen hatte, erst verdauen.

»Durchlässigkeit«, sagte Absolut. »Objekte, die sich mit mehr als einer bestimmten Schwellengeschwindigkeit bewegen, können durch einen Körper in ionisiertem Zustand hindurchgehen, ohne die in der Energiehülle enthaltene Information zu verändern. Daher müßtet ihr Schüsse oder eine Explosion aus nächster Nähe überleben können. Die langsameren Gegenstände stellen eine größere Gefahr dar. Und selbst da seid ihr immer noch im Vorteil – auch wenn es schmerzhaft ist –, weil nämlich die Energiehülle, vorausgesetzt, sie bleibt unversehrt, einer beträchtlichen Verformung standhält, ehe sie das Analoglebewesen, das sie umschließt, nicht mehr schützen kann.«

»Erklär mir das«, verlangte Dam.

»Kurz gesagt, du kannst bei lebendigem Leib unglaublich stark deformiert werden und doch noch eine gute Chance haben, zu überleben. Natürlich spürt dein Analogkörper alle Verletzungssymptome, bis die ursprüngliche Hüllenform wiederhergestellt ist, aber das ist ein geringer Preis dafür, daß man fast unsterblich ist.«

»Oder dafür, daß man den Vorzug hat, mehr als einmal zu sterben?«

Sie blickte ihn an, und in ihren Augen lag ein vielsagender, aber nicht durchschaubarer Ausdruck, dann drehte sie sich um, ging weg und bedeutete dem Rest der Gruppe, sich in einem weiten Bogen aufzustellen. Dam begriff, daß noch eine Demonstration stattfinden sollte, aber er blieb, wo er war, weil er sich immer noch mit dem Gedanken auseinandersetzen mußte, daß er von Kugeln durchlöchert worden war und doch überlebt hatte. Er hatte kein Verlangen danach, noch weiter in irgendwelche neuen Enthüllungen über die Möglichkeiten des ionisierten Zustandes eingeweiht zu werden.

Erst als er irgendwo nahe an der Spitze eines Übungsturms eine Detonation hörte, erkannte er, daß er sich schon mitten in der nächsten Demonstration befand. Er nahm seine ganzen Ionenfähigkeiten zusammen, um sich mit einem Sprung in Sicherheit zu bringen, aber der Turm zerbrach in große, vorausberechnete Stücke, die auf ihn herab- und um ihn herumstürzten, ihn zu Boden drückten und ihn gnadenlos zermalmten. Wie Absolut vorhergesagt hatte, spürte sein Ionen-Analog-Körper die Verletzungen in jeder Phase ebenso, wie sie sein natürlicher Körper gespürt hatte, immer stärker, bis sich eine gnädige Bewußtlosigkeit herabsenkte und den Schmerz nicht mehr in sein Bewußtsein eindringen ließ.

Als er wieder zu sich kam, spürte er jedoch keinen Schmerz mehr, nur die Erinnerung daran und die Angst davor waren noch da. Seine Kameraden hatten mit Stangen und bloßen Händen die Trümmer des Turms weggeschafft, und er lag jetzt auf einer freien Fläche, hielt sich für tot und fragte sich, wie er im Tod noch über ein lebendiges Bewußtsein verfügen konnte. Dann kam Absolut und schaute ohne die geringste Spur von Mitgefühl auf ihn herunter.

»Auf mit dir, Liebhaber! Hier gibt es keine Ruhetage. Du hast soeben deine Ausbildung bis zur vollen Kampftauglichkeit abgeschlossen – und das etwa in einem Zehntel der normalen Zeit. Ich sagte ja schon, daß ich dich nicht nach gewöhnlichen Maßstäben beurteile. Deshalb werde ich morgen ein neues Experiment mit dir anfangen.«

Dam, der geglaubt hatte, er spüre keine Schmerzen mehr, weil er eine Nervenverletzung erlitten oder eine schmerzstillende Injektion bekommen habe, wurde von einer gewaltigen Welle von Gefühlen überschwemmt, die sich in einem Anfall blinder Wut Ausdruck verschafften, sobald er feststellte, daß er noch funktionierte und sich bewegen konnte. Mehr aus ihrem Gesichtsausdruck als aus ihren Bewegungen erriet er, was Absolut als nächstes vorhatte, und als ihr Fuß sich seinen Rippen näherte, warf er sich mit der Schnelligkeit einer Kobra herum, packte ihren Knöchel und riß ihr den Fuß weg, so daß sie das Gleichgewicht verlor. Anstatt nach ihm zu treten, fiel sie auf ihn. Er spürte, wie sie krampfhaft zuckte und fragte sich, was für einen unvorstellbaren Wutanfall er nun wohl ausgelöst hatte. Aber als er sie herumwälzte, lachte sie.

15. Kapitel

Liam Liam saß in dem stillen Raum, las den Bericht, und seine Augen wurden immer ernster. Sinter Pauls und die anderen schwiegen diskret, bis er fertig war. Endlich legte der Agent das Dokument auf den runden Tisch zurück, drehte sich um und sah die Versammlung an.

»Das war unvermeidlich, verstanden?«

»Wirklich, Liam?« fragte Sinter Pauls. »Man hat Ihnen gestattet, auf Lightning einen Auftrag für den Geheimdienst auszuführen – und damit wir uns nicht mißverstehen, Sie haben brillante Arbeit geleistet. Aber durch das Ausmaß Ihrer Aktion kann man nun den restlichen Zentrumswelten den Vorwurf machen, mit Waffengewalt eingegriffen zu haben. Eine über Jahrzehnte hinweg sorgfältig gewahrte Neutralität ist in Gefahr, und Terra hat nun einen sehr guten Vorwand, um gegen fast jede Welt im Zentrum Vergeltungsschläge zu führen. Wollen Sie uns denn mit Absicht in einen Krieg zerren?«

»Sie spielen mit Worten«, sagte Liam verächtlich. »Es ist ein Schwachsinn, daß Politiker nicht zwischen Worten und Taten unterscheiden können. Terra hat doch schon immer angegriffen, wo und wann es wollte. Geändert hat sich nur, daß es sich jetzt nicht mehr so umständlich für das zu rechtfertigen braucht, was es ohnehin tun wollte.«

»Trotz alledem«, Sinter Pauls Stimme klang ernst. »Das Generalultimatum von Terra hat den Rat des Zentrums bis ins Mark erschüttert. Plötzlich sieht sich jede Welt als potentielles Schlachtfeld.«

»Was nur der Realität entspricht, die ich seit Jahren predige. Hier ist doch sicherlich der Anstoß, den wir brauchen, um gemeinsam gegen Terra vorzugehen und es aufzuhalten. Gegen ein einiges Zentrum kann der Mutterplanet unmöglich gewinnen.«

»Der Rat ist sich bewußt, daß Sie einem interstellaren Krieg das Wort reden, aber er kann sich Ihren Vorstellungen nicht anschließen. Ja, er vertritt sogar die entgegengesetzte Ansicht. Nach Meinung des Rates gefährden Ihre Aktivitäten den interstellaren Frieden. Offen gesagt, das, was man inzwischen als ›Liams Krieg‹ bezeichnet, muß aufhören.«

»Aufhören?« Liam stand zornig auf. »Das kommt nicht in Frage, verstanden?«

»Es ist ein Befehl, Liam!«

»Und wenn ich mich weigere?«

»Dann bleibt mir nichts anderes übrig, als Sie aus dem Geheimdienst zu entlassen. Tut mir leid, Liam, aber es geht nicht anders.«

»Sinter – Sie sind unglaublich! Sie machen diesen Wahnsinn doch wohl nicht mit?«

»Leider sind meine eigenen Ansichten in diesem Fall nicht von Belang. Ich habe eine Anweisung auszuführen. Entweder Sie beenden Liams Krieg gegen Terra, oder Sie gehören dem Geheimdienst des Zentrums nicht mehr an. Schwarz oder weiß – keine Grautöne dazwischen. Wie lautet Ihre Antwort?«

Bemüht, den Sturm zu unterdrücken, der in ihm tobte, umklammerte Liam die Tischkante, er hätte am liebsten seinen Zorn in das Holz gehämmert, aber seine Hände blieben regungslos, nur das Weiß der Knöchel verriet, unter welcher Spannung er stand.

»Sinter, Sie wissen, wie meine Antwort lauten muß. Ich habe schon einige Mittel bekommen, Spenden von Leuten, die nicht den Kopf in den Sand stecken. Mit Ihrer Hilfe wäre es leichter, aber auch ohne Sie muß Liams Krieg weitergehen. Es gibt keine andere Möglichkeit, verstanden?«

»Ich gebe Ihnen zehn Sekunden Zeit, Ihren Entschluß zu ändern.«

»Sinter, Sie kennen mich!«

»Ja, ich kenne Sie, Liam. Deshalb habe ich Ihre Entlassungspapiere schon vorbereiten lassen. Ihre Entlassung tritt sofort in Kraft, und der Rat wird dahingehend informiert werden. Und jetzt setzen Sie sich, damit wir weitermachen können.«

»Was?«

»Ich sagte, setzen Sie sich, Liam! Da Sie dem Geheimdienst des Zentrums nicht mehr angehören, haben Sie kein Recht, sich hier aufzuhalten. Ich möchte wirklich nicht feststellen müssen, daß Sie sich noch länger hier herumtreiben. Senator Anrouse, ich glaube, Sie wollten sich zu Wort melden.«

»Ja, das wollte ich!« Anrouse erhob sich. »Das Oberkommando der Castalischen Raumarmee hat seine Bestände überprüft, und dabei sind einige grobe Fehler in der Buchführung ans Tageslicht gekommen. Kurzum, wir müssen neun größere Kriegsschiffe aus den Büchern streichen.«

»Neun? Das hört sich nach einer ziemlich großen Schlamperei an, Senator.«

»Sie ist horrend, vor allem, weil die Verluste auch Freiwilligenmannschaften, Ersatzteile, Treibstoff, Munition und vollständige Entlastungsanlagen einschließen.«

»Heute verlieren offenbar viele Leute ihre Sachen«, sagte Sinter Pauls und konsultierte seine Aufzeichnungen. »Nicht weniger als acht weitere Zentrumswelten rechnen mit ähnlichen Verlusten. Ich komme insgesamt auf vierunddreißig Kampfschiffe erster Ordnung plus Versorgungsschiffen, die offenbar alle ohne Registrierung oder Hoheitszeichen fahren.« Er warf Liam einen verschmitzten Blick zu. »Eine solche Flotte wäre ein seltener Fang für einen häßlichen, skrupellosen Typen, der die Absicht hätte, einen Privatkrieg zu führen. Besonders, wenn er zufällig gerade arbeitslos wäre.«

»Sie sind vollkommen verrückt, verstanden?« Liam

war den Tränen gefährlich nahe, als ihm die Ausmaße dieses Komplotts allmählich aufgingen. »Wie lange, glauben Sie, wird Terra sich von einem solchen Märchen täuschen lassen?«

»Märchen? Das sind doch sicher die aufständischen Truppen, gegen die Terra schon seit Jahren kämpft?«

»Einverstanden!« sagte Liam. »Aber warum auf diese Art?«

»Denken Sie darüber nach! Wenn die Zentrumswelten als Ganzes Terra den Krieg erklären würde, könnte ein solcher Krieg nur durch die Zerstörung des Mutterplaneten beendet werden. Aber wenn wir eine neutrale Kampftruppe hätten, die an den Unruheherden Schwierigkeiten macht, könnte Terra sich durchaus gezwungen sehen, seine Politik zu revidieren, ohne daß es zu einem totalen Krieg kommt. Falls Sie nicht ganz mitgekommen sind, wir handeln nicht aus Altruismus so.«

»Ich sehe verdammt gut, was Sie für Motive haben. Wenn ich anfange, eine solche Streitmacht gegen Terra einzusetzen, braucht es keinen Streit mehr mit irgendwelchen Planeten zu suchen, um seine überschüssigen Aggressionen abzureagieren. Liams Krieg wird ein erstklassiges Ziel dafür sein.«

»Sie begreifen allmählich«, sagte Sinter Pauls langsam. »Sie haben mit nichts angefangen, und deshalb können sie letzten Endes auch nichts verlieren. Sie könnten angreifen, wie Sie wollen, und brauchen keine Rücksicht darauf zu nehmen, daß Sie eine bestimmte Heimatwelt verteidigen müssen. Und sollten Sie siegen, dann können Sie abziehen, ohne den Mutterplaneten schleifen zu müssen.«

»Sie sind so verrückt wie ein tollwütiger Fuchs, verstanden? Vierunddreißig zusätzliche Schiffe gegen die Tausende von Terra, damit gewinnen wir gar nichts. Sie benützen mich als Ablenkungsmanöver und dazu, die Kastanien aus dem Feuer zu holen.«

»Das können Sie auffassen, wie Sie wollen. Wenn Sie glauben, Sie schaffen es nicht, dann sagen Sie es! Ich bin sicher, wir können im Zentrum genügend erfahrene Kommandanten finden, die mit Terra ein Hühnchen zu rupfen haben. Sie haben nur zufällig schon bewiesen, daß Sie einen Vorzug besitzen, den wir nicht übertreffen können.«

»Und der wäre?«

»Sie können, verdammt nochmal, nie zugeben, daß Sie geschlagen sind!« sagte Sinter Pauls.

Vor der Tür wartete Truman Wing Ai, der für die technische Zusammenarbeit verantwortlich war, auf Liam. Ai machte ein ernstes Gesicht.

»Hast du Schwierigkeiten, Wing?«

»Megabiteweise. Die im Labor haben die Maschine in die Mangel genommen, die du auf Lightning gekapert hast. Sie haben die verdammte Kammer auch zum Laufen gekriegt, aber bisher hat sie alles umgebracht, was sie reingesteckt haben.«

»Alles?«

»Und jeden. Das ist ein tödliches Instrument, Liam. Nachdem sie acht Freiwillige verloren hatten, mußten sie aus humanitären Gründen aufgeben. Vielleicht können die Terraner damit umgehen, aber wir haben offenbar nicht die richtigen Techniker erwischt.«

»Verdammt! Diese Geisterkrieger könnten unsere Achillesferse werden. Wir *müssen* diese Nuß knacken.«

»Tja, mit der empirischen Methode geht es nicht. Das Labor will die Genehmigung, das ganze Ding zu zerlegen und es, angefangen von der Grundtheorie, wieder zusammenzusetzen.«

»Wenn wir zwei Jahre Zeit hätten, herzlich gern. Aber was glaubst du, wieviel Spielraum Terra uns zugestehen wird?«

»Bestenfalls Monate. Vielleicht auch nur Wochen.«

»Genau, Wing! Zerlegen kommt nicht in Frage. Ich möchte, daß dieser Geisterwaggon rausgeholt und einsatzbereit gemacht wird. Ebenso das Mutterschiff, mit dem er durch den Tachyon-Raum transportiert wurde. Verstanden?«

»Ich verstehe den Befehl, aber nicht die Begründung, die dahintersteckt.«

»Ganz einfach, Wing – wenn wir nicht genug Zeit haben, um zu lernen, wie man mit dem Ding umgeht, müssen wir uns jemanden besorgen, der die Antworten schon kennt. Bis dahin wäre die Ausgabe von Gebetsteppichen und Hochleistungsrosenkränzen die einzige Alternative.«

16. Kapitel

Obwohl Dam ursprünglich durch Abel zur Ionisationstechnik gebracht worden war, war dieser Mann während der Ausbildungszeit kaum in Erscheinung getreten. Als Direktor hatte er eine gehobene Verwaltungsposition inne, die ihn nicht direkt mit den Leuten in Berührung brachte, die in dieser Technik ausgebildet wurden. Es gab zwar weitere Ausbilder, die ebenfalls ein Ionentraining durchführten, aber Dam hatte fast ausschließlich mit Absolut zu tun gehabt; und Abels Weisungsbefugnis machte sich erst wieder bemerkbar, als Absolut ihre Absicht kundtat, Dam für die Forschungsarbeit einzusetzen.

Der Streit wurde nie öffentlich zugegeben, aber Dam tat drei Tage lang überhaupt nichts, und bei den wenigen Gelegenheiten, zu denen er Absolut kurz zu Gesicht bekam, war sie in extrem und anhaltend zorniger Stimmung. Es wurde gemunkelt, Abel habe Dam direkt an die Front schicken wollen, während Absolut entschlossen war, ihn für ein Versuchsprogramm zu verwenden. Es gab eine lange Pause, bis Absolut ihren Willen durchsetzte, aber niemand zweifelte daran, daß sie schließlich gewinnen mußte, weil es unvorstellbar war, daß sich ihr irgend jemand mit Erfolg widersetzen konnte, ganz gleich, wo er in der Hierarchie auch stehen mochte. Trotzdem dauerte es vier Tage, bis Absolut Dam zu neuer Arbeit abholte.

»Auf mit dir, Liebhaber! Du hast mir genug Schwierigkeiten gemacht. Jetzt mußt du dich bewähren, sonst bist du so schnell an der vordersten Front, wie dich ein Translicht-Schiff nur hinbringen kann.«

»Sehe ich irgendwo Widerstand?« erkundigte sich Dam vorsichtig.

Sie zuckte gleichmütig die Achseln, aber man spürte Zorn in der Bewegung. »Du hast Glück gehabt. Mit einem Kampftrupp ist etwas passiert, und das hat dazu geführt, daß man jetzt wieder mit Nachdruck an dieser Entwicklung arbeiten will. Fangen wir an!«

Absolut führte Dam zu dem großen Trainingsofen, in dem er seine ersten Erfahrungen mit der Ionisierung gemacht hatte. Sie war zwar voll bewaffnet, aber es fiel auf, daß keine Wachen zur Begleitung gerufen wurden. Voller Ungeduld wartete sie, bis Dam sich in seinen Anzug aus Drahtgeflecht gezwängt hatte, dann hängte sie ihm den Block auf den Rücken und stellte die Zeit ein.

»Zehn Minuten, Liebhaber – keine Sekunde mehr.«

Sie trieb ihn zum Transformierer und hatte es mit dem Einschalten so eilig, daß es so aussah, als habe sie noch etwas anderes vor. Da Dam keine weiteren Anweisungen bekommen hatte, wartete er, bis die Überführung in den ionisierten Zustand abgeschlossen war, dann ging er die rotglühende Schräge hinauf und betrat die weißglühende Hochofenkammer. Diesmal war die Kammer leer, das Durcheinander von Labyrinthwänden war entfernt worden. Trotzdem beeinträchtigten die strahlende Helligkeit, die Einförmigkeit der Beleuchtung und das Fehlen perspektivischer Bezugspunkte vorübergehend sein Orientierungsvermögen. Als sich seine Wahrnehmungsfähigkeit steigerte, blieb er wie vom Donner gerührt stehen: Da stand Absolut, ebenfalls ionisiert, aber als nacktes Gespenst, fast unsichtbar vor dem einförmig weißen Leuchten der Hochofenwand.

»Absolut?« Dam hatte erst den Eindruck, daß er von einer Projektion getäuscht wurde. Zum einen hatte sie nicht genügend Zeit gehabt, um vor ihm durch den Transformierer zu gehen und die Kammer zu betreten. Zum zweiten trug sie auf ihrem völlig nackten Körper ganz eindeutig weder den Anzug aus Drahtgeflecht, noch den Informationsmodulatorblock.

»Was ist, Liebhaber? Traust du deinen Augen nicht?«

Dam ging auf sie zu, um besser sehen zu können, wie dieses Trugbild zustandekam; aber die Spukgestalt entschlüpfte ihm gewandt, und sein eigener Anzug und der Block behinderten ihn so, daß er es an Schnelligkeit unmöglich mit ihr aufnehmen konnte.

»Wenn du wirklich bist, dann widersprichst du allem, was du mir über die Prinzipien der Ionisierung gesagt hast.«

»Ich bin nur zu wirklich, Liebhaber – so wirklich, wie man es als ionisierter Mensch nur sein kann.«

Um das zu unterstreichen, kam sie plötzlich auf ihn zu und schlug ihm mit der Hand quer über das Gesicht. Obwohl sie beide nur ionisierte Analogwesen waren, traf der Schlag Dam mit voller Wucht, er taumelte und fiel gegen die Ofenwand.

»Überzeugt?« fragte sie kritisch.

»Ich glaube dir«, sagte er, als er sein Gleichgewicht wiedergefunden hatte. »Überzeugtsein ist etwas anderes. Ich begreife immer noch nicht, wie du im Ionen-Zustand ohne Anzug überleben kannst.«

»Du wirst es schon noch begreifen – später.« In ihrer Stimme lag ein bitterer Unterton, der aus der Situation nicht zu erklären war. »Aber laß uns zuerst die Vorteile untersuchen, Liebhaber. Deine Personalakte bescheinigt dir eine Erfahrung im waffenlosen Kampf, gegen die ich bei deiner Körpergröße normalerweise keine Chance hätte. Aber durch die Beweglichkeit dank dieses neuen Verfahrens, das ich verwende, müßten die Vorteile eindeutig auf meiner Seite liegen. Wir sind hier, um das auszuprobieren.«

»Du meinst, ich soll gegen dich kämpfen?«

»Du kannst es dir nicht aussuchen. Du *wirst* gegen mich kämpfen. So, wie sich die Dinge entwickeln, werden wir wahrscheinlich eines Tages Feinden gegenüberstehen, die ebenfalls über die Ionisationstechnik verfügen, und in diesem Fall sind Waffen nutzlos. Dann geht es Hand gegen Hand und Mann gegen Mann, wobei uns unsere neue Technik den entscheidenden Vorteil verschaffen soll. Du hast acht Minuten Zeit, um den zweiten Transformierer zu erreichen, ehe dein Block abschaltet.«

»Und?«

»Und ich will dich daran hindern, ihn zu erreichen, Liebhaber. Das heißt, du kämpfst um dein Leben. Das verschafft mir die Sicherheit, daß du dir auch wirklich Mühe gibst.«

Sie stellte sich zwischen ihn und den Ausgang, ein Gespenst wie eine Nymphe, allem Anschein nach ebenso zerbrechlich wie durchscheinend; ein ganz anderer Typ als die dominierende Absolut, aber kein Iota weniger gefährlich. Ihr Gesicht drückte dieselbe unerklärliche Erregung aus, die Dam schon bei anderen Gelegenheiten erlebt hatte, wenn sie ihn einer grausigen Tortur unterwerfen wollte. Bei den schmerzlichen Erinnerungen, die Dam aus der Vergangenheit hatte, gab er sich keinen Illusionen darüber hin, daß seine gegenwärtige Zwangslage nur zu real war. Absolut zu unterschätzen konnte leicht tödlich enden.

Daher ergriff er die Initiative und begann, äußerst entschlossen und heftig, auf sie loszugehen, unterstützt durch sein früher erworbenes Können im waffenlosen Kampf. Absolut war jedoch von Anfang an im Vorteil. Die Behinderung durch den Anzug und den Modulatorblock auf seinem Rücken machte sich bemerkbar, wohingegen es ihm ihre leichtfüßige Beweglichkeit, die in der Ionisierung noch ausgeprägter war, praktisch unmöglich machte, einen wirkungsvollen Treffer zu landen. Sie gab ihm jedoch jeden Schlag mit grausamer Härte zurück, und nach einer Weile bedrängte sie ihn so stark, daß er gezwungen war, vor ihr zurückzuweichen. Noch mehr reizte ihn der bösartige Triumph in ihrem Gesicht, als sie ihren Vorteil geschickt ausreizte.

Der einzige Faktor, der den Kampf zu seinen Gunsten beeinflußte, war seine ständig größer werdende Verzweiflung, als die Sekunden verstrichen und es für ihn immer dringender wurde, den Transformierer zu erreichen. Da er wußte, was auf dem Spiel stand, wurde er aus einem geübten Kämpfer zu einem fanatischen Killer, der jeden Schmerz und jedes Hindernis ignorierte und nur den einen Vorsatz hatte, sein Ziel zu erreichen. Es wurde immer deutlicher, daß Absolut ihn in der Hochofenkammer festhalten wollte, bis die vorprogrammierte Zeit abgelaufen war, und dadurch bekamen seine Bewegungen Einfallsreichtum, und seine Muskeln mobilisierten bisher unbekannte Kraftreserven. Trotzdem war es ihm nur durch einen Fehler seiner Gegnerin möglich, den einen Schlag anzubringen, der sie wie einen Stein zu Boden warf. Er hob sie auf und schleuderte ihren kraftlosen Körper buchstäblich ans andere Ende der Kammer, ehe er die gegenüberliegende Schräge hinuntersprang und den Transformierer nur Sekunden zu früh erreichte.

Selbst hier war Absolut ihm zuvorgekommen. Die durchsichtigen Wände des Transformiererkäfigs waren schon heruntergelassen, und er fand keinen Weg, sie zu öffnen und hineinzugelangen. Er beobachtete, wie der Chronometer auf Null sprang und wappnete sich schon für die gewaltsame Auflösung beim Abschalten des Blocks. Als nichts passierte, kehrte er in die Hochofenkammer zurück, er wußte, daß sogar der angeblich letzte Termin einer von Absoluts Tricks war. Sie lag noch auf dem Boden und regte sich schwach, als er sie erreichte, und er hob sie auf und trug sie die Schräge hinunter, über die er den Trainingsraum betreten hatte, dann legte er sie außerhalb des Transformierers ab, während er selbst sich der schmerzhaften Überführung in den normalen Molekularzustand unterzog.

Absolut hatte die Rückumwandlung ebenfalls abgeschlossen und wartete schon auf ihn, als er herauskam.

Angesichts der Tatsache, daß sie sich ohne Hilfe eines Transformierers in den Molekularzustand zurückversetzen lassen konnte, legte Dam nachdenklich die Stirn in Falten. Er unterdrückte den Wunsch, ihren nackten Körper zu packen und festzuhalten, denn ihre nüchtern-leidenschaftliche Miene sagte ihm, daß er sich damit nur eine Abfuhr und einen Denkzettel einhandeln würde. Ihre Uniform lag in der Nähe, und sie kleidete sich langsam an, aber erst, nachdem er festgestellt hatte, daß ihr Körper trotz der Schläge, die er ihr versetzt hatte, keinerlei Blutergüsse aufwies.

»Hast du erreicht, was du wolltest?« fragte er.

»Bei diesem Teil der Übung schon. Wenn ich jemanden mit deinen kämpferischen Fähigkeiten davon abhalten kann, bei ablaufender Frist einen Transformierer zu erreichen, dann kann ich praktisch alles aufhalten. Die Technik bringt also zwei Vorteile: eine starke Steigerung der Kampfkraft und die Unabhängigkeit vom Transformierer. Damit haben wir den Vorsprung, den wir brauchen.«

»Ist es denn wahrscheinlich, daß jemand anders auch nur angefangen hat, die Ionisationstechnik zu entwikkeln?«

»Man wird sie mit Sicherheit entwickeln. Auf Lightning haben die Aufständischen ein Transformiererschiff zerstört und das Reserveschiff ganz raffiniert gekapert. Damit und mit jüngsten Anstrengungen ihres Geheimdienstes ist es nur eine Frage der Zeit, bis wir sie auf dem Schlachtfeld treffen.«

»Was ist mit dem Ionentrupp auf Lightning geschehen?«

»Wir haben alle Mann verloren. Deshalb wollte dich Abel ja in ein neues Team stecken und dich sofort an die Front schicken.«

»Und du hast ihn davon abgehalten?«

»Der Vorfall auf Lightning hat ihn davon abgehalten. Bis jetzt haben wir drei Transformiererschiffe verloren.

Sie sind das schwache Glied in unserem Betriebssystem. Deshalb konzentriert man sich jetzt wieder mehr auf die Entwicklung unserer neuen Technik, bei der überhaupt kein Haupttransformierer mehr erforderlich ist. Außer mir bist du der erste, der dafür ausgerüstet werden soll. Komm, ich möchte dir etwas zeigen!«

Nachdenklich folgte er ihr zu einem der Laborblocks, er empfand ihre weibliche Ausstrahlung sehr stark, wagte aber immer noch nicht, sie objektiv als Frau zu betrachten. Er sah sie als Peinigerin, aber diese rätselhafte Frau mit ihren überragenden Fähigkeiten, die sein Leben so beherrschte, fesselte ihn derart, daß er seine Gefühle nicht aus dem Spiel lassen konnte.

Sie blieb in einem der Labors vor einem runden, antiseptisch reinen Glaskasten stehen, in dem ein Anzug aus Metallgeflecht hing. Er war aus so feinen Drähten gewoben, daß seine Struktur fast nicht erkennbar war, und das Material war so dünn, daß es das Licht von hinten so ungehindert durchließ, als wäre es nur ein Schatten. Ein paar Augenblicke lang starrte Dam den Ionenanzug an und fragte sich, inwiefern und warum er sich von den anderen unterschied, die er so ungern getragen hatte, und was der Zweck dieser Besichtigung war. Er fand, daß der Anzug kleiner und enger sein mußte – unmöglich eng, nach dem Fingerdurchmesser der Handschuhe und den einzelnen Körperteilen zu urteilen.

Absolut beobachtete mit kritischer Belustigung, wie verwirrt er war.

»Das ist dein Anzug, Liebhaber. Er wird dir nicht nur passen wie eine zweite Haut – er ist eine zweite Haut.«

»Ich verstehe nicht.«

»Du wirst es schon noch verstehen! Man wird dir die Haut vom Leib operieren, dir den Anzug anziehen und dann deine natürliche Haut wieder darüberlegen. Sobald die Nervenenden durch das Geflecht gedrungen sind und sich regeneriert haben, wirst du kaum mehr merken, daß du ihn trägst – nur hast du, nachdem man dir auch noch einen Transformierer mit Nuklearantrieb implantiert hat, die Fähigkeit zur Ionisierung immer bei dir.«

»Nur über meine Leiche!«

»Deine Leiche kann ich nicht brauchen, Liebhaber. Nur deinen lebendigen Körper. Du brauchst nicht zu glauben, daß ich dich werde wählen lassen.«

»Es kommt überhaupt nicht in Frage, daß ich mich durch einen größeren chirurgischen Eingriff verstümmeln lasse. Ihr könnt mich töten, wenn ihr wollt, aber das Ding kommt mir nicht in meinen Körper. Unter solchen Bedingungen weiterzuleben hat keinen Sinn. Du kannst Abel sagen, daß ich mich freiwillig als Aktiver an die Front melde.«

»Ich werde ihm sagen, daß du ein verdammter Feigling bist.«

»Feigheit spielt da keine Rolle. In der Ionenabteilung sterbe ich früher oder später ohnehin. Aber ich sterbe lieber als natürlicher Mensch, als daß ich als Monster mit Metallhaut weiterlebe!«

»Monster? Gott ... hier hast du etwas, worüber du nachdenken kannst.«

Sie knöpfte flink ihre Uniformbluse wieder auf, schüttelte sie ab und streckte ihm ihren nackten Oberkörper entgegen.

»Fühl mal! Komm schon – mit den Händen!«

Etwas zaghaft berührte er die weiche, warme Haut, dann zuckte er zurück. Unter dem zarten, schwellenden Fleisch spürten seine empfindlichen Finger das künstliche Gewebe eines Metallgeflechts. Die Bestürzung versetzte ihm einen traumatischen Schock, der seinen Arm taub werden ließ.

»Du ...?« Zu viele widerstreitende Gefühle kämpften um das Ende dieses Satzes. »Warum hast du zugelassen ...«

»Das geht dich einen Dreck an. Aber wenn eine Frau

lernen kann, damit zu leben, dann kannst du es auch, Liebhaber.« Sie zog sich ruckartig die Uniformbluse wieder über. »Ich habe die Ärzte für morgen bestellt.«

»Ich meine es ernst, Absolut. Du kannst machen, was du willst, aber ich bin auf keinen Fall bereit, so zu werden wie du. Merkst du denn nicht, daß dadurch deine ganze Persönlichkeit verkrüppelt worden ist? Ich glaube, die haben nicht nur deine Haut durch Metall ersetzt. Ich glaube, die haben dir auch den Kopf mit Stacheldraht und rostigen Rasierklingen vollgestopft.«

»Meinst du?« Ihr Gesicht blieb ausdruckslos, aber ihre Stimme triefte vor Wut und Belustigung. »Sei vorsichtig, sonst erzähle ich dir, woraus kleine Jungs gemacht sind. Dafür bist du nicht gebaut. Übrigens ist es immer noch möglich, daß Abel es schafft, dich mir wegzunehmen – aber was *du* willst, hat damit gar nichts zu tun. Als du dich zur Ionenabteilung gemeldet hast, hast du uns die Macht über Leben und Tod übertragen. Aber es wurde nicht gesagt, was für ein Leben, oder welche Todesart. Ich kann dir also eines versprechen, Liebhaber – wenn es mir gelingt, dich zu behalten, ist das, was du bisher erduldet hast, gar nichts gegen das, was dir noch bevorsteht.«

Erst am nächsten Morgen bekam Dam eine schwache Ahnung von seinem künftigen Schicksal. Er hatte schlecht geschlafen und war noch müde und zerschlagen, als ihn ein Wächter aufweckte und ihm ein Sprechgerät in die Hand schob.

»Liebhaber?« Absolut meldete sich über Funk.

»Ja?«

»Ich habe deinen Fall mit Abel besprochen. Ich habe mich nicht durchsetzen können, verdammt. Du wirst an die Front versetzt.«

»Das paßt mir gut! Wann geht es los?«

»Sofort. Zuerst sind noch ein paar Formalitäten zu erledigen, aber danach kannst du, was mich betrifft, auf dem kürzesten Weg zur Hölle gehen. Komm hierher wie der Blitz und hol dir deine Entlassungspapiere, ich habe nämlich nicht die Absicht, noch mehr Zeit mit dir zu verschwenden.«

»Ich bin schon unterwegs.«

Jetzt, da die Chance, an die Front zu kommen, Wirklichkeit geworden war, war sich Dam beileibe nicht mehr sicher, daß er das wollte, aber wenn er wenigstens einmal die bewachten Mauern des Trainingslagers hinter sich hatte, würden sich, so hoffte er, die Aussichten auf eine Flucht verbessern. Andererseits wurde er den Verdacht nicht los, daß ihm als einziges die Fähigkeit, sich selbständig in den ionisierten Zustand zu versetzen, die ihm der unter der Haut liegende Anzug verleihen würde, die Flucht ermöglichen könnte. Er überlegte sich das genau, und als er in Betracht zog, was Absolut ihm demonstriert hatte, schien es ihm, daß die Wachen kaum noch etwas gegen ihn ausrichten könnten, wenn er so ausgerüstet wäre. Seit die unförmige Maschinerie des Transformierers überflüssig geworden war, war das letzte Hindernis beseitigt, das einen Sturm auf die Verteidigungsanlagen des Lagers in ionisiertem Zustand im Wege stand. Psychologisch konnte er jedoch die Vorstellung, mit dem Metallgeflecht unter der Haut zu leben, nicht akzeptieren.

Der Bewacher begleitete ihn in den Gang vor Absoluts Büro. Dam klopfte mechanisch.

»Herein!« sagte Absoluts Stimme, und selbst aus diesem einzigen Wort war ihre Frustration herauszuhören.

Er trat ein, aber er war kaum durch die Tür, als er erkannte, daß er einen Fehler gemacht hatte. Weißgekleidete Männer erwarteten ihn auf beiden Seiten, packten ihn und schleppten ihn weiter zu Absolut, die mit boshaft triumphierender Miene ein Narkosekissen für ihn bereithielt. In einem plötzlichen Anfall von Panik begann Dam zu toben, aber er war in der Hand von Experten, und obwohl er alle verfügbaren Kräfte aufbot, wurde sein Gesicht unerbittlich auf das widerwärtige

Kissen zugeschoben. Das letzte, was er mitbekam, waren Absoluts goldene Fingernägel, die etwas Mondähnliches auf sein Gesicht drückten, und das ekelhafte Brennen des Betäubungsmittels in seiner Lunge.

Als er später erwachte, lag er festgeschnallt auf einer fahrbaren Krankenliege. Von Angst überwältigt stemmte er sich gegen seine Fesseln, aber sie waren zu fest. Als er sich bewegte, kam Absolut herüber und schaute auf ihn herunter, und wieder sah Dam die unerklärliche Erregung in ihrem Gesicht. Sie war gleichzeitig eine Göttin, die über seine Qualen spottete, und die Instanz, die über seine Zukunft bestimmte; aber in den Haß, den er für sie empfand, mischte sich auch Begehren, und seine Angst vor ihr war in ähnlicher Weise von einer fast masochistischen Faszination durchsetzt. Dam wußte, daß er bis zu seinem Tode physisch wie psychisch unter ihrem Einfluß stehen würde.

Jemand kam, um die Liege wegzufahren, und Absolut ging vor ihr her. Er konnte sie nicht sehen, aber er glaubte, in dem Geräusch ihrer Stahlabsätze auf dem Fußboden das Wort zu hören, das ihm ständig im Kopf herumspukte:

»Biest! Biest! Biest! Biest! Biest!« so hallte es die Gänge entlang, bis zum Operationssaal.

17. Kapitel

Lightning hatte in vieler Hinsicht mehr Glück gehabt als manche anderen Welten, die Terra sich als Angriffsziel erwählt hatte. Aus der Art, wie die Verteidiger normalerweise lebten, stark abgeschirmt gegen die großen Unwetter, die über die Oberfläche des Planeten peitschten, waren Wohnverhältnisse entstanden, die auch einer Bombardierung aus dem Weltraum standzuhalten vermochten, wenn sie nicht gerade mit höchstem Einsatz betrieben wurde. Da die Bewohner in ausgedehntem Maße Tunnel tief unter den Bergen benützten, waren die meisten Anlagen sogar vor Atomangriffen sicher. Dazu kam, daß die nachwachsenden Generationen die unwirtliche Atmosphäre des Planeten irgendwann als Teil ihrer natürlichen Umwelt akzeptiert hatten; die Einheiten der terranischen Besatzungsmacht kamen jedoch nicht aus diesem Milieu, und für sie war die dunkle, stürmische Wildnis auf der Planetenoberfläche nicht viel anders als die Hölle.

Ein weiterer Faktor, der die Verteidiger von Lightning begünstigte, war die Tatsache, daß der Planet recht isoliert war, sogar von den Zentrumsplaneten, und daß daher über die Größe seiner Bevölkerung und ihre Verteilung nur sehr wenig bekannt war. Es war zwar eine Militärregierung eingesetzt worden, aber die abgesetzte Regierung des Planeten hatte die Unterlagen so erfolgreich manipuliert, daß den neuen Herrschern ganze Gemeinden und besonders einige der unterseeischen Nahrungsmittelfarmen und der unterirdischen Bergwerkskolonien tatsächlich unbekannt geblieben waren. Da die Städte so klein waren, erlagen die Terraner dem Irrtum zu glauben, die Gesamtbevölkerung betrage wahrscheinlich weniger als fünfzig Millionen Menschen. Eine richtige Zählung, bei der auch die kleinen, an den schwarzen, zerklüfteten Küsten verstreuten Enklaven berücksichtigt worden wären, hätte fast das Vierfache ergeben. Die Größe des Fehlers war darauf zurückzuführen, daß die Terraner immer von der Annahme ausgingen, die meisten Menschen lebten in Städten; man mußte lange mit dem Leben auf Lightning vertraut sein, um zu begreifen, daß auf dem Planeten der Stürme das Gegenteil zutraf.

Die angeblichen Widerstandsnester, gegen die die Terraner ihren verlorengegangenen Geistertrupp eingesetzt hatten, waren in Wirklichkeit von Garside Raad absichtlich in Szene gesetzt worden, und die wichtigsten Elemente der echten Widerstandstruppen hatte man überredet, sich verborgen zu halten, bis Liam Liam wie versprochen zurückkam, um ihnen aus dem Weltraum ein wenig Feuerschutz zu geben. Niemand, am allerwenigsten die Einwohner von Lightning, machte sich Illusionen über das volle Ausmaß der Katastrophe, die hereinbrechen würde, wenn sich der Kommandant der Schiffe im Orbit entschloß, das ›Problem‹ Lightning radikal zu ›lösen‹, und ein paar Planetenkiller auf die Oberfläche herunterwarf. Also hielt man die Terraner ruhig, indem man ihnen vortäuschte, sie hätten einen Sieg errungen; inzwischen formierten sich unter und über ihnen und ringsum mit aller Vorsicht schattenhafte Streitkräfte.

Diese Streitkräfte waren so geschickt, daß die Kämpfe tatsächlich nicht in der Nähe von Lightning anfingen, sondern auf halbem Weg nach Terra, wo das Kommunikationsschiff, das die FTL-Funkverbindung zwischen Terra und dem Zentrum herstellte, meldete, in seinen Raumsektor seien Fremde eingedrungen, und um Unterstützung bat. Kurz darauf kam ein Funkspruch, die Eindringlinge seien ohne weitere Zwischenfälle durchgezogen und es würde keine Unterstützung mehr benötigt. Einheiten von einer terranischen Schiffskette, die dem Schiff hatten zu Hilfe eilen wollen, wurden zurückgerufen; wären sie weitergeflogen, so hätten sie entdeckt, daß das ursprüngliche Verbindungsschiff vernichtet worden war, und daß sich an seiner Stelle ein anderes Schiff ohne Hoheitszeichen befand und sehr gekonnt den Funkverkehr des terranischen FTL-Zwischensenders regelte. Der Austausch war so reibungslos vollzogen worden, daß außer den mit seiner Planung und Durchführung Befaßten niemand wußte, daß er überhaupt stattgefunden hatte.

Nachdem der Kommandant der terranischen Reserve, Ernst Rimini, bei einem früheren Angriff von Liam Liam seinen Vorgesetzten verloren hatte, war er nicht überrascht, als er von der bevorstehenden Ankunft eines neuen Abschnittskommandanten benachrichtigt wurde. Rimini war sich schmerzlich bewußt, wie mangelhaft seine Leistungen waren – er hatte beide Transformiererschiffe und einen kompletten Ionentrupp verloren – und hatte sich schon damit abgefunden, daß man ihn seines Postens entheben und ihm eine riskantere Aufgabe zuweisen würde. In dieser Gemütsverfassung vergewisserte er sich nicht so sorgfältig über die Identität des herannahenden Schiffes, das angeblich seinen neuen Vorgesetzten an Bord hatte, wie es sonst vielleicht der Fall gewesen wäre. Die persönlichen Angaben, die er über die Datenverbindung des Zwischensenders nachprüfte, wurden schnell durch einen Funkspruch bestätigt, der offenbar von Terra kam, und deshalb begrüßte er den Abschnittskommandanten Mail, ohne sich ein einzigesmal zu fragen, warum die terranischen Hoheitsabzeichen seines Führungsschiffs an einem offensichtlich im Zentrum gebauten Fahrzeug angebracht waren.

Abschnittskommandant Mail war ein ungewöhnlicher Mann, er hatte einen leichten, nicht-terranischen Akzent, der vielleicht deutlicher aufgefallen wäre, wenn er nicht ein so ansprechend häßliches Gesicht und einen so scharfen, durchdringenden Verstand besessen hätte, daß der glücklose Rimini sich sofort gezwungen sah, sich für jede einzelne seiner Handlungen zu verteidigen. Das Verhör dauerte sechs Stunden, und danach bekam Rimini, der überzeugt war, völlig in Ungnade gefallen zu sein, den Befehl, sofort nach Terra zurückzukehren, wo man über seine weitere Verwendung entscheiden würde. Mit der Verbitterung eines Mannes im Herzen, der weiß, daß er sich seine Karriere endgültig verpfuscht hat, begab sich der Vizekommandant auf einen schnellen Kreuzer und befahl, zum Rand der Galaxis nach Terra zurückzukehren.

Abschnittskommandant Mail brach mit der Tradition, als er nicht sofort alle Flottenkapitäne zu einer Konferenz an Bord seines Schiffes zusammenrief, sondern statt dessen den Ersten Offizier auftrug, alle Überlebenden oder Techniker des ehemaligen Ionen-Projekts ausfindig zu machen. Dieses Verhalten erschien so logisch, daß niemand mehr an das Protokoll dachte, die letzten Überreste des unglückseligen ›Geister‹-Teams – sieben Angehörige der technischen Besatzung, die gerade Versorgungsschiffe besucht hatten, als die Entführung stattfand – wurden sehr schnell ermittelt und auf das Führungsschiff des Abschnittskommandanten gebracht.

Erst dann beraumte Mail an Bord des stellvertretenden Flaggschiffes eine Vollversammlung an und verlangte, daß nicht nur die Flottenkapitäne und ihre Stellvertreter, sondern auch die höheren Offiziere, die die Bodentruppen befehligten, daran teilnahmen. Das war ein unerhörtes Ansinnen, aber es verhieß gewaltige, taktische Veränderungen im Feldzug gegen Lightning und war daher doppelt willkommen. Kaum jemand fehlte, als sich die Konferenzteilnehmer auf dem Flaggschiff versammelten und Platz nahmen, um auf ihren neuen Abschnittskommandanten zu warten. Die Vorfreude war jedoch nur kurz, weil eine unerklärliche

Explosion das Schiff zerstörte und alle, die sich darauf befanden, umkamen.

Fassungslos und praktisch ihrer Führer beraubt, formierte sich der Rest der im Orbit befindlichen Streitmacht hastig neu und schickte über FTL-Verbindung einen Funkspruch nach Terra, worin sie ihre Misere meldete und um Anweisungen bat. Innerhalb einer Stunde kam die Antwort: ›Alle Aktionen gegen Lightning einstellen. Auf Verstärkung warten.‹ Unnötig zu bemerken, daß diese Antwort nicht von Terra kam, sondern von einem unbekannten Schiff in der Senderkette; auch erhielt Terra selbst keinerlei Informationen, die Zweifel an den zufriedenstellenden Fortschritten des Feldzuges gegen Lightning wecken konnten. Die Streitmacht im Orbit lehnte sich zurück und wartete auf Verstärkung, ohne eine Ahnung zu haben, wie lange es dauern würde, bis sie kam.

Inzwischen hatte das Führungsschiff, mit dem der unheilbringende Abschnittskommandant an den Schauplatz des Geschehens gekommen war, wie nebenbei den Orbit verlassen und landete in einer geschützten Senke in einem zerklüfteten Gebirgszug oberhalb von Bama. Als die schweren Regenfälle wütend darauf niederprasselten, wurden die terranischen Hoheitsabzeichen allmählich abgewaschen, und unter dem Anstrich wurde der ursprüngliche Name ›Starbukket‹ sichtbar. Durch die erbarmungslos tobenden Elemente rannte Liam Liam, der eine mehr als flüchtige Ähnlichkeit mit dem ehemaligen Abschnittskommandanten aufwies, der, wie man annahm, bei der Explosion des Flaggschiffs umgekommen war. Vollkommen wurde die Ähnlichkeit dadurch, daß der ehemalige Geheimagent seinen Kopf mit einer Uniformjacke mit Wappen, Sternen und Orden schützte, wie sie gewöhnlich nur terranische Abschnittskommandanten zierten.

Unter einen Felsvorsprung, der den Eingang zu einem befestigten Tunnel verbarg, stand Garside Raad, offenbar stark gealtert durch seine Erlebnisse mit der terranischen Besatzungsmacht, er war nur zu froh, Liam zu sehen, aber in seinem Gesicht stand eine Frage.

»Gut, daß du da bist, Liam! Wie sieht es da oben aus?«

»Im Orbit? Mehr an Chaos war nicht zu machen. Wir haben bei dieser Explosion im Raum den größten Teil der hiesigen höheren Chargen eliminiert, wir fangen alle Funksprüche nach Terra ab und verändern einige der Anweisungen so, wie es uns in den Kram paßt.«

»Das ist mehr, als ich gehofft hatte. Und was führt dich hierher?«

»Ich will nur ein paar weise Ratschläge an den Mann bringen. Die Situation im Orbit kann nicht lange anhalten. Man mag von den Terranern denken, wie man will, dumm sind sie nicht. Bald wird eine Spezialeinheit da sein, um nachzusehen, was los ist. Wenn diese Streitmacht hier eintrifft, steht uns wohl ein massiver Vergeltungsschlag bevor.«

»Aber vorher haben wir doch noch Zeit, die Besatzungstruppen zu vertreiben?«

»Sicher, wenn ihr so vorgehen wollt. Aber je mehr ihr ihnen jetzt antut, desto schlimmer treiben sie es am Ende mit euch, verstanden? Ich kann euch vom Weltraum aus ein wenig Feuerschutz geben, aber gegen eine terranische Armada kann ich nichts ausrichten.«

»Aber was ist die Alternative?«

»Kooperieren. Den hilfsbereiten, unterwürfigen Diener eurer terranischen Herren spielen, die sich gegenwärtig in Schwierigkeiten befinden. Für alle ihre Schwierigkeiten diesen Teufelsbraten namens Liam Liam verantwortlich machen und hoffen, daß sie darauf hereinfallen.«

»Ist das dein Ernst?«

»Ich sage nichts als die Wahrheit, verstanden? Wir stehen noch ganz am Anfang in der Geschichte des Widerstands gegen Terra. Wenn ihr jetzt gegen die Terraner kämpft, zermalmen sie euch. Fügt euch, dann können viele von euch noch Kämpfe unter gerechteren Voraussetzungen erleben.«

»Liam, selbst wenn ich wollte, könnte ich unsere Leute jetzt nicht zurückhalten. Jetzt heißt es erst kämpfen und später dafür bezahlen. Das weißt du.«

»Ich dachte mir schon, daß du das sagen würdest. Das ist der eigentliche Grund, warum ich hiergeblieben bin. Während meiner kurzen Karriere als terranischer Abschnittskommandant habe ich mich sehr dafür interessiert, was da oben im Orbit an Planetenkillern herumschwirrt. Nun, es sind sieben, alle in einem Todesschiff, das sich aus Sicherheitsgründen auf einer weiter entfernten Kreisbahn befindet. Das genügt, um alles Leben auf Lightning ungefähr zwanzigmal auszurotten. Wenn ihr gegen die Bodentruppen kämpft und es so aussieht, als würdet ihr siegen, werden die Terraner einfach nervös und werfen einen oder zwei davon auf euch runter.«

»Diese Möglichkeit haben wir schon in Betracht gezogen. Aber wir werden trotzdem kämpfen.«

»Ein guter Patriot ist nicht, wer bei der Verteidigung seines Territoriums stirbt, sondern wer den Feind sterben läßt, wenn er es angreift, verstanden?«

»Und was soll das heißen?«

»Daß ich heroische Taten nicht billigen kann, ganz gleich, aus welchen Motiven sie vollbracht werden. Der Krieg ist ein zu tödliches Spiel, als daß er von Gefühlen beherrscht werden dürfte. Wenn ihr weitere Hilfe von mir wollt, mußt du mir dein Ehrenwort geben.«

»Wofür?«

»Während ich versuche, durch die Schiffskette hinauszukommen, werde ich mich auch bemühen, dieses Todesschiff zu vernichten. Gelingt mir das, so bleibt es euch sicher nicht verborgen, denn der Blitz wird so hell sein wie tausend Sonnen. Mißlingt es mir aber, dann schweben diese Waffen weiterhin über euch. Ich möchte, daß du mir dein Ehrenwort gibst, in diesem Fall nicht anzugreifen, sondern einfach brav stillzuhalten, bis wir Terra unter gleicheren Voraussetzungen gegenübertreten können.«

»Das ist eine grausame Forderung, Liam.«

»Mehr habe ich nicht zu bieten, verstanden?«

Garside Raad überlegte einen Augenblick lang schweigend.

»Ich kann dir nicht mehr versprechen als den guten Vorsatz. Ich weiß nicht, ob selbst ich die Bevölkerung von Lightning dazu bewegen könnte, sich nicht gegen die Knute Terras zur Wehr zu setzen.«

»Ich gebe mich mit guten Vorsätzen zufrieden«, sagte Liam Liam. »Möge Gott für unser aller Zukunft verantwortlich sein!«

Wahrscheinlich wurde durch die Demoralisierung der Streitmacht im Orbit die Rückkehr des Führungsschiffs des ehemaligen Abschnittskommandanten von der Planetenoberfläche noch geheimnisvoller: aus welchem Grund auch immer, das kleine Schiff konnte seinen Platz im Orbit wieder einnehmen, ohne ein einzigesmal angerufen worden zu sein, obwohl über seine Mission sehr viel gerätselt worden war. Der Abschnittskommandant wurde zwar für tot gehalten, aber er hatte die wenigen Leute, mit denen er persönlich gesprochen hatte, so stark beeindruckt, daß es ihnen wie eine Unverfrorenheit vorgekommen wäre, auch nur den Kapitän seines Schiffes danach zu fragen. Man munkelte, Mail habe in der Tat einen Auftrag von galaktischer Bedeutung zu erfüllen gehabt, und sein Auftreten als Abschnittskommandant sei ein ausgeklügeltes, aber erfolgloses Manöver gewesen, um die Aufmerksamkeit interstellarer Spionageagenten abzulenken. Euken Tor, der das kleine Schiff befehligte, gab nur die routinemäßigen Standardmitteilungen an die übrige Flotte und vermied es auf diese Weise, die Vermutungen zu bestätigen oder zu leugnen.

Als das Unerwartete geschah, war keiner der mit der

Sicherheit in der Flotte Betrauten darauf vorbereitet oder wußte, wie er reagieren sollte, als die Einzelheiten sichtbar wurden. Das Führungsschiff war allmählich abgetrieben, bis es eine der äußersten Kreisbahnen der eigentlichen Flotte erreicht hatte, eine Position, die es viele Stunden lang scheinbar inaktiv beibehielt. Dann schickte es ganz plötzlich dringende Notsignale aus, gleichzeitig erwachten seine starken Maschinen zum Leben und schleuderten es tangential vom Orbitalring weg.

Die Sicherheitsschiffe diagnostizierten einen drastischen Triebwerksdefekt, möglicherweise sogar Sabotage, und sahen fasziniert zu, wie das kleine Schiff mit wirklich erstaunlicher Beschleunigung wie wild in die Tiefen des Weltraums davonraste und dabei die ganze Zeit panisch um Hilfe rief, die ihm aber keines der parkenden Schiffe gewähren konnte. Dramatisch wurde es, als man mit Entsetzen feststellte, daß das kleine Schiff, wenn es seine Flugbahn beibehielt, gefährlich nahe an das Todesschiff herankommen würde, das weit draußen in seinem Sicherheitsorbit schwebte.

Es wurde ernsthaft in Erwägung gezogen, ob man das Führungsschiff zerstören sollte, ehe das Todesschiff in Gefahr geriet. Aber bis man eine Entscheidung getroffen hatte, war es schon zu spät für einen Versuch, das davonrasende Fahrzeug zu vernichten. Das kleine Schiff selbst löste das Problem: als es das teuflische Trägerschiff passierte, fuhr es seine Geschütze aus, und der radioaktive Feuerball, der gleich darauf aufflammte, legte selbst die empfindlichsten Scanner und Instrumente der Kriegsflotte lahm und machte viele menschliche Beobachter vorübergehend oder auf Dauer blind. Unter diesen Umständen konnte der Ablauf der Ereignisse nie ganz genau rekonstruiert werden, aber nachdem die Plasmawolke sich soweit abgekühlt hatte, daß man den Schauplatz des Unglücks untersuchen konnte, war weder von dem Todesschiff noch von dem Führungsschiff eine Spur zu entdecken. Die Frage verlor ohnehin an Bedeutung, weil inzwischen die Bodentruppen auf Lightning massive Angriffe von Aufständischen meldeten, die schon die ersten Verteidigungsanlagen überrannten.

18. Kapitel

Als Dam erwachte, stellte er fest, daß er mit seiner Epidermis so gut wie gar nichts an Sinneseindrücken wahrnahm. Er trug keine Verbände, sondern lag in einem sterilen Plastikzelt auf einer Art Wasserbett, und in regelmäßigen Abständen kam von allen Seiten aus Zerstäubern ein dichter Nebel und hüllte ihn ein. Er brauchte nur einen Arm zu heben, und die kränkliche Blässe und das Netzwerk von Hunderten von Schnitten zu begutachten, um zu wissen, daß die Operation wie versprochen durchgeführt worden war.

Bei dieser Erkenntnis wurde er von einem Gefühl des Ekels und der Resignation übermannt, denen eine Flut von Zorn hätte entgegenwirken müssen – aber der Operationsschock, wahrscheinlich verstärkt durch kalkuliert verabreichte Betäubungsmittel, hatte ihm jeden Kampfeswillen geraubt; er ließ sich auf das Wasserbett zurücksinken und versetzte sich mit einer bewußten Willensanstrengung in Schlaf, in der Hoffnung, nie wieder aufzuwachen.

Er wachte aber doch auf, ohne zu wissen, wie viele Stunden oder Tage vergangen waren. Der aseptische Nebel war verschwunden, und als seine Haut allmählich trocknete, bekam sie auch wieder Farbe und sah fast aus wie normales Fleisch. So fein und geschickt hatte der Chirurg gearbeitet, daß die vielen Einschnitte jetzt nur noch als ganz schwache, weiße Linien erkennbar waren, die bald ganz zu verschwinden versprachen. Von außen war nicht zu erkennen, daß der Anzug nun unter seiner Haut lag, aber in seiner Phantasie sah er deutlich – und völlig grundlos – die Umrisse des Geflechts, das seine Augen nicht zu unterscheiden vermochten.

Versuchsweise berührte er eine Hand mit der anderen, und wünschte sofort, er hätte es nicht getan, denn wo er Fleisch mit Fleisch berührt hatte, spürte er ein schmerzhaftes, kriechendes Brennen; dort nahmen abgetrennte Nervenenden allmählich ihre alte Funktion wieder auf, protestierten aber vehement, wenn man ihre Lage veränderte. Danach lag er ganz still und bemühte sich, das quälende Gefühl nicht auf andere Teile seines Körpers übergreifen zu lassen. Es gelang ihm nicht. Das Brennen breitete sich langsam über seine Arme aus und erreichte seine Brust. Ein Arzt schaute herein und stellte den Nebel wieder an, der Dam ein wenig Erleichterung verschaffte; dann kam Absolut und ließ den Nebel wieder abstellen. Sie kam in regelmäßigen Abständen immer wieder und betrachtete ihn mit unergründlicher Miene durch das Zeltgewebe.

Einmal wurde in ihrer Abwesenheit das Zelt entfernt, und Dam bekam eine Injektion, die den Schmerz dämpfte und ihn in einen Dämmerzustand versetzte. Als Absolut wiederkam, gab es einen heftigen Streit, und schließlich kam sie herüber und setzte sich auf die Bettkante.

»Es ist unfair, daß man es dir so leichtmacht, Liebhaber!«

»Leicht!« Dam reagierte trotz der Betäubungsmittel.

»Als man es bei mir gemacht hat, waren überhaupt keine Betäubungsmittel zugelassen. Es war ein Experiment, weißt du. Sie hatten Zweifel, ob sich alle Nervenenden regenerieren würden, und wollten die Schmerzen überwachen, um zu sehen, ob man sie unter Kontrolle halten konnte. Man konnte es nicht – aber das hat sie nicht abgehalten. Als ich vor Qualen tobte, banden sie mich einfach fest, und weiter unternahmen sie nichts!«

»Ist das der Grund, warum du jetzt keinen Schmerz mehr spürst?« fragte Dam.

»Natürlich spüre ich ihn, Liebhaber – wahrscheinlich

stärker als du. Aber wenn du ihn lange auf einem solchen Niveau ertragen mußt, lernst du entweder, ihn zu beherrschen, oder du wirst wahnsinnig. Du bekommst die Chance, zu lernen, wie man damit umgeht, genau wie ich. Es hat eine großartige Wirkung auf den Charakter.«

»Ich glaube nicht, daß ›großartig‹ das richtige Wort ist, Absolut. Sie haben dich innerlich verbogen.«

»Du irrst dich, Liebhaber. Eines Tages wirst du es verstehen. Um dieses Verständnis zu fördern, habe ich verboten, dir weiterhin schmerzlindernde Mittel zu geben. Ich möchte, daß du dieselbe Schranke überwindest wie ich.«

Die Qualen dauerten ungefähr eine Woche, während dieser Zeit hätte sich Dam, wenn man es zugelassen hätte, bei dem wahnsinnigen Versuch, das unerträgliche Feuer zu lindern, das ihn verzehrte, die Haut vom Leib gerissen. Dann wurde das Brennen allmählich zu einem Jucken, und das Jucken wich einer Berührungsempfindlichkeit, die durch die neuen Nervenverbindungen irgendwie noch gesteigert wurde. In diesem Stadium akzeptierte er auch den subkutanen Anzug und verlor den Haß und den Ekel vor sich selbst, die ihm dieses Ding ursprünglich eingeflößt hatte. Schließlich konnte er sich sogar versichern, er sei nicht weniger als ein Mensch, nur weil er diesen Anzug in sich trug. Er machte sich die Ansicht zu eigen, er sei ein Mensch *plus* etwas geworden; und die ganzen Möglichkeiten dieses Etwas mußten erst noch erforscht werden.

Im weichen Fleisch seiner Taille, zwischen Hüfte und Brustkorb, konnte er ertasten, daß man ihm auf beiden Seiten kleine Päckchen implantiert hatte. Sie saßen tief im Fleisch, waren aber nicht unangenehm. Er vermutete, daß das eine die nuklear-elektrische Kapsel war, die die Energie für den Transformierungsprozeß lieferte, und das andere der winzige Modulatorblock, der dafür sorgte, daß seine Identität auch im ionisierten Zustand erhalten blieb. Als Absolut kam, um bei der letzten Untersuchung durch die Ärzte zuzusehen, benahm sie sich äußerst professionell und unpersönlich. Zum erstenmal erkannte Dam den Gegensatz zwischen der mit allen Wassern gewaschenen Ionentechnikerin und der vielschichtigen Persönlichkeit, eine Kluft, die ihr ganzes Verhalten bestimmte. Er glaubte, nicht weniger als drei verschiedene Gesichter von Absolut zu kennen: die nüchtern-kühle Technologin; die schnelle, kritische und gelegentlich sadistische Lehrerin der Ionentechnik; und unter all dem eine weibliche Grundpersönlichkeit, so mächtig und mit so starken Emotionen, daß es fast beängstigend war. Er wußte nicht, ob diese Unterteilung eine Ausgeburt seiner Phantasie war oder nicht, aber eines war sicher: er spürte keinen Groll mehr gegen sie, weil sie ihn hatte leiden lassen, denn erst durch diese überwältigenden Qualen hatte er angefangen zu begreifen, was sie ihn eigentlich tatsächlich lehren wollte, nämlich, wie man diese furchtbare, innere Kraft erwerben konnte, die durch gewöhnliche Umstände nicht zu besiegen war.

Später gingen sie zu dem Hochofen mit dem erhitzten Wasserstoff, machten einen Bogen um den Transformierer und näherten sich, so weit sie es wagten, der rotglühenden Eingangsrampe. Hier zeigte Absolut Dam den Impulsgeber, der kaum größer war als ein Taschenbuch und mit dem der Transformierer in seinem Körper aktiviert werden konnte. Der Übergang war nicht weniger schmerzhaft, obwohl er vom Transformierer unabhängig vollzogen wurde, aber Dam stellte fest, daß er sich jetzt der Schmerzempfindung entgegenlehnen und sie mit einer fast wilden Freude annehmen konnte, wie ein Schwimmer einen Sprung ins eiskalte Wasser genießen und sich an der belebenden Umarmung erfreuen kann, während die betäubende Kälte kleinere Geister einfach fertigmacht.

In ionisiertem Zustand rannte er vor ihr her in die

Hochofenkammer, sein Körper nahm die Wasserstoff-Identität seiner Umgebung an, und er schwebte wie ein schattenhaftes Gespenst in der rotglühenden Gasflut. Absolut konnte ihm noch einen neuen Trick vorführen. Sie benützte den Käfig und den Gasvorrat des Transformierers, aber nicht seine Spulen, und damit gelang ihr der Übergang in eine Natriumidentität. Als sie die erhitzte Kammer erreichte, entzündete sich das ionisierte Natrium und strahlte in leuchtend gelben Flammen, wie eine unsterbliche, nackte, selbstsichere Göttin ging sie hin, um ihren schattenhaften Gefolgsmann in den leuchtendroten Gefilden einer künstlichen Hölle zu quälen.

Absolut schnippte das Papier über den Schreibtisch. Dam las es neugierig, ohne aber aus der chiffrierten Sprache viel entnehmen zu können. Der Befehl war von Abel persönlich unterzeichnet.

»Was bedeutet das?« fragte er.

»Das bedeutet, Liebhaber, daß die Flitterwochen vorüber sind. Abel hat endlich doch seinen Kopf durchgesetzt, aus den Fortgeschrittenen hier soll ein neuer Ionentrupp zusammengestellt werden. Du und ich, wir sind beide dabei, weil wir die Technik des Subkutananzugs in der Praxis studieren müssen.«

»Und wie findet die Praxis statt?«

»Auf einer kleineren Zentrumswelt namens Syman. Kennst du sie?«

»Ich habe davon gehört. Aber dein Ionentrupp setzt sich zum größten Teil aus ehemaligen Zentrumsbewohnern zusammen. Wieso glaubst du, du könntest uns dazu bringen, gegen unsere eigenen Leute zu kämpfen?«

»Das ist nun wirklich kein Problem! Ihr seid alle leidenschaftliche Überlebenskünstler, sonst hättet ihr die Ausbildung hier nicht so weit durchgestanden. Wenn ihr zu einem Einsatz kommandiert werdet, gibt man euch eine besonders abscheuliche Ionenidentität, zum Beispiel Phosphor. Entweder kämpft ihr wie befohlen, oder wir lassen euch nicht mehr in den Transformierer zurück. Bei Männern wie dir, die einen so ausgeprägten Selbsterhaltungstrieb haben, gibt es selten Schwierigkeiten. Potentielle Rebellen sind selbstzerstörerisch. Ganz raffiniert, findest du nicht?«

»Das teuflische Produkt kranker Gehirne«, sagte Dam mürrisch.

»Komm, Liebhaber! Du bist Soldat. Muß ich dir etwas über die Moral von Kriegen und Eroberungen erzählen? Der Preis geht immer an die, die am besten zupacken und festhalten können; die Schwächlinge gehen kaputt. Das ist eine Grundtatsache des Lebens.«

»Ums Überleben zu kämpfen ist eine Sache«, sagte Dam. »Aber ohne Notwendigkeit zu kämpfen, nur um zu verhindern, daß andere überleben, das ist wahnsinnig und pervers. Die Zentrumswelten bedrohen Terras Existenz in keiner Weise. Es geht nur um Terras Streben nach Vorherrschaft – wir sprechen also von der Erhaltung von Machtwahn, nicht von der Moral des Krieges.«

»Ich sagte schon, daß du noch vieles nicht verstehst, Liebhaber. Einige von uns müssen kämpfen, einfach um am Leben zu bleiben, sonst schwinden wir dahin und sterben. Und das gilt für Gesellschaften nicht weniger als für Menschen. Dieses Prinzip steht hinter der gesamten menschlichen Geschichte: du mußt siegen oder fallen, entweder durch äußere Feinde oder durch eine schleichende Lähmung von innen heraus.«

»Ich habe selten so einen Unsinn gehört«, erwiderte Dam.

Noch am selben Abend wurden sie von zwei Schwebetransportern abgeholt. Zwölf Männer, darunter auch Dam und Satan, wurden in das eine Fahrzeug getrieben, während Absolut und ein Trupp von Offizieren im zweiten fuhren. Sie wurden zu einem militärischen Raumhafen gebracht, wo ein gepanzerter Raumkreuzer die Rampen beherrschte, eine der abscheulichsten Kriegsmaschinen, die Dam jemals gesehen hatte. Der Trupp wurde jedoch nicht zu diesem Schiff dirigiert. Hinter dem Kreuzer stand ein Trägerschiff, das fast so hoch war wie das Kriegsschiff, aber viel dicker wegen seiner Fracht, zwei Transformiererschiffen, wie Dam annahm.

Der Transporter und der Kreuzer wurden gleichzeitig abgeschossen, und es war offensichtlich, daß das Kriegsschiff die Aufgabe hatte, dem schwangeren Mutterschiff und seinem widerlichen Laich Geleitschutz zu geben. Angesichts dieser übergroßen Vorsichtsmaßnahmen zog Dam die Augenbrauen hoch. Man konnte daraus schließen, daß der Ionentrupp und die dazugehörigen Einsatzschiffe es wert waren, sie mit einem so extremen Aufwand zu schützen, daß man dazu sogar ein größeres Kriegsschiff abstellte. Weiterhin ließ sich erkennen, daß die Terraner allmählich doch auf ernsthaften Widerstand aus dem Zentrum stießen. Von allem, was Dam erlebt hatte, seit er Castalia verlassen hatte, war diese Vorstellung das einzige, was ihm ein wenig Hoffnung gab.

19. Kapitel

»Und ich sage dir, daß es nicht ganz so idiotisch ist, wie es aussieht, wenn Terra Syman angreift«, sagte Euken Tor.

»Ich habe nie etwas anderes behauptet, verstanden? Aber deine Begründung würde mich interessieren. Du darfst nicht unterschätzen, daß Syman, strategisch gesehen, die Quelle für den größten Teil des Nickeleisens ist, das man in diesem Abschnitt des Zentrums zum Schiffsbau verwendet.«

»Genau das will mir nicht in den Kopf, Liam. Weißt du, wie sie das Zeug verteilen? Sie bauen es in hundert Tonnen schweren Platten ab, die von Schleppern in den Orbit gehoben werden. Dort übernehmen Stroppschiffe die Platten, beschleunigen sie auf ein Zehntel Lichtgeschwindigkeit und lassen sie sausen. Die Stroppschiffe kehren zurück, um die nächste Ladung zu holen, während die Platten zwei Lichtjahre weit fliegen und dann von den Fangschiffen eingeholt werden, die die Gießereien auf Toroliver beliefern.«

»Interessant, aber ich verstehe nicht, inwiefern das wichtig sein soll, verstanden?«

»Dann hast du dir nicht genauer überlegt, was das heißt. Hier in der Gegend befindet sich ständig ein Vorrat an Nickeleisenplatten für zwanzig Jahre, der schon durch den Weltraum fliegt. Wenn Syman morgen die Produktion einstellen würde, hätten die Gießereien auf Toroliver immer noch etwa zwei Jahrzehnte Zeit, um sich nach einer neuen Quelle umzusehen; der strategische Wert von Syman ist also größtenteils illusorisch.«

»Genausogut könntest du sagen, daß weder Rigon noch Lightning für das Zentrum von unmittelbarer, strategischer Bedeutung waren. Sie kamen aus Prestigegründen und weil man die Kolonien erpressen wollte, vor Terras Kanonen.«

»Richtig, aber beide hatten eine relativ große Bevölkerung und waren daher propagandistisch von größerem Wert. Das trifft auf Syman nicht zu, denn dort gibt es nur eine Bergwerksgemeinde von etwa zehntausend Leuten. Weitere tausend sind vielleicht auf den Stroppschiffen und den Hilfsanlagen im Weltraum, aber wer würde die – nach galaktischen Maßstäben – auch nur vermissen?«

»Ich, verstanden? Aber ich dachte, du wolltest mir etwas beweisen.«

»Syman ist nichts als ein Klumpen Nickeleisen. Es hat keine Atmosphäre und keine Anlagen auf der Oberfläche. Abgesehen von den Hilfsanlagen im Weltraum lebt die ganze Bevölkerung tief unten in den Innenhöhlen, die bei der Bergwerksarbeit zurückbleiben. Kurzum, der Planet eignet sich par excellence dafür, irgendwelche Schäden durch Weltraumbomben standzuhalten. Theoretisch ist es so ziemlich das schwierigste Ziel, das sich Terra hätte aussuchen können. Ungefähr das einzige, womit man Syman einnehmen könnte, ist ein terranischer Ionentrupp.«

»Das stimmt mit meiner eigenen Analyse überein.«

»Dann erhebt sich eine interessante Frage. Wenn man weiß, wie kostbar den Terranern ihre Ionenkrieger sind, warum setzen sie sie gegen ein so wertloses Ziel ein? Ich behaupte, weil sie hoffen, sich den Kopf ihres Lieblingsfeindes holen zu können. Für mich riecht Syman nach einer Liam-Falle.«

»Aha!« Liam Liam lehnte sich in seinem Stuhl zurück. »Gut gesagt, Euken. Du hast mir ein Stück des Puzzles geliefert, das mir noch fehlte. Ich war so damit beschäftigt, zu überlegen, was wir auf Syman gewinnen könnten, daß ich mich gar nicht mit der Gegenseite beschäftigt habe.«

»Und welche Vorteile gibt es auf Syman möglicherweise für uns?«

»Als wir unser Senderschiff aus der terranischen Kommunikationskette herausnahmen, konnte die Wahrheit über Lightning Terra erreichen. Seither hatten die Terraner Zeit, zu verdauen, was geschehen war, und Pläne zu machen, um zu verhindern, daß so etwas wieder geschieht. Die Berichte des Geheimdienstes behaupten, daß ein neues Mutterschiff mit Transformierern von Terra gestartet und schon auf dem Weg nach Syman ist. Wenn sie eine Antwort auf unsere Taktik entwickelt haben, so ist sie auf diesem Schiff. Es ist von größter Wichtigkeit, daß wir erfahren, was sie an Bord haben.«

»Wir können uns also nicht leisten, von der Syman-Operation abzuspringen, selbst wenn wir den Verdacht haben, daß es eine Falle ist?«

»Nicht, wenn wir im Rennen bleiben wollen, verstanden? Ich glaube jetzt, daß dieses Schiff gleichzeitig Köder und Schlagbolzen der Falle sein könnte. Haben wir etwas von Truman Wing Ai gehört?«

»Gerade ist ein Funkspruch gekommen. Dank der Informationen von den Terranern, die du bei der zweiten Lightning-Episode entführt hast, konnten die Labors das Transformiererproblem lösen, aber die Leute werden dabei wirklich in die Mangel genommen. Wing rechnet, daß er, wenn es eilig ist, ein Dutzend Freiwillige ionisieren könnte, aber er ist nicht allzu zuversichtlich, ob er sie auch alle wieder zurückverwandeln kann. Er plädiert für mehr Zeit zum Experimentieren.«

»Das terranische Mutterschiff ist schon unterwegs. Damit ist uns vorgegeben, wieviel Zeit zur Verfügung steht. Sag Wing, ich möchte einen eigenen Ionentrupp, und zwar gestern. Wenn die Terraner uns überraschen wollen, ist es nur fair, wenn wir auch ein paar Überraschungen für sie parat haben.«

Aus Gründen, die nur sie selbst kannten, hielten die Terraner den Scheinvorwurf der Rebellion gegen den Bergwerksplaneten Syman sorgsam aufrecht. Obwohl eine furchteinflößende Streitmacht in einem bedrohlich nahen Orbit um die Metallwelt stationiert wurde, unterbrach man den Handel nicht sofort, sondern bestand auf einer Reihe von Besprechungen mit dem Planetenrat, bei denen die Drohungen, Vorwürfe und Forderungen immer empörender und furchteinflößender wurden. Inzwischen trugen die großen Aufzüge weiterhin gigantische Nickeleisenplatten an die Oberfläche, wo sie von Schleppern in einen niedrigen Orbit gehoben wurden, um dort von den Stroppschiffen übernommen und beschleunigt zu werden.

Es wurde auch in der Gegenrichtung in verringertem Umfang Handel getrieben. Während man aus den Oxidspuren in dem abgebauten Metall genügend Sauerstoff gewinnen konnte, um das Vorhandensein des lebenserhaltenden Elements in der wiederaufbereiteten Innenatmosphäre zu sichern, hatte man keine Quelle für den als Verdünnungsmittel notwendigen Stickstoff. Der Stickstoff kam aus zwei Lichtjahren Entfernung im Pendelverkehr in großen Containern, die von Stroppschiffen im System Toroliver beschleunigt und von zwei Fangschiffen abgebremst wurden, wenn sie in der Nähe von Syman auftauchten. Grundnährstoffe für die hydroponischen Gärten, bei deren Lieferung man eine Verzögerung von zwanzig Jahren eingeplant hatte, kamen auf demselben Weg. Den gelegentlichen FTL-Sternenschiffen blieb somit nur die Beförderung der Menschen und der dringender benötigten, empfindlicheren und exotischeren Waren für die Metallwelt.

Von außen war es nicht zu erkennen, aber einer der anfliegenden Container, den die Fangschiffe von Syman einfingen und durch die Schiffskette zu den Aufzugplattformen auf der Oberfläche geleiteten, war ganz anders als die Fanglasten, die normalerweise hereinkamen. Obwohl der Raumtransporter sich ganz nahe an eine der üblichen Frachtflugbahnen hielt, war er nicht zwanzig Jahre lang unterwegs gewesen, sondern nur ein paar Tage, und er kam aus einer Entfernung, die die Scanner der terranischen Kriegsflotte nicht mehr überwachen konnten. Seine zweite Besonderheit war, daß der Transportzylinder nicht flüssigen Stickstoff enthielt, wie es im Ladungsverzeichnis stand, sondern das kleine Transformiererschiff, das man von Lightning gekapert hatte. Es wurde so schnell vom Aufzugsschacht weggeschmuggelt und so geschickt in einem besonders präparierten Bergwerksstollen versteckt, daß die Terraner keinen Anlaß hatten, auch nur Verdacht zu schöpfen, daß ein solches Schiff tief in den Eingeweiden des Planeten verborgen sein könnte.

Mit dem Schiff waren auch eine Menge Kommunikationsgeräte gekommen, und zwanzig Mann, davon acht Techniker aus Wing Ais Laboratorien, ein Kommandotrupp aus elf handverlesenen Soldaten aus dem Zentrum, und Liam Liam. Die meisten der Männer machten etwas grimmige Gesichter, sie waren sich über die Schwierigkeiten und Gefahren, mit denen dieses Unternehmen behaftet war, völlig im klaren. Nur Liam Liam nahm die Spannung und den Druck mit Gleichmut hin, und es hieß, das sei so, weil es für ihn ganz normal sei, immer in höchster Gefahr zu leben.

Für diejenigen, die noch nie zuvor auf Syman gewesen waren, war die Metallwelt ein unerwartet faszinierender Ort. Durch eine kosmische Katastrophe seiner früheren Hülle beraubt, war Syman der massive Metallkern eines weit größeren Planeten. Jetzt war es nur noch ein gigantischer Metallklumpen, in den die Bergleute wie Maden ihre Schächte und Stollen getrieben hatten.

Faszinierend war, daß die Städte, die Wohnungen, die Möbel und praktisch alles, was man auf Syman verwendet oder besaß, aus Nickeleisen gefertigt war. Die Handwerksbetriebe waren mit einer totalen Monotonie konfrontiert worden und hatten sich eifrig mit der Entwicklung von Designs und Lasuren beschäftigt, und die Ingenieure und Architekten hatten sich bei den wundervoll verzweigten und ansprechend gestalteten Höhlen zu wahrhaft genialen Entwürfen aufgeschwungen, so daß man jedesmal, wenn man um eine Ecke bog, neue Ausblicke auf Wunderwerke aus poliertem Metall gewann und noch der sachlichste Raum äußerst kunstvoll gearbeitete und formschöne Gegenstände enthielt. Überall wurden mit Überlegung farbige, importierte Materialien eingesetzt, um die einheimischen Formen zu bereichern, und obwohl Syman vom Schwermetallabbau lebte, hatte man den Eindruck, diese Arbeit vollziehe sich in einem Palast von silbriger, glänzender, orientalischer Pracht.

Liam Liam war weniger an den Wundern des Planeten interessiert als an den Kommunikationseinrichtungen und den Aspekten der Verteidigung. Die großen Aufzugsschächte, die den einzigen Zugang zur Oberfläche bildeten, hatten vielfältige Luftschleusensysteme, die verhinderten, daß selbst winzige Mengen der kostbaren, wiederaufbereiteten Atmosphäre entweichen konnten; und um die Temperaturschwankungen zu vermeiden, die dadurch entstanden, daß Syman sich zwischen seiner Sonne und der Kälte des Weltraums drehte, gab es oberhalb einer Tiefe von zwei Kilometern im massiven Metall keine horizontalen Stollen. In Gesellschaft des Sicherheitsberaters von Syman beendete er seine Inspektion mit der Überzeugung, daß nichts, was schwächer war als ein Planetenkiller, diese Anlage zerstören konnte. Die Aufzugsplattformen selbst waren die Schwachstellen, aber sie waren so gebaut, daß sie hundert Tonnen schwere Metallplatten befördern konnten und sogar ganze Stroppschiffe zu den Reparaturhallen brachten, es waren also supermassive technische Konstruktionen, die allen Anforderungen entsprachen.

Mit der Kommunikation war es schwieriger. Wegen

der Abschirmwirkung der großen Metallmasse des Planeten war es unmöglich, Signale aus Symans Innerem in den Weltraum zu schicken. Im regulären Handelsverkehr benützte man die Planetenkugel selbst als Sende- und Empfangsantenne, und das funktionierte großartig. Es gab jedoch keine Möglichkeit, die Sendeenergie auf einen schmalen Strahl zu reduzieren, wie es Liam vorzog, um seinen Übertragungen die erforderliche Abhörsicherheit zu geben. Dieses Problem war nicht zu lösen, wenn man nicht einen neuen Schacht durch die zwei Kilometer dicke Nickeleisenschicht bis zur Oberfläche bohren wollte. Liam mußte seine Sender schließlich aufstellen, obwohl er wußte, daß alles, was er an die ›Starbucket‹ weit draußen im Weltraum sendete, von der Streitmacht über ihnen überwacht und sogar gestört werden konnte. Das war eine bedenkliche Schwierigkeit, die leicht bedrohlich werden konnte, wenn die Terraner dahinterkamen, worum es sich bei diesen kodierten Daten handelte und sie auf Informationen über ihre eigene Schlacht bezogen.

Liams Kundschafterschiffe meldeten, daß sich das Mutterschiff mit den Transformierern und sein gewaltiger Geleitschutz den Flugbahnen nach Syman näherten. Welche Bedeutung ihr Eintreffen für die Terraner hatte, konnte man daran ablesen, daß sie ihre Flotte in Alarmbereitschaft versetzten und den Stroppschiffen, die bisher ungehindert ihre riesigen Ladungen durch den Orbitalring der Terraner hatten bringen können, ab sofort jede Bewegung untersagten. Die Stroppschiffe durften jedoch weiter draußen im Orbit bleiben, vermutlich, weil man sie, da sie ja unbewaffnet waren und keine Abschirmung hatten, jederzeit vernichten konnten, wenn ihre Anwesenheit störte. Tatsächlich beschlossen die meisten, nachdem sie den hohen Orbit erreicht hatten, sich in den Weltraum zu verziehen. Es entging den terranischen Invasoren, daß die Stroppschiffe, die dageblieben waren, Liams Kameras und

Scanner an Bord hatten; dadurch ergab sich, verflochten mit dem kommerziellen und technischen Geplauder im Funkverkehr mit der Planetenbasis, ein Informationskanal im Multiplexverfahren, durch den Liam die Schiffskette im Orbit weit über ihm aus der Vogelperspektive betrachten konnte.

Wie Liam vorhergesagt hatte, verloren die Terraner keine Zeit und setzten sofort, nachdem das Trägerschiff die Parkbahn erreicht hatte, ein Transformiererschiff ab; durch die Stationierung der verbliebenen Kampfschiffe wurde sichergestellt, daß die Taktik des Guerillakriegs, die Liams kleine Streitmacht früher angewandt hatte, als sie plötzlich aus dem Tachyon-Raum gesprungen war und aus dem Hinterhalt angegriffen hatte, in der Nähe von Syman katastrophal verlaufen würde. Die Terraner lernten schnell und hatten ein gesundes taktisches Urteilsvermögen. Sie hatten alle Winkel so wirkungsvoll abgedeckt, daß Liam ganz leise Zweifel kamen, ob sie wohl auch die Anwesenheit eines zweiten Ionentrupps, der auf seiten von Liams Krieg kämpfte, vorausgesehen haben könnten. Als das terranische Transformiererschiff auf die Oberfläche zustürzte, verstärkte sich seine Überzeugung, daß Eukens Vorstellung einer Liam-Falle alle Chancen hatte, Wirklichkeit zu werden.

20. Kapitel

Um von Terra in den Orbit um Syman zu gelangen, brauchte man mit Tachyon-Raum-Sprüngen dreißig Tage. Absolut und die anderen Offiziere waren schon ziemlich zu Anfang des Flugs mit einer Pinasse auf den begleitenden Kreuzer übergewechselt und hatten nur einen kleinen Wachtrupp zurückgelassen, der für Ordnung sorgen sollte. Die Besatzung des Trägerschiffs schien keine Ahnung zu haben, welche Sicherheitsbestimmungen in der Umgebung einer Ionenbesatzung herrschten, und Dam, der auf diesem Flug keinerlei Aufgaben zu erfüllen hatte, stellte fest, daß er sich überall auf dem Schiff frci bewegen konnte. In Gesellschaft des wildäugigen Satan nützte er die Gelegenheit, das Trägerschiff und auch die beiden Transformiererschiffe in der Schiffsschleuse zu untersuchen. Ein solches Interesse schien weder bei der Besatzung noch bei den Wachen eine Reaktion herauszufordern, sie glaubten vermutlich, er mache sich als Vorbereitung auf den kommenden Einsatz pflichtgemäß mit der Ausrüstung vertraut.

Die beiden Forscher kannten die Ausrüstung im Trainingslager und wußten daher, daß die Transformiererschiffe zu Recht so hießen, da sie kaum mehr waren als Transformationsgeräte mit Hilfseinrichtungen, die man in kleine Raumschiffe, nicht viel größer als die kleinen Pinassen, eingebaut hatte. Die ganze Anlage war so groß und schwer, daß man mit der Kompaktbauweise nur dadurch zurechtgekommen war, weil man den sonst üblichen Tachyon-Raum-Antrieb bei den kleinen Schiffen weggelassen hatte. Das erklärte, warum man sie mit einem Trägerschiff über interstellare Entfernungen befördern mußte.

Satan analysierte die Lage unter dem Aspekt einer Fluchtmöglichkeit. Dam, der als Offizier der Raumarmee aufgrund der Navigationsrisiken, die die Stroppfähre zwischen Syman und Toroliver schuf, schon ein wenig über Syman Bescheid wußte, war weniger optimistisch. Nach Syman zu fliehen, so behauptete er, hieße nur, einen Kerker gegen einen anderen einzutauschen, wenn die Terraner vorhatten, die Metallwelt zu besetzen. Er gab sich seinerseits damit zufrieden, alle Geräte, die ihm begegneten, zu erforschen und zu versuchen, sie zu verstehen, denn er wußte, daß sich solche Hintergrundinformationen als unschätzbar erweisen konnten, wenn er selbst den Zeitpunkt zum Handeln für gekommen hielt.

Da Satan Dam nicht überreden konnte, sich ihm anzuschließen, verließ er ihn und ging zu den anderen Mitgliedern des Ionentrupps, um dort um Unterstützung zu werben. Dam setzte seine eingehende Untersuchung eines Transformiererschiffs und seines Inhalts fort. Schließlich machte er eine Entdeckung, die gleichzeitig logisch und unerwartet war: in einem verschlossenen Schrank fand er nicht nur einen, sondern mehrere der kleinen Impulsgeber, mit denen Absolut sowohl ihren eigenen, wie auch seinen integrierten Ionisierungsmechanismus aktiviert hatte. Er wagte seinem Glück gar nicht zu trauen und untersuchte die Instrumente genau. Sie schienen zu zwei verschiedenen Gruppen zu gehören und waren wahrscheinlich Funk-Aktivatoren mit individuell verschiedenen Frequenzen, wobei jedes Gerätepaar auf ein bestimmtes Individuum eingestellt war. Da jedoch nach den Informationen, die Absolut ihm gegeben hatte, nur sie und er so ausgerüstet waren, schien es ihm nur logisch, anzunehmen, daß zu jedem von ihnen ein Gerätepaar gehörte. Aber welches war das seine?

Er nahm die Funkgeräte vorsichtig heraus, legte sie auf einen Tisch und untersuchte sie nach irgendwelchen Zeichen oder Markierungen, die ihm einen Hinweis auf die Identität der durch das Einschalten betroffenen Person liefern konnten. Wenn er, ohne die Reichweite der Geräte zu kennen, versehentlich das auf Absolut eingestellte aktivierte, dann versetzte er sie möglicherweise vorzeitig in den ionisierten Zustand, während sie sich noch auf dem Geleitschiff befand, diese Möglichkeit war ihm unangenehm bewußt. Dadurch würde er sowohl sein Interesse verraten als auch zweifellos ein ziemliches Donnerwetter auf sich herabbeschwören.

Die Kodierungsmuster auf den Gehäusen sagten ihm gar nichts, aber bei einem war die glänzende Oberfläche etwas matter, als wäre es häufig angefaßt worden; dieses, so entschied er, mußte Absolut gehören. Also wählte er einen Aktivator aus der anderen Gruppe, legte die übrigen in den Schrank zurück, hielt den Atem an und drückte auf den Auslöseknopf.

Die Überführung war schmerzhaft, aber herrlich schnell. Da kein anderes Material zur Verfügung stand, hatte er automatisch die Identität der ihn umgebenden Luft angenommen; in der ionisierten Gestalt eines mattlila Gespensts streifte er im Innern des kleinen Schiffs umher und versuchte sich klar zu werden, was es bedeutete, jederzeit in den ionisierten Zustand eintreten zu können. Er hatte herausgefunden, wie der Zeitmechanismus funktionierte und ließ sich reichlich Zeit zum Experimentieren. Als er jedoch ganz in der Nähe Schritte hörte, schob er den Zeitgeber schnell auf Null zurück und hoffte inbrünstig, die Funktionsprinzipien genügend verstanden zu haben, so daß eine schnelle und sichere Rückkehr in seine normale molekulare Identität gewährleistet war.

Ihm schwirrte noch der Kopf vom Reorientierungsschock, als Absolut durch die Tür kam. Es war so knapp, daß Dam das Gefühl hatte, sie müsse das Ionenleuchten auf dem Weg von der Andockrampe her noch gesehen haben, aber sie zeigte weder Neugier noch Überraschung darüber, ihn in dem kleinen Schiff vorzufinden, und wenn ihr irgend etwas Ungewöhnliches auffiel, so ließ sie es sich nicht anmerken.

»Gut, daß ich dich treffe, Liebhaber! Wir treten in etwa acht Stunden in den Orbit um Syman ein. Ich möchte gern unsere Rolle bei diesem Einsatz mit dir besprechen.«

»Wenn es dir nichts ausmacht, würde ich den Einsatz gerne auslassen.«

Sie warf ihm einen schnellen, spöttisch mißbilligenden Blick zu.

»Es macht mir schon etwas aus, Liebhaber! Wir haben gerade eingehend besprochen, wie der Ionenfeldzug geführt werden soll. Elf Mann plus ein in der alten Technik ausgebildeter Offizier fliegen im normalen Ionisierungsverfahren mit einem Transformiererschiff hinunter. Kurz hinter ihnen, mit Maximaldeckung durch die Flotte, landen wir beide in einer Pinasse, dem Anschein nach als Teil des Nicht-Ionen-Kommandos, das hinterherkommt. Der Ionentrupp schlägt die erste Bresche für uns. Wir behalten unsere normale molekulare Identität, bis wir tatsächlich innerhalb der Anlage sind.«

»Wäre es nicht sicherer, wenn wir gleich mit den anderen in ionisiertem Zustand hinuntergingen?«

»Nicht unbedingt. Wir rechnen nämlich damit, daß sie auf einen ziemlich ausgeklügelten Widerstand stoßen, aber wir wissen noch nicht, von welcher Beschaffenheit er sein könnte. Wir beide sind also eine Ionen-Reserve, von der niemand etwas ahnt, mit Fähigkeiten, wie sie unsere Gegner noch nicht erlebt haben. Unser Eingreifen könnte durchaus entscheidend für die ganze Begegnung sein.«

»Ausgeklügelter Widerstand auf Syman? Weißt du nicht, was Syman ist?«

»Ich weiß genau, was Syman ist. Aber wir haben es

hier nicht nur mit Syman zu tun. Es gibt da eine Guerillagruppe des Zentrums, die eine Reihe besonders schmutziger Tricks auf Lager hat.«

»Guerillas sind nicht für Ionisierung eingerichtet.«

»Diese vielleicht doch. Bis heute haben sie zwei Transformiererschiffe zerstört und ein drittes gekapert. Sie haben ihr besonderes Interesse für diese Technik verraten, als sie zurückgekommen sind und sieben Ionentechniker aus der Flotte um Lightning entführt haben.«

»Und du glaubst, sie setzen auf Syman ihre eigenen Ionentruppen ein?«

»Wir wissen nicht, was sie tun werden, aber Syman wurde als idealer Schauplatz für eine solche Konfrontation ausgewählt, weil sie unter keinen Umständen gewinnen können. Wenn sie glauben, sie beherrschen die Ionentechnik, Liebhaber, dann werden sie jetzt auf schmerzhafte Weise lernen, wie die Sache wirklich aussieht. Und du brauchst auch nicht davonzulaufen, weil du die verrückte Idee hast, du könntest dich der Opposition anschließen. Deine Ionen-Identität wird völlig von mir kontrolliert. Du wirst genauso reagieren, wie man es dir sagt, andernfalls brauche ich nur meinen Finger auf einen Knopf zu legen, um dich schmerzhaft und endgültig auszulöschen. Du kennst mich gut genug, um zu wissen, daß ich sicher nicht zögern würde.«

»Ich liebe dich auch«, sagte Dam bissig und erhob sich, weil er den Eindruck hatte, die Unterhaltung sei beendet.

Absolut hatte sich von ihm abgewandt und beschäftigte sich mit dem Inhalt des Schranks, aus dem er den Impulsgeber genommen hatte. Das fehlende Gerät ruhte jetzt, groß und schwer, wie ihm vorkam, in seiner Tasche, und seiner Schätzung nach war es nur eine Frage von Sekunden, bis sie bemerkte, daß ein Gerät fehlte, und die offensichtlichen Schlüsse zog. Trotzdem zwang er sich, bewußt lässig wegzugehen, aber der wilde Aufschrei, der eigentlich die Entdeckung hätte begleiten müssen, blieb aus.

Die Pinasse mit Absolut, Dam und einem Kommandotrupp an Bord fiel vierzehn Minuten nach dem Start des Transformiererschiffs aus dem Orbit. Die meiste Zeit dazwischen war durch den Flug des Ionentrupps zur Planetenoberfläche in Anspruch genommen worden, und bis zum Start der Pinasse wurde nur sehr wenig Widerstand gemeldet. Während sie selbst hinunterflogen, beobachteten sie aufmerksam auf dem Monitor die Berichte der Ionenleute und verfolgten, wie sie die Steuerung der Aufzüge in die Hand bekamen. Dann hörten plötzlich alle Sendungen auf dem Kanal des Ionentrupps auf.

Die Unterbrechung des Funkverkehrs kam nicht unerwartet. Je tiefer die Angreifer in die Metallkugel eindrangen, desto mehr wurden ihre Ausstrahlungen von der Masse der Metallwelt absorbiert. Man rechnete nicht damit, weitere Nachrichten zu erhalten, bis die Ionenleute die Kontrolle über einen der Hauptsender an sich gebracht hatten, die die Planetenkugel selbst als Antenne verwendeten. Trotzdem war es für die Leute im zweiten Schiff höchst beunruhigend, daß sie über das Schicksal derjenigen, die vor ihnen hinuntergegangen waren, nichts in Erfahrung bringen konnten.

In Raumanzügen sprangen die Insassen der Pinasse in der Nähe einer der großen Aufzugsplattformen auf die Oberfläche von Syman hinaus und rannten auf die Kontrollkuppel des Aufzugs zu, die vom ersten Ionentrupp eingenommen worden war. Ein Ionenkrieger war dazu abgestellt worden, die Plattform zu bedienen, die seine Kameraden nach unten gebracht hatte. Er erzählte den Neuankömmlingen schnell, daß die Plattform, nachdem sie mit dem Ionentrupp nach unten gefahren war, kurz darauf wieder an die Oberfläche gekommen sei und sich danach in keiner Weise mehr hätte steuern lassen.

Es folgte ein Eilmarsch zu den anderen Plattformen in der Nähe, aber sie waren alle ähnlich inaktiv; und so wurden die Neuankömmlinge ausgesperrt und mußten an der Oberfläche bleiben, während die Ionenkrieger in den Metallhöhlen in der Tiefe eingeschlossen waren. Der erste Vorschlag war, man solle eine der Plattformen mit Sprengstoff zerstören und sich unmittelbar zum Schacht selbst Zugang verschaffen. Absolut war es, die darauf hinwies, daß sie nicht darauf eingerichtet seien, einen Abstieg durch einen fünf Kilometer tiefen, senkrechten Schacht zu bewältigen. Schließlich beschloß man, ein Team von Raumingenieuren aus dem Orbit kommen zu lassen, und denen gelang es mit lobenswerter Schnelligkeit und Geschicklichkeit den Aufzug von seinen früheren Bedienungsschaltkreisen zu trennen und eine neue Energieversorgung aus eigenen Generatoren bereitzuhalten. Das dauerte jedoch fast eine Stunde, und während dieser Zeit hörte man von den Männern unter der Erde nichts; es war unverkennbar, daß Absolut wegen der Zeitbegrenzungen, die man in die Modulatorblocks der Ionenkrieger einprogrammiert hatte, um sie bei der Stange zu halten, immer nervöser wurde.

Dam beobachtete das Durcheinander mit verhaltener Schadenfreude, er wußte aber, daß das nur ein einleitendes Kräftemessen war. Wenn man berücksichtigte, daß die Terraner ein etwa tausendfaches Overkillpotential zur Verfügung hatten, um den Planeten zu zerstören, dann war es offensichtlich, daß die Verteidiger zwar ärgerliche Verzögerungen verursachen mochten, daß aber über den Ausgang kein Zweifel bestehen konnte – die Bewohner von Syman konnten unmöglich gewinnen.

Absolut war zwar dem Rang nach nur Major, hatte aber zusätzliche Befugnisse, aufgrund derer sie die übrigen anwesenden höheren Offiziere an Autorität übertraf. Sie entschied, was als nächstes zu tun sei. Sie und Dam würden in Ionen-Identität mit dem umgepolten Aufzug hinunterfahren, während inzwischen eine zweite Plattform auf die gleiche Weise für die regulären Soldaten gebrauchsfähig gemacht werden sollte. Ihre Begründung war einfach: der erste Aufzug, der hinabfuhr, mußte sicher mit einem sehr heißen Empfang rechnen, den nur Leute in Ionen-Identität überleben konnten. Sobald sie durch waren, würden sie den unteren Ausgang des zweiten Lifts sichern, so daß die regulären Soldaten eindringen konnten, ohne in eine Falle zu laufen. Inzwischen wurden weitere Soldaten aus dem Orbit herunterbeordert, um den so errungenen Vorteil weiter auszubauen.

Voll böser Vorahnungen durchlief Dam die Ionisierungs-Transformation und trat zu Absolut auf die Aufzugsplattform. Zwischen sich hatten sie ein kleines Arsenal von Strahlenwaffen, mit denen sie der Falle, in die sie jetzt hinunterfuhren, begegnen wollten. Hier sah Dam sich gezwungen, Absoluts Zuversicht und Mut zu bewundern, und ihre feste Überzeugung, daß sie beide allein dem Kampf die entscheidende Wendung geben und das Ionenteam retten konnten, was immer ihm zugestoßen war. Er sah jedoch ein, daß zwei ausgebildete Ionenkämpfer in einer solchen Situation mehr wert sein konnten als ein ganzes Regiment konventioneller Soldaten. Diese Tatsache wurde grauenhaft deutlich, als eine Aufzugplattform, die nicht unter direkter Beobachtung gestanden hatte, unauffällig hinunterfuhr und mit einer Sprengbombe an die Oberfläche zurückkehrte, die die meisten der Soldaten tötete, die schon oben eingetroffen waren.

Nachdem sich die verbliebenen Männer vom Schock erholt hatten, sammelten sie sich und gingen an die eminent wichtige Aufgabe, den ›umgepolten‹ Aufzug zu beschleunigen, in dem sich die unerschütterliche Absolut und der äußerst besorgte Dam befanden. Während sie durch den großen Schacht aus poliertem Metall nach unten sanken, studierte Dam Absolut und fragte sich, ob sie wohl ähnliche Gefühle hegte wie er, aber ihr Gesicht drückte nur ihre dominierende, unausgesprochene Erregung aus und, sonderbarerweise, einen Hauch von Triumph.

Widerwillig machte Dam seine Waffen bereit, denn er wußte, daß es, ganz gleich, wo seine persönlichen Sympathien lagen, für ihn nur eine Möglichkeit gab, zu überleben, er mußte auf alles schießen, was am Fuß des Schachts auf ihn warten mochte. Sicher war, daß Absolut selbst ihn töten würde, wenn er auch nur einen Augenblick zögerte, den blutigen Auftrag auszuführen. Nicht, daß ihm sein eigenes Leben so kostbar gewesen wäre, aber er wußte jetzt so viel und verfügte über einen integrierten Ionisierungsmechanismus, und wenn er in Zukunft Terras Pläne vereiteln wollte, so mußte er am Leben bleiben, um sein Wissen ins Zentrum bringen zu können. Wenn er jetzt, um sein Leben zu erhalten, ein paar Verbündete töten mußte, so war das ein Mißgeschick, das man gegen den größeren Nutzen am Ende aufrechnen mußte. Trotzdem lag ihm der Gedanke daran schwer im Magen, und sein einziger Trost war das beruhigende Gewicht des gestohlenen Impulsgebers, der in der Tasche seines Overalls ruhte.

21. Kapitel

Eine der bemerkenswerteren technischen Errungenschaften aus dem Zentrum war die Entwicklung der Stroppnetze, mit denen man hundert Tonnen schwere Platten grob behauenes Nickeleisen aus dem Orbit um Syman einfangen, auf ein Zehntel Lichtgeschwindigkeit beschleunigen und auf eine exakte Flugbahn für einen zwanzig Jahre dauernden Flug durch den Raum bringen konnte. Kein Stahl konnte die Zugbelastung aushalten, unter der ein Raumstropp stand, man hatte daher ein raffiniertes Mischprodukt konzipiert. Im Zentrum jeder Strähne befand sich ein feiner Metallfaden, den man so hoch verdichtet hatte, daß die Atome zerlegt und die Elektronen und Atomkerne, aus denen sie bestanden, zu einer Materie zusammengepreßt wurden, die fast so komprimiert war wie bei einem weißen Zwerg. Um diesen unglaublichen Faden herum, von dem, soweit man wußte, noch nie ein Stück gerissen war und der allein achtzig Prozent des Netzgewichtes ausmachte, hatte man eine Hülle aus Raummetall gezogen, die die Reibung und die Belastungen, die bei dieser Aufgabe entstanden, selbst in der Kälte des Weltraums aushielt. Zahlreiche Strähnen dieses Mischprodukts waren zu Seilen zusammengedreht worden, und aus den Seilen wurden die großen Netze geknüpft, die die kosmischen Stropps ergaben. Auf Syman gab es Stroppnetze in ausreichender Menge.

Nachdem der Ionentrupp eine der Aufzugplattformen in seine Gewalt gebracht hatte, war er zwei Kilometer weit hinabgefahren bis zur ersten Ebene und hatten sie durch die Luftschleusen betreten, ohne auf Widerstand zu treffen. Die Männer befanden sich in einem breiten Metallstollen mit Schienen auf dem Boden, die verrieten, mit welchen Mitteln die Nickeleisenblöcke aus dem Innern des Planeten zu den Aufzugplattformen transportiert wurden. Der Stollen war leer, und obwohl er hell erleuchtet war, war es zweifelhaft, ob die Ionenkämpfer überhaupt auf die Idee kamen sich zu fragen, was das über die gesamte Decke gezogene Stroppnetz zu bedeuten hatte. Auf jeden Fall fühlten sie sich nicht unmittelbar gefährdet, als sie, die Waffen im Anschlag, in geordnetem Zug vorrückten und sichernd in die hellen Metallgänge blickten, die vom Stollen abzweigten. Sie hatten annähernd die Hälfte des Weges zu ihrem ersten Ziel zurückgelegt, als die Sprengbolzen, die das große Stroppnetz an der Decke festhielten, gleichzeitig gezündet wurden, das schwere Metallgeflecht auf sie herunterfiel und sie zudeckte.

Das Bruttogewicht des Netzes war so groß, daß die Männer, hätten sie sich nicht in ionisiertem Zustand befunden, augenblicklich zerquetscht worden wären. Durch die Elastizität der Energiehüllen, in denen ihre Identität eingekapselt war, wurde sichergestellt, daß die meisten von ihnen am Leben blieben, auch wenn sie durch das enorme Gewicht hilflos zu Boden gedrückt wurden. Da die Energiehüllen dabei verformt wurden, litten sie jedoch echte Qualen, und der Schmerz ließ auch nicht nach, solange der Druck nicht weggenommen wurde.

Plötzlich wurde der Stollen mit Schall überflutet, eine Stimme sprach langsam zu ihnen, so verstärkt, als wolle sie die Trompeten des Jüngsten Gerichts nachäffen.

»Ionenkrieger, ihr habt eine einfache Wahl. Jeder von euch ist auf destruktive Rückumwandlung programmiert, wenn er sich nicht innerhalb der gesetzten Frist zurückmeldet, um in seine normale Identität transformiert zu werden. Wir sind durchaus bereit, euch zu lassen, wo ihr seid, bis diese destruktive Rückumwandlung stattfindet, verstanden?«

Schweigen hatte sich über die Gefangenen gesenkt, sie lauschten, was nun wohl folgen würde.

»Aber es gibt noch eine zweite Möglichkeit. Die meisten von euch stammen aus den Kolonien im Zentrum und wurden von Terra in seinen Dienst gezwungen. Wir sind bereit, diese mit Hilfe unseres eigenen Transformierers zu retten. Der Preis dafür ist, daß diejenigen, die wir aufnehmen, sich bereit erklären, in Liams Krieg zu kämpfen anstatt in Terras Krieg. Wer immer mit uns zu kooperieren wünscht, sollte sofort versuchen, irgendein Zeichen zu geben.«

Die verformten Männer auf dem Boden reagierten augenblicklich, ein ganzer Wald von Gliedmaßen streckte sich durch das Geflecht. Nur der kommandierende Offizier bekundete Ablehnung. Mit übermenschlicher Anstrengung gelang es ihm, seine Position zu verändern, und er schoß mit einem starken Laser um sich, um die Lautsprecher zu zerstören und das Netz aufzuschneiden, das ihn festhielt.

Aus den Seitengängen kam ein halbes Dutzend seltsam gekleideter Männer, ebenfalls in Ionen-Identität, mit offensichtlich improvisierten Modulatorblocks in den Stollen. Der Offizier richtete seinen Laser auf sie, aber natürlich ohne Erfolg; sie kamen unbeschadet auf ihn zu. Jeder trug ein großes Stück grob behauenen Nickeleisens – und als sie die Stücke auf ihn niederfallen ließen, hörten seine Bewegungen rasch auf.

Die fremden Ionenkrieger untersuchten den im Netz gefangenen Haufen, lösten die Waffen aus dem Geflecht und setzten Winden in Betrieb, mit denen sie das Netz an einem Ende anhoben und die Eingeschlossenen einen nach dem andern herausholten. Sie schleppten diejenigen, deren Energiehüllen nur langsam in die ursprüngliche Form zurückkehrten, weg und verluden alle auf kleine, automatische Wagen, die durch die Tunnel davonrasten, um die Leute zur Rückumwandlung in ihre molekulare Identität zu bringen. Sie wurden von

Liam Liam einer schnellen und zermürbenden Musterung unterzogen.

Warnsignale zeigten an, daß die Aufzugplattform erneut auf dem Weg nach unten war. Liams Ionenkrieger hielten mit ihrer Tätigkeit inne und bezogen Posten um die Luftschleuse des Aufzugs herum. Nachdem man von allen Mitgliedern des terranischen Ionenteams wußte, wo sie waren, konnte man vernünftigerweise davon ausgehen, daß die Plattform diesmal nur herkömmliche Soldaten herunterbringen würde. Liams Ionenkrieger eröffneten das Feuer, noch ehe sich die Dichtungen der Luftschleuse geöffnet hatten, und sie hörten nicht auf zu schießen, bis ihnen klar wurde, daß die beiden Gestalten, die unversehrt durch das mörderische Strahlenfeuer kamen, Ionenkämpfer einer ganz anderen Kategorie waren.

Die erste Gestalt war eine Frau, und sie bewegte sich mit einer Schnelligkeit und einer Geschicklichkeit, die man in ionisiertem Zustand für unmöglich gehalten hätte. Sie sprang buchstäblich mit einem Satz direkt in eine Gruppe geisterhafter Verteidiger hinein, schleuderte sie mit physischer Kraft auseinander und begegnete ihrer unnatürlichen Schwerfälligkeit mit einer solch geübten, brutalen Gelenkigkeit, daß die Verteidiger bestürzt zurückwichen. Ihr Begleiter wurde zwar nicht von der gleichen, tödlichen Begeisterung getrieben, nahm aber eine ähnlich bedrohliche Haltung ein; zwei Minuten später beherrschten die Neuankömmlinge das Feld. Verblüfft wichen Liams Ionenkrieger in die Korridore zurück, während die unglaubliche Geisterfrau, Triumph und Verachtung im Gesicht, mitten in den Stollen trat und mit lauter, klarer Stimme rief:

»Liam Liam?«

»Ich höre, verstanden?« Liams Stimme kam über die Lautsprecher, aber diesmal hatte sie die Aura der Allmächtigkeit verloren.

»Zeigen Sie sich! Ich muß mit Ihnen reden.«

Stille trat ein, eine Weile schien sich nichts zu tun, dann erschien vor den beleuchteten Wänden am Eingang eines Tunnels Liam Liam, die huschenden Lichtreflexe verstärkten noch die Häßlichkeit seiner Gesichtszüge.

»Sie hätten nicht herkommen sollen«, sagte Absolut unverblümt. »Sie haben Ihre Trümpfe zu früh ausgespielt, und am falschen Ort. Der Konflikt mit Syman hatte nur den einen Zweck: herauszufinden, ob sie sich inzwischen die Einrichtungen zur Ionisierung beschafft hatten, und wenn ja, sie zu zerstören. Die Flotte wartete nur auf einen einzigen Beweis, daß Sie das tatsächlich erreicht haben, dann wird sie sich entfernen und Syman in eine Sonne verwandeln. Nichts wird übrigbleiben.«

»Und was soll ich tun?«

»Wenn Syman bedingungslos kapituliert, ist der Planet vielleicht zu retten. Aber Ihre Ionenmannschaft ist eine offene Bedrohung für jede friedliche Regelung. Wenn Syman nicht vernichtet werden soll, muß es einen Beweis geben, daß diese Bedrohung ausgeschaltet wurde.«

»Und wie stark müßte dieser Beweis sein, um akzeptiert zu werden?«

»Die Köpfe würden genügen. Sie könnten alle Ihre Männer in ihre molekulare Identität zurückführen und sie hierherbringen. Ich werde sie persönlich hinrichten. Oder ...«

»Oder was?«

»Wenn Sie ein Schiff haben, könnten Sie versuchen, damit in den Weltraum zurückzukehren. Wenn man bedenkt, womit die Flotte auf Sie wartet, besteht nur eine geringe Chance, daß Sie es lebendig schaffen, aber wenigstens wird der Planet selbst dann nicht mehr durch ihre Anwesenheit gefährdet.«

»Ist das eine Garantie für die Sicherheit von Syman?«

»Nein. Nur die Wahrscheinlichkeiten werden damit

beeinflußt. Aber es wäre der einzige, positive Faktor in der gesamten Entscheidungskette.«

»Dann bleibt mir kaum eine andere Wahl, verstanden?« Aufflackernde Alarmsignale zeigten an, daß eine zweite Plattform die Oberfläche verlassen hatte. »Aber ich werde etwas Zeit brauchen, um das Fahrzeug in den Aufzug zurückzubringen.«

»Wenn Sie sonst nichts brauchen«, sagte Absolut. »Zeit kann ich Ihnen vielleicht verschaffen.«

Liam salutierte und rannte in den Tunnel zurück, aus dem er gekommen war. Absolut sah sich die Alarmsignale an, orientierte sich und wählte einen Weg zum Ausgang des Aufzugs, der gerade herunterkam. Dam folgte ihr, und sie postierte ihn direkt vor die Schleuse, durch die der Kommandotrupp kommen mußte.

»Du weißt, was du zu tun hast, Liebhaber?«

»Ich soll sie in Schach halten«, sagte Dam.

»Nein, du verdammter Dummkopf! Du sollst sie töten!«

»Töten ...?«

»Wie, zum Teufel, soll Liam Liam sonst genug Zeit finden, um sein Schiff vom Planeten wegzubringen? Wenn diese Soldaten durchkommen, gibt es einen Kleinkrieg auf Leben und Tod. Und wenn das Oberkommando erfährt, daß es hier unten eine Transformierungseinrichtung gibt, können sie gar nicht anders, als Syman in eine Nova zu verwandeln – und du und ich sind mit dabei. Glaube nur ja nicht, daß die sich die Mühe machen werden, ihre eigenen Leute vorher rauszuholen. Wir sind auf jeden Fall entbehrlich.«

Dam suchte sich die passenden Waffen aus und übte, mit einem weiten Schwung den Eingang zur Schleuse zu sichern. Neben ihm stand Absolut, die Waffe im Anschlag, aber so gespannt wie eine Raubkatze auf der Jagd, und wartete, bis sich die Luftschleuse aufdrehte. Als sich die großen Türen öffneten, fegte ein mörderischer Hagel von Schüssen heraus, die Soldaten, die nicht wußten, was für ein Empfang sie erwartete, wollten sich den Weg aus dem Aufzug freischießen. Sie hatten kein Glück. Ohne daß die terranischen Waffen ihnen etwas anhaben konnten, eröffneten Dam und Absolut das Feuer. Bald lagen der Aufzug und die Tunneleingänge voll von grotesk verdrehten Leichen. Dam und Absolut mußten erst die toten Gliedmaßen von den Türen wegschieben, ehe sie die Schleuse schließen und den Aufzug erreichen konnten; sie wollten versuchen, sich mit Hilfe der Pinasse, die sie auf der Oberfläche zurückgelassen hatten, in den Weltraum zu retten.

Die Motoren von Liams Schiff liefen schon, während der Aufzug noch nach oben fuhr. Im selben Augenblick, in dem die Plattform die Oberfläche erreichte, schwang sich das kleine Transformiererschiff in den Himmel und versuchte verzweifelt, das Netz rachsüchtiger Raumschiffe zu durchdringen, das über ihm aufgespannt war.

Die terranische Flotte hatte jedoch selbst ihre Probleme. Erst war der Befehl gekommen, auf Abstand von Syman zu gehen, falls es notwendig werden sollte, die Metallwelt in eine Nova zu verwandeln. Kaum hatte die Flotte zu manövrieren begonnen, da schienen sich die Anflugzonen mit großen, hundert Tonnen schweren, fliegenden Metallbrocken zu füllen; die Stroppschiffe von Syman hatten Verstärkung von Toroliver bekommen, und beide Gruppen versuchten gemeinsam, einen beträchtlichen Teil des in den letzten Monaten verteilten Materials abzufangen und in die Nähe des Orbits um Syman zurückzubringen.

Obwohl die abgeschirmten Kreuzer durch die trägen, fliegenden Metallplatten nicht unmittelbar gefährdet waren, blockierten die fliegenden Objekte die Detektoren und Scanner der automatischen Geschütze, und wenn die Platten von Raketen zerrissen wurden, vergrößerten sich durch die Bruchstücke nur die Navigationsprobleme, und es wurde noch häufiger Alarm ausgelöst. Der Abschnittskommandant sah sich nicht in der

Lage, in Gegenwart von Millionen Tonnen von großen Nickeleisensplittern, die mit jeder nur vorstellbaren Geschwindigkeit und aus allen Winkeln herangeflogen kamen, eine sichere Parkbahn beizubehalten und ordnete den Rückzug auf einen festgelegten Treffpunkt im Weltraum an.

Als sich die Streitmacht zurückzog, faßte der Abschnittskommandant den Entschluß, Syman vom Weltraum aus zu eliminieren. Zwei Todesschiffe schossen herab, um ihre Ladung abzuwerfen: umgepolte Atomkerne katalysierten eine atomare Reaktion, die in genau entgegengesetzter Richtung verlief wie die Entstehung schwerer Stoffe aus elementarem Wasserstoff. Ein Todesschiff machte beim Anflug einen Fehler; einen Moment später wurden beide Schiffe von der großen, sich ausdehnenden Kugel einer neugeschaffenen Miniatursonne verschlungen, die ganz plötzlich da leuchtete, wo vorher die Metallwelt Syman gewesen war.

Das kleine Transformiererschiff mit Liam Liam, seiner ursprünglichen Besatzung und einem Trupp auf Terra ausgebildeter Ionenkrieger an Bord machte sich die geteilte Aufmerksamkeit der Flotte zunutze, raste mit selbstmörderischem Tempo durch die Schuttfelder im Weltraum und war nach Kräften bemüht, einen Vorsprung vor den ausgreifenden Flammenzungen der Minisonne zu behalten. Liam hielt ein wachsames Auge auf die Strahlungsschutzschirme, die allein das Schiff vor biologischer Sterilisierung schützten, und blieb völlig ruhig. Um ihn herum standen die Leute immer noch unter Schock wegen der willkürlichen Zerstörung Symans, aber Liam hatte den Verlust des Planeten längst akzeptiert. Er hatte bei dem Vorfall auf Syman so viele erfahrene Ionenkämpfer erbeutet, daß er, falls erforderlich, eine ganze Armee ausbilden konnte; in diesem kritischen Bereich würde er es Terra bald gleichtun. Zu seiner früheren Verbissenheit gesellte sich jetzt Hoffnung.

22. Kapitel

Absoluts Plan war es gewesen, mit höchstmöglicher Geschwindigkeit das Mutterschiff anzufliegen, sobald sie die Pinasse erreicht hatten. Während sie auf ihr Ziel zugerast waren, hatte man sie an den Funk gerufen, um die Fragen des Abschnittskommandanten zu beantworten, und Liam war nicht sehr überrascht, als, kurz, nachdem sie das Trägerschiff erreichten, der Befehl durchkam, auf Abstand zu gehen.

Da Dam alle seine Ionengefährten verloren hatte, nahm er jetzt eine Sonderstellung ein und war weder an fliegerischen Aufgaben noch an irgendwelchen Kämpfen beteiligt. Er nützte die Gelegenheit, um auf das Navigationsdeck zu gehen, denn von dort aus konnte er den Ausgang des Syman-Feldzugs beobachten. Die Navigationsbesatzung beachtete ihn nicht, da sie voll damit beschäftigt war, das Schiff in einem komplizierten Manöver in den weiter entfernten Orbit zu steuern, dabei aber dicht am Rest der Flotte zu bleiben. Die Operation wurde noch riskanter, als unerklärlicherweise in den Anflugzonen ein heftiger Schauer aus Metalltrümmern auf sie zukam, der die automatischen Alarm- und Artilleriesysteme im Nu überlastete. Während die Trümmer selbst nur ein geringes Risiko darstellten, erhöhten die unmotivierten Schüsse der meteorzerstörenden Kanonen zwischen so vielen Schiffen auf engem Raum die Gefahr in einem Maße, das in einer reinen Routinesituation nicht akzeptabel war, und so traf logischerweise bald darauf der Befehl ein, sich an einem weit im Weltraum gelegenen Treffpunkt neu zu formieren.

Absolut war ebenfalls auf das Navigationsdeck gekommen, um zu verfolgen, wie der Kampf weiterging, und Dam beobachtete sie ebenso aufmerksam wie die Bildschirme, auf denen die Vorgänge draußen im Weltraum zu sehen waren. Etwas an ihrem Wortwechsel mit dem Mann namens Liam Liam hatte sein Interesse geweckt. Er hatte das sonderbare Gefühl, daß die beiden sich von früher kannten, und daß ihr Entschluß, Liam entkommen zu lassen, mehr war als ein Schachzug, um ihre eigene Rettung zu sichern.

Auf den Bildschirmen überstürzten sich inzwischen die Ereignisse, und es war nicht leicht, die Einzelheiten zu verfolgen, aber aus eigener Kampferfahrung nahm er an, daß es Liam Liams kleinem Schiff in der allgemeinen Verwirrung gelungen war, zu entkommen. Wenn Absolut dieselben Ereignisse ebenso genau verfolgte wie er, mußte sie eigentlich zum gleichen Schluß gekommen sein, aber ihrem Gesicht war nichts anzumerken. Sie schien vielmehr mit leichter Besorgnis abzuwarten, was nun folgen würde.

Der Faktor, der gleichzeitig Zorn und Erleichterung in ihre Augen treten ließ, war das sonnenhelle Auflodern, mit dem Syman zur Nova wurde. Als sich die Bildschirme schützend verdunkelten, erhob sie sich, als sei damit diese Episode beendet, und ging an Dam vorbei, anscheinend ohne ihn zu bemerken. Obwohl Dams Aufmerksamkeit durch das gewalttätige Spektakel draußen gefesselt war, kam der Zerstörungswille, den er wahrnahm, nicht von dem Toben auf den Bildschirmen, sondern daher, daß er plötzlich die Erregung deuten konnte, von der Absolut ergriffen war. Er erinnerte sich plötzlich an die Gruppe terranischer Soldaten, die sie am Fuß des Aufzugs niedergeschossen hatten, und verstand genau, warum sie über die Vernichtung von Syman Erleichterung gezeigt hatte. Absolut hatte Liam Liam und einem ganzen Ionentrupp die Flucht ermöglicht, und durch den Untergang von Syman waren sowohl dafür wie für das darauffolgende Massaker unter den Soldaten alle Beweise vernichtet worden. Aus irgendeinem Grund war es Dam vorher nicht zu Bewußtsein gekommen, daß auch sein Schicksal von der Zerstörung Symans abgehangen hatte. Er kam jedoch nicht dahinter, wieso das Ereignis sie in Wut versetzt hatte.

Ohne Ionenbesatzung war das noch in der Schleuse stehende Transformiererschiff nutzlos, und das Mutterschiff war für den Rest der Flotte, ganz gleich, welche Aufgabe ihr nun zugeteilt wurde, eine Belastung. Nachdem es kurz den Treffpunkt angeflogen hatte, wurde es daher nach Terra zurückbeordert, und diesmal stellte man ihm das große Geleitschiff nicht zur Verfügung. Infolgedessen gab es kein zweites Schiff, auf dem Absolut reisen konnte, wie auf dem Herweg; sie wurde daher auf dem Trägerschiff untergebracht.

Dam wollte Absoluts rätselhaftes Verhalten auf Syman genauer ergründen. Er studierte sie, wann immer es möglich war, und bemühte sich, zu allen Zeiten zu wissen, wo sie sich aufhielt. Warum er das tat, war ihm nicht ganz klar, aber es gab eben eine Menge ungelöster Fragen, zu denen sie offenbar den Schlüssel hatte; und er hoffte, daß durch Worte, Taten oder Schlußfolgerungen ein weiteres, kleines Puzzlestück an seinen Platz fallen würde.

Trotz seiner Wachsamkeit wurden seine Fragen schließlich auf unerwartete und möglicherweise gefährliche Art beantwortet, und zwar in einer der Situationen, wo er ihre Absichten falsch eingeschätzt hatte. Er hatte seine Freizeit dazu benützt, das noch in der Schleuse stehende zweite Transformiererschiff zu untersuchen und sich eingehend mit den Mechanismen vertraut zu machen, daß er ein solches Schiff für das Zentrum nachbauen konnte, falls sich dazu jemals eine Gelegenheit bieten sollte. Er hatte zwar die theoretischen Grundlagen der Transformierung klar im Kopf, kannte aber viele der wichtigen, technischen Einzelheiten nicht. Zu diesem Zweck hatte er sich in voller Lebensgröße in eine enge Nische oberhalb der eckigen

Spiralen des Transformierungsgeräts gezwängt, um einige Anschlüsse genauer zu untersuchen. Als er sich jedoch über die rauhe Oberfläche zog, trat Absolut unerwartet durch die Schiffsschleuse ein und ging, ohne seine Anwesenheit zu bemerken, zu dem Schrank, aus dem er den Impuls-Aktivator gestohlen hatte.

Dam erstarrte und hielt den Atem an; er hoffte, daß seine Herzschläge für sie nicht so laut waren wie für ihn und wartete nervös in unbequemer Haltung ab. Die Stellung, in der er sich befand, war schmerzhaft, er rutschte ein wenig zurück, um die Verkrampfung zu lockern – und da geschah es. Der Impulsgeber in der Tasche seines Overalls rutschte heraus, fiel durch die Spirale und klapperte laut auf das Deck unter ihm.

Ob sie den Gegenstand tatsächlich fallen sah, konnte man nur vermuten, aber sie hob ihn erschrocken auf, warf einen nachdenklichen Blick auf den Schrank, aus dem er stammte, und wirbelte herum, die Elektronenpistole in der Hand.

»Komm heraus, wer immer du sein magst, sonst verbrenne ich dich da, wo du bist!« Ihre Haltung verriet deutlich, daß sie Dams Versteck genau erschlossen hatte.

»Nicht schießen, Absolut! Ich komme herunter.«

»Liebhaber!« Die Erleichterung in ihrer Stimme war ebenso überraschend wie unverkennbar, die Elektronenpistole wurde gesenkt. »Verdammt, mach, daß du da rauskommst!«

Dam wälzte sich von der Spule herunter und ließ sich auf den Boden fallen. »Absolut, ich ...«

»Gib das besser nicht aus der Hand, Liebhaber!« Mit einer schnellen Bewegung gab sie ihm das Impulsgerät zurück. »So, wie die Sache läuft, werden wir jeden Vorteil brauchen, den wir ergattern können.«

Er hatte den Verdacht, daß sie ihn quälen wollte, aber in ihrem Gesicht stand keine Spur von Spott. »Du meinst ...«

»Ich meine, für uns beide läuft die Zeit ab. Der Abschnittskommandant kann nicht *beweisen,* was auf Syman geschehen ist, aber er ist höchst mißtrauisch. Glücklicherweise kennt er sich mit den Einzelheiten der Transformierung nicht aus und weiß nichts von den Impulsgeräten. Ich stehe unter Arrest, bis das Schiff auf Terra landet, und du sollst als Zeuge festgehalten werden. Da ich ihre Verhörmethoden kenne, bleibt uns nur noch eine Möglichkeit.«

»Und die wäre?«

»Flucht. Sobald dieses Schiff irgendwo mit irgend etwas Kontakt bekommt, nehmen wir Ionen-Gestalt an und versuchen uns durchzuschlagen. Lieber kämpfend zugrundegehen, als zum Verhör gebracht werden.«

In einem schwindelerregenden Schwall fielen die Puzzlestücke in Dams Kopf zusammen und eröffneten ihm faszinierendere Ausblicke, als er je zu hoffen gewagt hatte. Er ging der absurden Gedankenspielerei nach, Absolut stamme selbst aus dem Zentrum, eine Vorstellung, die plötzlich erklärte, warum unter ihrer Leitung nur Leute aus den Kolonien das Training hatten überleben können, und warum sie Liam Liam ermahnt hatte, er habe seine Trümpfe zu früh und am falschen Ort ausgespielt. Es drängte ihn, die Frage zu stellen.

»Stammst du auch aus den Kolonien?«

»Von Castalia, genau wie du. Warum, glaubst du, hat man dich geschickt, um mir zu helfen?«

»Geschickt ...?« Dam verfolgte die verwickelten Umstände zurück, die ihn in diese Situation geführt hatten – und war am Ende immer noch völlig durcheinander.

»Du wurdest für dieses Projekt mit aller Sorgfalt ausgewählt, Liebhaber. Fast dazu erzogen, würde ich sagen. Ich glaube, Vater hat seinen Blick für Menschen noch nicht verloren.«

»Wer ist dein Vater?«

»Senator Anrouse. Kennst du ihn?«

»Ich bin ihm nur einmal begegnet, aber man sagte mir, er habe großen Einfluß auf meine Karriere gehabt.«

»Der alte Fuchs, der im Hintergrund bleibt und an den Fäden zieht. Er ist ein sehr engagierter Mensch.«

»Das muß er wohl auch sein, wenn er zuläßt, daß seine Tochter das tut, was du die ganze Zeit über getan hast.«

Plötzlich hörten sie, wie jemand die Tür zur Schiffsschleuse öffnete, und wie schwere Schritte über die Laufstege zu dem auf der Rampe stehenden Transformiererschiff herunterkam. Absolut schaute nervös um sich.

»Die sind schon zu mißtrauisch. Sie dürfen mich hier nicht finden.« Sie suchte nach einem Versteck, aber es gab, außer oben auf den Transformierungsspulen, keine Möglichkeit, sich zu verbergen, und sie hatte keine Zeit mehr, sich in die enge Nische zu zwängen, aus der Dam gekommen war.

Dam faßte einen schnellen Entschluß. »Wenn wir schon nicht verbergen können, wo du dich aufhältst, können wir doch wenigstens verschleiern, warum.«

»Was?«

Statt einer Antwort riß er sie in eine lange, leidenschaftliche Umarmung, der sie sich, nach anfänglicher Überraschung mit einer Begeisterung hingab, die nicht nur mit der Dringlichkeit der Situation zu erklären war. Hinter Dam öffnete sich die Schleusentür, Schritte kamen näher, zögerten und entfernten sich dann, fast schwungvoll, als amüsierte sich derjenige, der sie angetroffen hatte. Dam spürte wieder das leichte Metallgeflecht unter ihrer Haut, aber diesmal wurde dadurch alles pikanter, und es erhöhte sein Interesse eher, als daß es ihn abstieß. Sie waren ganz eindeutig vom gleichen Schlag, und schon jetzt waren sie enger miteinander verbunden, als es bei den meisten Paaren möglich war. Es dauerte lange, bis sie sich endlich voneinander lösten.

»Wer war da reingekommen?« wollte Dam schließlich wissen.

»Dug Rette, der Sicherheitsoffizier des Schiffs. Er ist dafür verantwortlich, daß ich auf Terra den Behörden überstellt werde.«

»Haben wir ihn täuschen können?«

»Wir wollten doch gar niemanden täuschen, Liebhaber. Das war echt! Als ich deinen Rufnamen ausgesucht habe, war ich klüger, als mir bewußt war.«

»Da wir gerade von Rufnamen sprechen, wie heißt du wirklich, Absolut?«

»Du wirst es nicht glauben, aber ich wurde auf den Namen Absolut Anrouse getauft.« Sie knöpfte ihre Uniformbluse wieder zu, und als sie sich abwandte, hatte sie ein neues Ziel, sie ging auf den Schrank zu, in dem die Impulsgeräte aufbewahrt wurden. Sie nahm eines heraus, untersuchte es und schüttelte dann erschrocken den Kopf.

»Was ist?« fragte Dam.

Sie deutete auf eine Einzelheit auf dem Gerät, die so klein war, daß Dam sie aus der Entfernung nicht sehen konnte. Dann drückte sie auf den Testknopf und wartete auf das Anzeigelicht. Es blieb dunkel. Nachdenklich und beunruhigt drückte sie auf den Transformierungsschalter und wartete mit ängstlich angehaltenem Atem. Die erhoffte Transformierung in den ionisierten Zustand fand nicht statt. Mit wachsender Besorgnis warf sie das Impulsgerät in den Schrank zurück und ergriff ein anderes und noch ein weiteres, aber keines funktionierte.

»Diese Hunde!« Zorn und Schrecken standen ihr ins Gesicht geschrieben. »Sie sind uns zuvorgekommen. Haben alle Geräte manipuliert.«

»Meines funktioniert noch«, sagte Dam. »Wenigstens hat es bisher funktioniert.«

»Wann hast du es genommen?«

»Lange bevor wir auf Syman gelandet sind.«

»Das ist es also! Seitdem hat jemand an den Geräten, die wir auf Syman verwendet haben, und an allen Ersatzgeräten herumgepfuscht. Das einzige, das ihnen entgangen ist, war das, das du genommen hattest.«

»Können wir es nicht für uns beide verwenden?«

»Nicht, ohne die Anschlüsse weitgehend zu verändern. Die Geräte sind genau auf die verschiedenen Modulatorimplantate eingestellt.«

»Soll das heißen, daß wir uns nicht freikämpfen können?«

»Ich nicht. Du mußt es tun! Um Himmels willen, du mußt aus jeder Chance, die du bekommst, das Beste machen!«

»Selbst wenn das bedeutet, daß ich dich zurücklassen muß?«

»Liebhaber, wenn ich nicht fliehen kann, hat keiner von uns beiden etwas davon, wenn du bei mir bleibst. Du mußt versuchen, Liam Liam zu erreichen. Zeig ihm, wie die nächste Phase im Ionenkrieg wahrscheinlich aussehen wird, denn mit seiner alten Taktik hat er nicht mehr Chancen als eine Schneeflocke in der Hölle. Du trägst die Zukunft des Zentrums unter deiner Haut. Du mußt um jeden Preis lebendig ins Zentrum zurück.«

»Ich begreife nicht, warum wir nicht mit Liam Liam gegangen sind, als wir ihn auf Syman trafen«, sagte Dam verbittert.

»Das war nicht möglich. Wenn wir nicht die Soldaten im Schacht aufgehalten hätten, wäre auch Liam nicht davongekommen. Wir hätten alle unseren kleinen Beitrag zu dieser Nova geleistet. So ist das eben in so einem verdammten Krieg.«

23. Kapitel

Das Manöver während des Lightning-Feldzugs, als Liam Kommunikationsschiff in die FTL-Senderkette der Terraner eingeschleust worden war, war in vieler Hinsicht nützlich gewesen. Ein Vorteil war, daß man per Computer unmittelbar Zugriff auf die Nachrichtencodes bekommen hatte, wodurch man an eine Menge chiffrierter Informationen herangekommen war. Obwohl das Schiff jetzt passiv draußen im Tiefraum lag, war es immer noch dabei, die laufenden, terranischen Sendungen zu überwachen und die wesentlichen Fakten daraus an den Stützpunkt und in den Funkraum der ›Starbukket‹ weiterzuleiten.

Über so gewonnene Informationen runzelte Liam die Stirn, als er endlich wieder auf sein altes Schiff kam. Der für den Feldzug gegen Syman verantwortliche Abschnittskommandant hatte eine Reihe von Funksprüchen an den terranischen Geheimdienst geschickt, um sich nach der Zuverlässigkeit eines Majors Absolut von der Arbeitsgruppe für Ionentechnik zu erkundigen. Die Antworten waren nicht ermutigend. Ihr Vorgesetzter mit dem Codenamen Abel hatte ihren Motiven offenbar schon seit langem mißtraut, und die letzte Anweisung lautete, ihre Verhaftung und ein Verhör vorzubereiten.

Das Schicksal eines einzelnen Individuums war normalerweise für Liam kein Anlaß, sich groß den Kopf zu zerbrechen: dem Krieg waren schon ganze Planeten samt ihren Bevölkerungen zum Opfer gefallen – aber die Informationen, über die dieses Individuum verfügte, waren kostbar und verliehen ihm höchste taktische Bedeutung. Da Liam keine leichten Kreuzer zur Verfügung hatte, beschloß er, die ›Starbucket‹ selbst solle das Mutterschiff beschatten, während es auf Terra zuraste.

Das konnte man sicherheitshalber nur aus einer Entfernung tun, die für die Instrumente gerade noch zu überbrücken war, und das Unternehmen wurde noch schwieriger und riskanter, als sie in die Regionen kamen, die von den großen terranischen Schiffsketten beherrscht wurden.

Die ›Starbucket‹ passierte die erste Kette, ohne entdeckt zu werden, aber die zweite Begegnung hätte genausogut mit einer Katastrophe enden können. Sie waren, ohne es zu merken, in Schußweite eines großen Kriegsschiffs gekommen, das sich sorgsam in einem Bereich aufhielt, wo es durch den Strahlenhagel einer besonders stark emittierenden Sonne abgeschirmt wurde. Ehe die ›Starbucket‹ abdrehen und sich davonmachen konnte, hatte das Kriegsschiff das kleine Fahrzeug entdeckt und ging auf Abfangkurs. Sobald es den Strahlungsbereich verlassen hatte, verlangte es, der Neuankömmling solle sich zu erkennen geben. Euken Tor setzte wacker seine Kenntnisse der terranischen Identifikationscodes ein und versuchte, sich mit Reden durchzulavieren; aber der Bluff klappte nicht, und ein paar spannungsgeladene Augenblicke lang sah es so aus, als sei eine Kraftprobe mit Waffen unvermeidlich.

Vorsichtig taxierte Liam die Größe und die Bewaffnung seines gewaltigen Gegners. Er kam zu dem Schluß, daß die Spezialwaffen der ›Starbucket‹ wahrscheinlich in der Lage waren, das Kriegsschiff zu vernichten. Die Beseitigung eines Schiffes würde jedoch nur die übrigen in der Kette auf den Plan rufen, und gegen eine ganze Schlachtflotte hatte das kleine Schiff keine Chance, sich zu wehren. Hoffnung auf Rettung kam plötzlich, weil ihm, als das rachsüchtige Schiff dicht vor seinen hochauflösenden Scanner schwebte, etwas auffiel – nämlich die farbigen Wimpelbänder an der vorderen Antenne. Zur Verblüffung seiner Decksoffiziere stieß Liam plötzlich einen Fluch aus und rannte nach dem Handfunkgerät.

»Calendaria Ahoi! Ihr gehört zum Schiffskontingent von Ross, wenn ich mich nicht irre. Wir kommen auch aus dem Zentrum.«

»Und?« Die antwortende Stimme drang hart und metallisch aus den Lautsprechern.

»Hier ist die ›Starbucket‹ – ein Kampfschiff aus Liams Krieg. Wir befinden uns auf einer Mission, die für die Zukunft von uns allen von höchster Bedeutung ist, verstanden?«

Alle auf der Brücke der ›Starbucket‹, die diese Botschaft hörten, zuckten zusammen und warteten darauf, daß der Weltraumbeschuß einsetzte. Der Hauptkanonier umklammerte die Abzugssicherung so krampfhaft, daß seine Knöchel weiß hervortraten. Ein langes, quälendes Schweigen folgte, dann drang eine andere Stimme aus dem Funkgerät.

»Seien Sie gegrüßt, Liam Liam! Sie treiben da ein gefährliches Spiel.«

»Nicht gefährlicher, als wenn man auf einer Welt lebt, die von Terra aufs Korn genommen wird, verstanden?«

»Zugegeben! Wir haben euch weder kommen noch gehen sehen. Laßt eure Datenbrücke offen, wir werden versuchen, euch so zu dirigieren, daß ihr dem Rest der hiesigen Schiffsketten ausweichen könnt. Bon voyage!«

Während die Motoren der ›Starbucket‹ sich ins Zeug legte, um die verlorene Geschwindigkeit wieder aufzuholen, wischte sich Euken Tor die Stirn ab.

»Das war aber verdammt riskant, Liam! Das Schiff hätte leicht eine terranische Besatzung oder zumindest einen terranischen Kapitän haben können.«

»Dann wären wir nicht allein aus dem Weltraum verschwunden, das verspreche ich dir. Aber glaube mir, ein terranischer Kommandant hat immer seine eigenen Farben an der Antenne. Das ist eine Sache des Prestiges, verstanden?«

Liam konzentrierte sich jetzt auf die schwachen Spuren am äußersten Rand des Scannerbereichs, sie waren der einzige Anhaltspunkt für den Weg, den das Mutterschiff mit dem Transformierer nahm. Er entlockte dem Scanner das Äußerste an Auflösung und stellte mit einiger Genugtuung fest, daß das Trägerschiff soeben seinen Kurs änderte, um in eine der genehmigten Anflugzonen zu gelangen. Nach Liams Schätzung hatten sie, wenn sie sich diesen Bogen zunutzemachen und einen geraden Kurs durch die wartenden Patrouillen steuern konnten, eine gute Chance, eine Position zu erreichen, von der aus er den waghalsigen Plan durchführen konnte, der gerade in seinem Kopf entstand.

Euken Tor pfiff ungläubig, als er den Vorschlag hörte, aber als er den Ausdruck auf Liams Gesicht sah, gab er Anweisung, die notwendigen Vorbereitungen zu treffen. Er selbst analysierte die Informationen, die ihm die ›Calendaria‹ per Datenbrücke lieferte und entwarf damit eine Flugbahn durch den Tachyon-Raum, bei der nur eine äußerst geringe Chance bestand, von den willkürlich operierenden, terranischen Patrouillen abgefangen zu werden.

Liam Liam beschäftigte sich mit anderen Dingen. Er studierte ein Handbuch mit Regeln für den Verkehr von Raumschiffen, Signalantworten und vorgeschriebenen Orbitaltransferbahnen in bezug auf das Sonnensystem, während er gleichzeitig sowohl den Stil wie die Messingorden eines angeblichen Abschnittskommandanten namens Mail aufpolierte, über dessen Aufenthaltsort seit dem Ende des Lightning-Feldzuges viel spekuliert worden war. Dank der Gesetze der Wahrscheinlichkeit, die durch viele gottlose Gebete und ein Raumschiff mit minimaler Strahlungsemission unterstützt wurden, schien die kleine ›Starbucket‹ gegen alles gefeit zu sein, sie suchte sich den Weg durch die restlichen Schiffsketten, ohne angerufen zu werden, und entging unglaublicherweise sogar den willkürlichen Suchstrahlen der Patrouillen im Tachyon-Raum. Dann befanden sie sich, selbst ein wenig überrascht von ihrer Tollkühnheit, plötzlich mitten in dem verwirrenden Schwarm von Raumschiffen direkt am Rand des Sonnensystems.

Es war ein reines Husarenstück, das seine Belohnung wirklich verdient hatte. Wäre die ›Starbucket‹ während des Fluges irgendwo im Tiefraum entdeckt worden, dann hätte sie sofort Argwohn erregt, und man hätte sie angerufen; aber da sie sich allem Anschein nach ganz lässig und harmlos unter die kreisenden Schiffe einreihte, die auf die Genehmigung zum Eintritt in die solaren Transferorbits warteten, provozierte sie keine derartige Reaktion. Euken Tor gab der Solaren Verkehrskontrolle die Standardantworten, behauptete, das Schiff sei auf einer geheimdienstlichen Mission und bekam automatisch die Genehmigung, auf einer Außenposition zu bleiben. Da sie nicht darum ersucht hatten, in die Transferorbits einzufliegen, spekulierte Euken darauf, daß man es unterlassen würde, die von ihnen angegebene Identität durch die üblichen Datenkanäle laufen zu lassen, und daß sich auch nicht irgendein Zielhafen weigern würde, einem Landeersuchen stattzugeben, wodurch der ganze Schwindel aufgeflogen wäre.

Trotzdem bestand noch immer die sehr reale Gefahr, daß irgendein anderes Informationsnetz schon dabei war, ihre Identität mit einem amtlichen Schiffsverzeichnis zu vergleichen, und wenn man dort keinen Eintrag fand, würde die unvermeidliche Kette von Nachforschungen anlaufen. Ergaben sich auf weitere Fragen keine befriedigende Antworten, so lenkten sie damit die Aufmerksamkeit bewaffneter Patrouillenschiffe auf sich, und es war fast sicher, daß sie von der gewaltigen Feuerkraft, die man gegen sie aufbieten konnte, zerstört werden würden. Euken Tor saß an seinem Steuerpult auf der Brücke der ›Starbucket‹ und schwitzte, während Liam Liam die Anflugzonen nach den ersten Anzeichen für das Herannahen des Transformiererträgers absuchte, den er abfangen wollte. Sie hatten das Ziel ihrer

Schätzung nach etwa achtzehn Stunden vor dem Mutterschiff erreicht – nach Raumfahrtmaßstäben kein großer Abstand, aber doch eine lange Zeit, wenn man direkt vor den terranischen Kanonen sitzen mußte, während durch Schnellaufbereitung von Daten und unmittelbare Nachrichtenverbindungen jeden Augenblick das Geheimnis ihrer Anwesenheit enthüllt werden konnte. Wie Euken sagte, spannten sie das ohnehin schon gedehnte Gewebe ihres Glücks bis zum Zerreißen.

Wie sich herausstellte, geschahen fast gleichzeitig zwei Dinge: sie wurden aufgefordert, ihren Identifikationscode bekanntzugeben, und sichteten das Mutterschiff. Es gelang Euken, Verwirrung zu stiften, indem er seine ursprünglichen Antworten mit einigen Zahlendrehern wiederholte und gleichzeitig die ›Starbucket‹ wendete, um die Flugbahn mit der des herannahenden Schiffes zu synchronisieren. Bis die veränderten Identitätssignale abgelehnt worden waren, befand sich die ›Starbucket‹ schon sehr weit abseits der Flugbahnen und hatte das Mutterschiff deutlich auf ihren Schirmen.

Liam Liam war in die Rolle des Sicherheitskommandanten Mail geschlüpft und sprach schon in diktatorischem Tonfall über Funk mit dem Kapitän des Schiffes und seinem Sicherheitsoffizier.

»Durch diesen Befehl werden die anderen, die Sie vorher erhalten haben, aufgehoben, verstanden? Erwarten Sie mich an Bord und richten Sie sich darauf ein, die unter dem Namen Absolut bekannte Gefangene in meine Obhut zu überstellen.«

»Ich muß noch einmal darauf hinweisen, daß wir dafür nicht die erforderliche Genehmigung haben.« Die Stimme des Kapitäns klang sehr beklommen.

»Genehmigung!« Liam steigerte sich in eine ganz passable Nachahmung gereizten Größenwahns hinein. »Ich habe zu entscheiden, wofür Genehmigungen erteilt werden und an wen. Ich rate Ihnen, mir keine bürokratischen Hindernisse in den Weg zu legen, Kapitän, sonst kann ich Ihnen das Leben sehr schwer machen, verstanden?«

»Ich habe verstanden.« Die Stimme des Kapitäns klang gebührend gedämpft. »Wir bereiten uns darauf vor, Sie und Ihre Begleitung zu empfangen. Bitte verfahren Sie nach Ihrem Gutdünken.«

Liam Liam hätte am liebsten den größten Teil seiner Besatzung mitgenommen und das Trägerschiff gestürmt, aber die kleine Pinasse der ›Starbucket‹ faßte höchstenfalls neun Leute, und so mußte er sich mit sechs Mann in terranischen Dienstoveralls zufriedengeben, die dem Anschein nach als bewaffnete Eskorte für die Gefangene dienen sollten. Obwohl er hoffte, mit Bluffen allein durchzukommen, mußte er darauf gefaßt sein, sich nötigenfalls freizukämpfen. So wurden seine Männer zusätzlich zu den sichtbaren mit einer Reihe von versteckten Waffen ausgerüstet, dazu gehörte auch soviel Betäubungsgas, daß sie die gesamte Besatzung des Schiffes außer Gefecht setzen konnten. Mehrere stehende Funkverbindungen mit der ›Starbucket‹ wurden eingerichtet, so daß man eine Lauschwache abstellen und eine Rettungsaktion arrangieren konnte, wenn etwas schiefging.

Als sich die Pinasse der Andockluke des Mutterschiffs näherte, drängte sich Sicherheitskommandant Mail ungeduldig durch die sich öffnende Schleuse, um den Kapitän und die Offiziere zu begrüßen, die ihn schon erwarteten. Die Frau namens Absolut war mit Handschellen und Fußfesseln in einer Zelle gefangengehalten worden und wurde jetzt von bewaffneten Besatzungsmitgliedern den Korridor entlanggeführt. Der Ausdruck des Erkennens, als sie Liam erblickte, verschwand sofort von ihrem Gesicht, als sie begriff, welches Täuschungsmanöver er da abzog, aber obwohl sie nichts sagte, merkte Liam ihr an, daß sie ehrlich besorgt war. Ihr Blick hätte stille Hoffnung verraten müssen, statt dessen las er darin, daß eine unbekannte Katastrophe bevorstand.

Mittels eines vorher vereinbarten Handzeichens teilte Liam seinen Begleitern mit, daß etwas nicht in Ordnung war, und durch ein geheimes Codewort wurde auch die Besatzung der ›Starbucket‹ über die stehende Funkverbindung alarmiert. Inzwischen beschäftigte sich Liam, der bisher, abgesehen von der unterdrückten Besorgnis in Absoluts Gesicht, keinen Grund zur Beunruhigung erkennen konnte, damit, den Kapitän und seinen Sicherheitsoffizier auf eine Weise unter Druck zu setzen, von der er annahm, sie passe völlig zu den beim terranischen Sicherheitsdienst üblichen Methoden. Er war gerade im Begriff, den beiden eine demütige Rechtfertigung abzupressen, als plötzlich irgendwo auf dem Schiff Unruhe ausbrach und der peitschende Knall einer auf vollen Strahl gestellten Elektronenpistole laut durch die Korridore hallte.

Unverständlicherweise schienen der Kapitän des Mutterschiffs und seine Offiziere ebenso verdutzt zu sein wie Liam, und einige der Offiziere eilten davon, um der Sache nachzugehen. Der Grund ihrer Besorgnis kam ihnen jedoch schon entgegen, in Gestalt eines einsamen Kriegers in ionisiertem Zustand, der fest entschlossen war, jeden zu töten, der sich zwischen ihn und die Raumschleuse zu stellen drohte. Liam erkannte in der Gestalt Absoluts Gefährten auf Syman. Leider wurde er von der Elektronenwaffe bedroht und konnte daher seine friedlichen Absichten nicht kundtun. Statt dessen beging einer seiner Männer einen in der Hitze des Gefechts begreiflichen, taktischen Fehler, er versuchte, den näherkommenden Läufer mit einer Kapsel Betäubungsgas aufzuhalten. Das Gas hatte auf die ionisierte Gestalt keinerlei Wirkung, aber dafür auf alle anderen.

Während Liam gegen die schwarze Woge ankämpfte, sah er, wie der Ionenkrieger vor der bewußtlosen Absolut stehenblieb und versuchte, sie zur Raumschleuse zu schleppen. Weit hinter ihm, in einem Korridor, bisher noch nicht vom Gas erfaßt, eröffnete einer der Offiziere des Mutterschiffs mit einem Elektronenkarabiner das Feuer, brachte damit alle auf Deck in ernstliche Gefahr und drohte außerdem, die Tür der Raumschleuse unbrauchbar zu machen. Als die ionisierte Gestalt diese letzte Möglichkeit erkannte, gab sie widerwillig den Versuch, Absolut mitzunehmen, auf, flüchtete sich in die Schleuse und schloß sie hinter sich. Als der letzte Rest seines Bewußtseins schwand, hörte Liam, wie die Motoren der Pinasse der ›Starbucket‹ einen mächtigen Rückstoßschlag gegen den Rumpf des Trägerschiffes führten, und dann verschwand das winzige Schiff mit seinem einsamen Insassen im Weltraum.

24. Kapitel

Obwohl Dam mit einem Kampf gerechnet hatte, fand er die Pinasse unbesetzt und die Motoren schon startbereit vor, als sei ein schneller Start geplant gewesen. Durch diesen Umstand wurde seine Flucht sehr beschleunigt. Er wechselte aus dem ionisierten Zustand in seine normale molekulare Identität zurück, griff nach den Schaltern und jagte das kleine Schiff vom großen Rumpf des Trägers weg. Sofort wurde er von einem anderen, in der Nähe liegenden Schiff beschossen und erkannte, daß ihm nur noch ein Fluchtweg offenblieb, und dazu mußte er die Pinasse in einer engen Kehre wenden, um den Rumpf des Trägerschiffs zwischen sich und die gegen ihn gerichteten Kanonen zu bringen. Als nächstes richtete er sein Fahrzeug sorgfältig so aus, daß es hinter der schützenden Masse des Trägerschiffs blieb, wendete die Pinasse noch einmal und flog in den Raum hinaus.

Diese Fluchtmethode versprach keinen allzugroßen Erfolg. Jede Sekunde war er darauf gefaßt, durch gut gezielte Schüsse größeren Kalibers getroffen zu werden, aber aus irgendeinem Grund wurde der Angriff nicht fortgesetzt, und bald hatte er eine recht brauchbare Entfernung zwischen sich und die beiden Schiffe gelegt. Erst jetzt hatte er Gelegenheit, zu analysieren, was sich abgespielt hatte. Er hatte damit gerechnet, daß ein höherer Sicherheitsoffizier an Bord käme, um ihn und Absolut zu übernehmen – darauf hatte er seinen Fluchtplan aufgebaut. Was er nicht erwartet hatte, war die Gaskapsel. Dieser Punkt beunruhigte ihn: jemand von der Begleitmannschaft, der berechtigt war, so etwas einzusetzen, das widersprach allem, was er über die militärische Disziplin der Terraner wußte. An der ganzen Episode war irgend etwas gräßlich faul.

Sein Argwohn wurde durch die Pinasse selbst noch verstärkt: die Schaltungen waren ihm ganz automatisch in die Finger gegangen, und er hatte in der Aufregung der Flucht gar nicht bemerkt, daß die Armaturen so angeordnet waren, wie im Zentrum von jeher üblich, nicht wie auf den Schiffen Terras. Ihm dämmerte der entsetzliche Gedanke, er habe vielleicht eine Spionageoperation des Zentrums vereitelt, und er wandte sich erschrocken den Scannern zu, um nachzusehen, was für eine Situation er hinter sich zurückgelassen hatte. Wenn er irgendwelche Pläne gehegt hatte, er könne zu dem geheimnisvollen Schiff zurückkehren, das den Träger abgefangen hatte, so wurden sie sofort zunichte gemacht: das Schiff bewegte sich schon mit bemerkenswertem Tempo auf die Eintrittsgeschwindigkeit für den Tachyon-Raum zu.

Der Grund für den hastigen Aufbruch des geheimnisvollen Schiffes wurde sofort erkennbar – und auch Dams Sicherheit war davon bedroht: drei terranische Korvetten der Solarpatrouille rasten auf das fliehende Schiff zu. Ganz gleich, ob sie es nun einholen konnten, ehe es in den Tachyon-Raum ging, oder nicht, sicher war, daß sie ihre Aufmerksamkeit sehr bald der Pinasse zuwenden würden. Dam beobachtete sie mit angehaltenem Atem und wünschte sich inbrünstig, sie möchten ihren gegenwärtigen Kurs beibehalten, der im rechten Winkel zu seinem lag; wenn sie das lange genug taten, gelangte er vielleicht aus dem Bereich, den ihre Scanner noch erfaßten, und wenn die Pinasse einmal verloren war, konnten sie sie nur sehr schwer wiederfinden.

Er wandte seine Aufmerksamkeit dem kleinen Boot selbst zu. Er merkte bald, daß es sich da um kein gewöhnliches Schiff handelte. Es war zwar nicht mit Waffen bestückt, besaß aber, trotz seiner geringen Größe, eine phantastische Ausstattung, es war sogar in begrenztem Rahmen für den Tachyon-Raum-Flug eingerichtet und verfügte über genügend Energiereserven für zwei durchschnittliche Sprungphasen. Was ihm fehlte, war eine ausreichende Rechenkapazität, um den Austrittspunkt eines solchen Sprungs zu berechnen. Eine Einrichtung dieser Größe hatte man in einem so kleinen Schiff nicht unterbringen können, und vermutlich wurden die Sprungberechnungen normalerweise über eine Daten-Transfer-Brücke vom Mutterschiff der Pinasse geliefert. Dabei kam Dam auf die Idee, die Datenbrücke auszuprobieren, in der vagen Hoffnung, daß die Verbindung noch intakt war, aber die Anzeigen verzeichneten nur das Rauschen der Strahlung von der benachbarten Sonne.

Auf der Flucht vom Trägerschiff hatte Dam einen Augenblick lang um eine Entscheidung gerungen und dann nach Absoluts Grundsatz gehandelt, einer von ihnen müsse entkommen, auch wenn das bedeute, daß der andere zurückgelassen würde und zugrunde ging oder in Gefangenschaft blieb. Dam wußte, daß er nun verpflichtet war, so schnell er irgend konnte, das Zentrum zu erreichen, um die Widerstandsbewegung vom Durchbruch der Terraner in der Ionentechnik zu informieren. Gegen die Notwendigkeit der Eile auf der einen Seite stand jedoch die Notwendigkeit, einer Gefangennahme oder einer Vernichtung durch die Terraner zu entgehen, sonst wäre Absoluts Opfer vergebens gewesen. Aus diesem Grund sah Dam sich gezwungen, das Unvorstellbare in Betracht zu ziehen, er mußte es, wenn es notwendig wurde, ins Auge fassen, blind durch den Tachyon-Raum zu springen, einfach um den terranischen Schiffen hinter sich zu entgehen. Es war ein letzter, verzweifelter Ausweg, und er hoffte inbrünstig, ihn nicht einschlagen zu müssen.

Die Entscheidung wurde ihm jedoch von den Ereignissen aus der Hand genommen. Im allerletzten Augenblick, ehe er aus dem Scannerbereich gekommen wäre, trennte sich eine der terranischen Korvetten von ihren Begleitschiffen und wandte sich in Dams Richtung. Da sie schon mit sehr hoher Geschwindigkeit flog und tausendmal stärkere Triebwerke hatte als die Pinasse, raste sie wie ein dunkler Engel auf ihn zu, und es bestand kein Zweifel daran, daß sie das kleine Schiff überfahren konnte, und über ihre zerstörerischen Absichten konnte man sich durchaus sicher sein. Dam sah entsetzt zu, wie die kleine Flottille von zielsuchenden Raketen vor dem schrecklichen Rächer herjagte. Das vorzeitige Aufflammen eines Flugkörpers war die letzte Warnung für ihn: er hatte nicht einmal mehr Zeit, auch nur grob Kurs auf das Zentrum zu nehmen, und so warf er die Pinasse in einem Verzweiflungssprung in den Tachyon-Raum, ein Sprung, für den kein Austrittspunkt vorgegeben war.

Es war ein sehr holpriger Eintritt. Das Schiff hatte die Eintrittsgeschwindigkeit nur knapp erreicht, und da er noch dazu mit dem winzigen Armaturenbrett nicht vertraut war und vom Computer keinen Trimm bekam, bohrte sich das Schiff in einem ziemlich ungünstigen Phasenwinkel durch die Lichtschranke. Voller Angst spürte er, wie es von den Elementen der Transrelativität erfaßt wurde, die Energiemesser schwankten schwindelerregend, und das wackere, kleine Fahrzeug hatte schwer zu kämpfen, um der niederdrückenden Totenhand der Einsteinphysik zu entgehen und das Universum jenseits davon zu erreichen.

Dann schwebte er, wie durch ein Wunder, in der großartigen, kleinen Pinasse frei in der theoretischen Unendlichkeit, die man Tachyon-Raum nannte. Auf den großen Raumschiffen, auf denen Dam normalerweise Dienst tat, betrachtete man die Bedingungen des Tachyon-Raums als physikalische Abstraktion, konkrete Beobachtungen waren selten. Im Gegensatz dazu hatte man bei den breiten Panoramascheiben der Pinasse gar keine Chance, den vielfältigen Paradoxa von Licht und Schatten zu entgehen, die das umgebende ›andere‹ Universum charakterisierten, und zum erstenmal in seiner Raumfahrerkarriere empfand Dam das gleiche Staunen und die gleiche Verwirrung wie die frühen Pioniere, als sie zum erstenmal die Lichtschranke durchdrungen hatten und in die Gefilde jenseits davon gelangt waren.

Dams erste Reaktion war hauptsächlich Erleichterung, weil er für den Augenblick vor Angriffen relativ sicher war. Es war unwahrscheinlich, daß ihm die Korvette, die ihn gejagt hatte, bis in den Tachyon-Raum folgen würde, denn nur wenige Kapitäne würden sich ohne einen sorgfältig vorausberechneten Austrittspunkt in diese Regionen wagen. Dazu kam, daß es zwar terranische Patrouillen gab, die auch im Tachyon-Raum operierten, daß man aber bei der Translicht-Physik doch gewissen Beschränkungen unterworfen war; man konnte nämlich seine Geschwindigkeit nicht beliebig verändern, um jemanden abzufangen, ohne daß man bei der Rückkehr in den Normalraum schwere Zeitverzerrungswirkungen in Kauf nehmen mußte. Die Tachyon-Patrouillen konnten höchstens seine Position und die wahrscheinlichen Austrittskoordinaten an eine Normal-Raum-Patrouille durchgeben; solange er sich im invertierten Raum befand, konnten sie ihn nicht aktiv bedrohen.

Die Atempause für Dam war jedoch nicht von langer Dauer; er stellte zu seiner Bestürzung fest, daß die Energiereserven schon unter die Gefahrengrenze gesunken waren. Das kam daher, daß er mit ungenügender Geschwindigkeit in den Tachyon-Raum eingetreten war; den gleichen Energieverlust würde er beim Austrittsmanöver zurück in den Normalraum hinnehmen müssen. Eine schnelle Berechnung ergab, daß er den Tachyon-Raum sofort verlassen mußte, andernfalls würde er praktisch keine Antriebskraft mehr haben, wenn er in den Normalraum zurückkehrte. Auch wenn die Kommunikations- und die Lebenserhaltungssysteme eine eigene Energieversorgung hatten, würde er weitab von den üblichen Flugrouten festliegen und nicht einmal mehr eine begrenzte Entfernung mit Unterlichtgeschwindigkeit zurücklegen können. Daher brachte er, obwohl der Tachyon-Flug wesentlich kürzer gewesen war, als er es für sicher hielt, das Schiff in die Austrittsphase und wartete gespannt, wo er herauskommen würde.

Gleich darauf wurde ihm einer der Gründe drastisch vor Augen geführt, warum ein blindes Auftauchen aus dem Tachyon-Raum etwas für Verrückte und potentielle Selbstmörder war. Er landete nicht im leeren Raum, wie er erwartet hatte, sondern mitten in einer dichten Konzentration von Kriegsschiffen in Parkbahnen um einen Planeten, den er mit ziemlicher Sicherheit als die Venus erkannte. Als er daran dachte, was hätte geschehen können, wenn sein Austrittspunkt innerhalb der Planetenmasse gelegen hätte, brach ihm der kalte Schweiß aus, und als er feststellte, daß er nicht vom Sonnensystem weg, sondern im Gegenteil noch tiefer hineingeflogen war, hätte er vor Enttäuschung am liebsten geweint.

Für Gefühlsausbrüche hatte er jedoch keine Zeit. Er war mit der vollen, ursprünglichen Eintrittsgeschwindigkeit für den Tachyon-Raum wieder in den Normalraum zurückgekehrt und raste nun in einem Sturzflug auf den Planeten zu, der durch dessen Schwerkraftanziehung noch beschleunigt wurde. Er mußte praktisch den ganzen Rest seiner Antriebsenergie opfern, um seine Flugbahn in einer Kurve auslaufen zu lassen und schließlich in eine sichere Umlaufbahn zu gelangen. Dadurch kam er zu nahe an die versammelte Flotte heran, als daß sein meteorähnliches Auftauchen unbemerkt hätte bleiben können. Nun mußte er bleiben, wo er war, ohne eine weitere Möglichkeit zur Flucht, während kleine Rettungsboote von einem der Kriegsschiffe ablegten, um sich diesen seltsamen Neuankömmling in ihrer Mitte genauer anzusehen.

25. Kapitel

Als erster erholte sich der Mann von den Wirkungen des Gases, der die Kapsel in dem vergeblichen Versuch, den heranstürmenden Ionenkrieger aufzuhalten, geworfen hatte. Als er merkte, daß er einen groben Fehler begangen hatte, nützte er die letzten Augenblicke seines schwindenden Bewußtseins dazu, sich Filterröhrchen in die Nasenlöcher zu stecken und nahm daher nur eine minimale Gasdosis auf. Er erwachte ganz kurz nach Dams Start, und seine erste Handlung war, Absolut und seine Kameraden mit den gleichen Filtern zu versorgen und sicherzustellen, daß sie den Mund geschlossen hatten. Dann bemühte er sich, über Funk Hilfe von der ›Starbucket‹ zu holen.

Euken Tor, der das Raumschiff kommandierte, hatte jedoch schon seine eigenen Probleme. Er hatte Befehl von Liam, um jeden Preis zu verhindern, daß die ›Starbucket‹ gekapert oder gar zerstört würde, und schon jetzt sausten drei der tödlichen Korvetten der Solarpatrouille auf Schußweite heran. Wenn Euken eine zweite Pinasse zur Verfügung gehabt hätte, hätte er selbst zu diesem gefährlich späten Zeitpunkt noch eine Rettungsaktion versucht, aber er hatte schon gesehen, wie seine einzige Pinasse blitzartig hinter dem Rumpf des Mutterschiffs verschwand, und enttäuscht erkannt, daß er viel zuwenig Zeit hatte, um eine Mannschaft in Raumanzüge zu stecken und sie ohne Fahrzeug zu dem anderen Schiff hinüberzuschicken. Es blieb ihm nichts anderes übrig, als Liam und seine Leute im Stich zu lassen, die ›Starbucket‹ auf Höchstgeschwindigkeit zu bringen und zu versuchen, den Korvetten zu entkommen.

Liam Liam wachte auf und fluchte, teils wegen der Nebenwirkungen des Betäubungsgases, teils weil er schon wußte, daß die Pinasse verloren war. Er kam mühsam schwankend auf die Beine, gerade rechtzeitig, um zu hören, wie sich Euken Tor voll Bedauern über Funk abmeldete. Er erfaßte sofort die Situation und überlegte schnell, welche Möglichkeit ihnen noch offenstanden, um zu überleben. Die Besatzungsmitglieder des Trägerschiffs einschließlich des Kapitäns und mehrerer Offiziere lagen noch bewußtlos ringsum auf dem Deck. Ohne Zögern zog Liam seine Elektronenpistole und tötete sie. Ihr Tod führte ihm drastisch vor Augen, daß sein einziger Vorteil das Überraschungsmoment war, vorausgesetzt, er konnte seine eigenen, schlafenden Leute schnell genug wieder auf Trab bringen.

Glücklicherweise hatten sie so früh Filter in die Nasenlöcher bekommen, daß sie außer der ersten Dosis nichts eingeatmet hatten, und jetzt wurden die letzten Gasreste schon vom Belüftungssystem des Schiffes abgesaugt. Bei den meisten von Liams Männern genügten ein paar harte Schläge ins Gesicht, um sie aufzuwecken, und schließlich reagierte sogar Absolut auf ein kräftiges Schütteln.

»Was, zum Teufel, ist passiert?« fragte sie.

»Totales Chaos, verstanden? Dein Freund ist mit der Pinasse auf und davon, und Euken Tor mußte mit der ›Starbucket‹ in aller Eile den Rückzug antreten. Unsere einzige Chance ist, daß wir dieses Trägerschiff in die Hand bekommen. Ich möchte, daß du in die Ionen-Identität überwechselst – schnell.«

»Das ist nicht möglich, Liam!« Sie sah ihn betrübt an. »Sie haben mein Steuergerät manipuliert, sonst wäre ich wahrscheinlich mit Liebhaber durch die Schleuse hinaus! Du und deine verdammten Verkleidungen! Weißt du nicht, daß er fort ist, um dich zu suchen?«

»Ich werde dir später erklären, warum ich nicht unter

meinem eigenen Namen terranischen Schiffen auflauere. Wieviel Mann Besatzung hat dieses Schiff?«

»Ungefähr siebzig.«

»Das ist nicht mehr als zehn gegen einen; da haben wir durchaus eine Chance. Wir haben Betäubungsgranaten und Nahkampferfahrung, was ihnen wahrscheinlich abgeht.« Liam löste Absoluts Fesseln, nahm eine zweite Elektronenpistole aus der Tasche und drückte ihr die Waffe in die Hand. »Wenn du einen Terraner siehst, erschieße ihn! Gefangene können wir nicht gebrauchen, verstanden?«

Er rief seine Männer zu einer kurzen Besprechung zusammen, dann verteilten sie sich eilig, um Schußposition einzunehmen. Unglaublicherweise hatte der Rest des Schiffs noch nicht mitgekriegt, was sich rund um die Luftschleuse zugetragen hatte, und daher hatten die Angreifer das kostbare Überraschungsmoment weiterhin auf ihrer Seite. Liam warf die erste Betäubungsgranate in einen Hauptgang, und alle duckten sich, als die winzigen Impulse ringsum die Luft zum Vibrieren brachten. Dann setzten sie schnell nach, töteten jeden gestürzten Mann, den sie fanden, und mußten nur einen kurzen Kampf mit den benommenen Besatzungsmitgliedern ausfechten, die die erste Explosion überlebt hatten. Bald war das ganze Deck in ihrer Hand.

Im zweiten Stockwerk konnten sie nur ein Drittel der diensthabenden Besatzung betäuben, aber glücklicherweise hatten von den übrigen nur sehr wenige ihre Waffen griffbereit, und so war die Auseinandersetzung kurz, wenn auch blutig. Als sie sich dem dritten und vierten Stockwerk näherten, gingen sie vorsichtiger zu Werke. Erst im fünften und letzten Stockwerk trafen sie auf ernsthaften Widerstand, aber auch der wurde schließlich durch die verzweifelte Entschlossenheit der Invasoren aus dem Zentrum überwunden.

Dann war das Gemetzel plötzlich vorbei, und Liams müde, verschwitzte Gruppe war unumstrittener Herr über das gesamte Mutterschiff. Noch ehe sie sich um die Leichen ihrer Opfer kümmerten, mußten sie das Trägerschiff in Bewegung setzen und aus dem Sonnensystem verschwinden. Alle Männer, die Liam mitgebracht hatte, waren hochspezialisierte Raumfahrer, viele davon ehemalige Offiziere, und sie teilten die bei der Steuerung des Schiffs anfallenden Aufgaben untereinander auf, jeder bewältigte Arbeiten, die gewöhnlich von mehreren Leuten durchgeführt wurden.

Liam rief nach Absolut, damit sie ihm half, und ging auf die Brücke; sobald er sich vom Energiereservoir und der Steuerfähigkeit des Trägerschiffs überzeugt hatte, flog er einen weiten Bogen und brachte es auf einen Kurs, der ins Zentrum führte. Dann jagte er die Motoren hoch, um die Eintrittsgeschwindigkeit für den Tachyon-Raum zu erreichen, und machte sich daran, die Kurskoordinanten für die ersten Sprünge in und aus dem Tachyon-Raum festzulegen. Mehrere Stunden später, als der erste Sprung sicher geglückt war, rief Linc Maalham aus dem Kommunikationsraum:

»Liam, es ist mir gelungen, Kontakt mit der ›Starbukket‹ aufzunehmen. Sie sind der Patrouille entkommen, und Euken will wissen, wo wir uns treffen sollen.«

»Ich habe beschlossen, auf diesem Schiff zu bleiben. Es spricht zu vieles dafür. Unten auf den Rampen steht ein einsatzfähiges Transformiererschiff, und ein zweites Mutterschiff wird mehr als nützlich sein, wenn Wing Ais Bauprogramm mit der Produktion anfängt. Sag Euken, er soll zum Stützpunkt fliegen, wir treffen uns dort. Er soll dafür sorgen, daß Wing Ais Labors bereit sind, die neuesten Entwicklungen im Ionen-Bereich zu erforschen, die wir mitbringen. Ich glaube, wir haben den notwendigen Durchbruch geschafft, verstanden?«

»Verstanden, Chef! Funkspruch unterwegs.«

Obwohl sie zu wenig Personal hatten, setzte das Trägerschiff seinen Weg ohne Schwierigkeiten fort. Durch gelegentliche Rückfragen bei der ›Starbucket‹ bekamen sie die nötigen Koordinaten, um den großen Schiffsketten auszuweichen, und am Ende des siebenten Sprungs befanden sie sich tief im Zentrumssektor und hatten nicht mehr weit nach Hause. Obwohl Linc Maalham im Kommunikationsraum die Arbeit von vier Leuten bewältigte, hatte er Zeit gefunden, sein elektronisches Können für die Reparatur von Absoluts Impulsgerät zur Transformierung einzusetzen. Die Manipulation an den Schaltern war von jemandem vorgenommen worden, der nicht über großes technisches Wissen verfügte, und so war der Schaden im Innern eher ausgedehnt als schwerwiegend. Linc nahm aus allen Ersatzgeräten Teile heraus und verwendete sie, und so hatte er aus den unbeschädigten Elementen bald ein neues Gerät gebaut, aber er hatte keinen Schaltplan und kannte auch die Funktion des Instruments nicht vollständig. Er machte ein skeptisches Gesicht, als er es Liam und Absolut zum Ausprobieren brachte.

»Wir dürfen dich auf keinen Fall verlieren, das können wir uns nicht leisten, verstanden?« sagte Liam zu Absolut. »Was geschieht mit dir, wenn Linc die Schaltkreise nicht richtig hinbekommen hat?«

Absolut überlegte. »Wenn es nicht gelingt, mich in die Ionen-Identität zu versetzen, sind wir genau da, wo wir jetzt auch sind. Wenn ich aber den Übergang schaffe und das Gerät mich nicht wieder zurückholen kann, dann haben wir ein echtes Problem.«

Liam entschied: »Dann ist das ein Risiko, das wir nicht eingehen können. Wir müssen die Sache erst theoretisch von Wing Ais Labor überprüfen lassen.«

Er brach ab, als Linc, von einem automatischen Alarm gerufen, in den Kommunikationsraum zurückeilte. Ein paar Minuten später kam er, fast atemlos, wieder.

»Liam, ein dringender Funkspruch von der ›Starbukket‹. Der Nachrichtendienst des Zentrums meldet, daß von Sol eine Flotte zu einer Strafexpedition aufgebrochen ist und sich auf dem Weg ins Zentrum befindet.«

»Mit welchem Ziel?«

»Das wissen sie noch nicht sicher. Diese Information wurde nicht gesendet, sie fliegen also wahrscheinlich mit versiegelter Order. Der Geheimdienst will eine Reihe von Triangulationen machen, um zu berechnen, wohin die Flotte sich bewegt. Sie meinen, der Zahl der beteiligten Schiffe nach zu schließen könnten sie im Begriff sein, eine der größeren Welten anzugreifen. Aber das Interessanteste ist – die terranische Flotte hat verlangt, daß ein Trägerschiff mit Transformierer und eine Ionenmannschaft hinterherkommen und im Orbit zu ihnen stoßen.«

»Den Teufel haben sie!« Auf Liams Gesicht strahlte ein immer breiter und häßlicher werdendes Lächeln. »Die ›Starbucket‹ soll mir eine Verbindung mit dem Stützpunkt machen, Linc. Wenn dieses Trägerschiff in den Raum geht, möchte ich, daß es zerstört wird – geräuschlos. Was die terranische Flotte angeht, so wird sie ein Ionenteam bekommen, wenn auch nicht ganz das, das sie erwartet hat. Und nimm Kontakt zu Wing Ai auf! Wir müssen uns treffen, um das zweite Transformiererschiff hier auf die Rampe zu bringen und eine vollständige Besatzung an Bord zu nehmen. Wenn auch nur ein Schiff dieser Flotte jemals wieder nach Hause kommt, dann nur, weil wir uns nicht genug Mühe gegeben haben, verstanden?«

»Verstanden, Chef!«

Lincs Aufmerksamkeit richtete sich plötzlich auf Absolut, die über den Schreibtisch gegriffen hatte und das Impulsgerät zur Transformierung in der Hand hielt. Er sah fasziniert zu, wie sie den Aktivierungsknopf auf dem nicht getesteten Instrument drückte. Sie wechselte sofort in die Ionen-Identität über, wirbelte herum und sprang leichtfüßig vor den erschrockenen Männern hin und her, um die Vorteile und die Beweglichkeit zu demonstrieren, die diese neue Ionentechnik bot. Dann kam der Augenblick der Wahrheit. Ihre Hand zögerte über dem Knopf, während sie überlegte, in welch schreckliche Lage sie sich selbst gebracht hatte, wenn das Gerät nicht funktionierte. Dann drückte sie entschlossen den Knopf – und eine Welle der Erleichterung überflutete alle Anwesenden; sie kehrte mit der gleichen Präzision und Schnelligkeit in den Normalzustand zurück, wie sie ihn verlassen hatte.

Liam Liam wischte sich die Stirn ab. »Ich kann verstehen, warum du das getan hast, Absolut, aber ich hatte dir gesagt, du solltest das Risiko nicht eingehen.«

»Entschuldige, Liam, aber ich mußte wissen, ob es noch funktionierte.«

»Dann will ich dir etwas erklären – wenn du vorhast, mit mir zu arbeiten, gibt es etwas, was du lernen und auf dich anwenden mußt. Es nennt sich Disziplin, verstanden? Du hättest uns leicht alle in die Hölle schicken können.«

»Disziplin ist mir nicht fremd, Liam, glaube mir. Aber da war etwas, das wir sofort wissen mußten. Wenn du dich mit dem Vorhaben trägst, die terranische Flotte auseinanderzunehmen, könnte jemand mit integriertem Ionisierungsmechanismus der ausschlaggebende Faktor sein, durch den alles andere erst sinnvoll wird. Und ich schwöre dir, diese terranischen Hunde haben schon lange eine ordentliche Tracht Prügel verdient! Ich muß das wissen. An mir gibt es keine Stelle, weder innen, noch außen, an der sie mir keine Narben beigebracht haben.«

26. Kapitel

Während Dam wartete, bis das Rettungsboot heran war, beobachtete er die versammelte Flotte und begriff plötzlich, in was für eine Situation er da hineingeraten war. Die Aufstellung der Schiffe war die einer Kriegsflotte, ähnlich, wie er sie beim Einsatz gegen Syman gesehen hatte und wie sie, den Berichten zufolge, gegen Rigon und Zino aufmarschiert war. Die Venus war offensichtlich der Sammelpunkt für die Kampfverbände, die auf Strafexpeditionen gegen die ›Dissidentenwelten‹ im Zentrum geschickt wurden, und der Schlachtordnung nach zu urteilen würde auch diese Flotte bald aufbrechen.

Die unmittelbare Konsequenz dieser Überlegungen war die Erkenntnis, daß von allen möglichen Wegen, auf denen er ins Zentrum gelangen konnte, die Flotte die direkteste Methode darstellte. Obwohl er noch nicht sicher war, wie er es erreichen sollte, mitgenommen zu werden, überlegte er schon, wie er sich die große Kriegsflotte zunutzemachen konnte, um seinem Ziel näherzukommen. Wenn er sich gefangennehmen ließ, konnte ihm das nicht weiterhelfen, denn auch wenn er den Ionisierungsmechanismus in seinem Körper hatte, war es unwahrscheinlich, daß man ihm gestatten würde, das Impulsgerät zu behalten, mit dem er ihn aktivieren konnte. Er konnte sich nicht vorstellen, daß er am anderen Ende der Reise, im Zentrum, eine reale Fluchtchance haben würde, wenn er nicht seinen Ionisierungsmechanismus einsetzen konnte. Das Problem war daher, wie er auf eines der Schiffe gelangen und bis zum Ende der Reise doch frei beweglich bleiben konnte.

Sein erster Gedanke war, er könne vielleicht in eine Ionen-Identität überwechseln und als eine Art geisterhafter, blinder Passagier mitfliegen. Diese Idee verwarf er, erstens, weil er sich nicht vorstellen konnte, daß er auf einem Schiff einen geeigneten Platz fand, wo er die ganze Reise über unentdeckt blieb, und zweitens, weil er keine Ahnung hatte, wie lange er gefahrlos in ionisiertem Zustand verbleiben konnte. Ein zweiter Plan, sich als Angehöriger der regulären Streitkräfte durchzubluffen, erschien noch weniger vielversprechend, bis ihm aufging, daß er ja schon eine authentische, terranische Uniform trug und strenggenommen ganz legitim einer terranischen Einheit angehörte. Als ein Rettungsboot an der Luke festmachte, setzte er schnell die einzelnen Teile seiner Geschichte zusammen und entschied hastig, wie sie vorzubringen war. Dann ging er, das Impulsgerät in der Tasche und ein Gebet auf den Lippen, an die Schleuse, um die an Bord Kommenden zu begrüßen.

»Stormdragon, Geheimdienst, Abteilung Attentat«, verkündete er als Antwort auf eine noch gar nicht gestellte Frage. »Bedauere mein unpassendes Eintreffen, aber ich wurde anderweitig aufgehalten und fürchtete, die Flotte könne ohne mich abfliegen, wenn ich die normalen Beförderungsmöglichkeiten abwartete.« Er ließ seine Stimme so lässig klingen wie nur möglich.

Das Gesicht des Offiziers blieb eisig. »Es ist Ihnen doch sicher bekannt, daß Tachyon-Austritte innerhalb der solaren Planetenanflugzonen strengstens verboten sind.«

»... außer in äußersten Notfällen«, zitierte Dam aus den Vorschriften für den Orbitaltransfer, nach denen er sich damals, als er auf der ›Starspite‹ zum erstenmal von Castalia hergekommen war, gerichtet hatte. »Ich hatte einen äußersten Notfall. Wenn Sie mir nicht glauben, dann sehen Sie sich die Energievorratswerte an.«

Der Offizier las die Skalen ab, und seine Augen wurden merklich größer. Er mußte sich ebenso darüber im klaren sein wie Dam, daß sie nur äußerst knapp an einem Zusammenstoß im Weltraum vorbeigekommen waren. »Der Flottenverkehrskommandant hat angeordnet, Sie festzunehmen. Sie können ihm Ihre Gründe erläutern.«

»Gerne, aber er wird sich gedulden müssen. Wer hat bei diesem Einsatz den Geheimdienst unter sich?«

»Unterabschnittsleiter Neilson.«

»Dann muß ich zuerst mit ihm sprechen. Bringen Sie mich sofort zu ihm!«

»Ich habe meine Befehle«, sagte der Offizier mit leichtem Zögern.

»Verdammt!« schnauzte Dam ihn an. »Glauben Sie etwa, ich bin auf so riskante Weise hierhergekommen, nur um ein Rendezvous mit einem Flotten*verkehrs*kommandanten einzuhalten? Bringen Sie mich zu Unterabschnittsleiter Neilson, und wenn sonst jemand glaubt, Anspruch auf meine Zeit erheben zu können, werde ich mich später darum kümmern!«

»Aber ...«

»Kennen Sie das Motto der Attentatsabteilung, Captain? Das einzige, was verboten ist, sind Mißerfolge. Denken Sie darüber nach und bringen Sie mich zu Neilson, so schnell Sie können! Wenn Sie mich aufhalten, hänge ich Ihnen ein Verfahren wegen Obstruktion an.«

Der Offizier zuckte die Achseln und ging rückwärts durch die Luke auf sein Rettungsboot zurück. Dam folgte ihm, und ihm war gar nicht wohl bei dem Gedanken, daß er damit nur die erste von vielen Hürden genommen hatte, die er auf seiner Reise ins Zentrum noch würde überwinden müssen.

Unterabschnittsleiter Neilson vom Geheimdienst hörte sich Dams Geschichte an, und seine Miene ließ keine Schlüsse zu, wie er darüber dachte. Dann betrachtete er nachdenklich seine Handflächen.

»Ich finde das alles höchst ungewöhnlich«, sagte er skeptisch.

»Attentate sind immer ungewöhnlich«, sagte Dam.

»Aber jemand muß diesen Liam Liam aufhalten, ehe er den Rest des Zentrums unter einen Hut bringt. Man hat mir diese Aufgabe übertragen, nachdem sich herausgestellt hat, daß die Flotten dazu nicht in der Lage sind.«

»Man hätte mich von Ihrer Ankunft doch sicher offiziell benachrichtigt?«

»Da unterschätzen Sie aber den Nachrichtendienst des Zentrums. Wenn diese Nachricht über Funk hinausgegangen wäre, dann wäre Liam Liam bestimmt vorgewarnt worden.«

»Aber Papiere, oder auch nur ...«

»Was soll man mit einem Spionage-Attentäter, der Papiere mit sich herumschleppt? Nein, Unterabschnittsleiter, die einzige Möglichkeit, diese Operation völlig geheimzuhalten, war, niemandem vorher etwas zu verraten, und ich durfte meinen Status nur denen enthüllen, die es wissen müssen. Deshalb bin ich auch direkt zu Ihnen gekommen.«

»Aber angenommen, Sie sind gar nicht der, der Sie zu sein behaupten?« Das war eher eine rhetorische als eine wirkliche Frage, aber Dam spürte, daß Neilson hinter seiner Fassade so hart war wie ein Diamant.

»Verdammt! Wollen Sie von einem Attentäter verlangen, daß er seine Fähigkeit zu töten unter Beweis stellt? Und mit was für einer Demonstration würden Sie sich zufriedengeben?«

»Mit einer, die ausreicht, eine Einstufung als ›supergeheim‹ zu rechtfertigen.«

»Sie müßten sehr tapfer sein, Mann, wenn Sie es darauf ankommen ließen.«

Neilson griff in eine Schublade, nahm eine Elektronenpistole heraus, schob den Sicherheitsring zurück und richtete die Waffe auf Dam.

»Ich lasse es darauf ankommen, Mister. In fünf Sekunden schieße ich. Überzeugen Sie mich, oder Sie sind ein toter Mann.«

Dam hatte die Hand schon in der Tasche, der Einschaltknopf des Impulsgeräts drückte hart gegen seinen Zeigefinger. Trotzdem wartete er, solange er es wagte, bis er sah, daß Entschlossenheit und Härte in Neilsons Augen traten. Dann bewegte er sich: er wechselte eine halbe Sekunde, ehe Neilson hatte schießen wollen, in den ionisierten Zustand, und durch den Schock über die Verwandlung drückte Neilson vorzeitig ab; der Schuß ging direkt durch Dams Körper hindurch und zerschmetterte die Wandtäfelung dahinter, inzwischen stürzte Dam sich auf den plötzlich verängstigten Unterabschnittsleiter, schlug ihm die Pistole aus der Hand, warf ihn krachend auf den Boden und kippte den schweren Metallschreibtisch über ihn. Ehe Neilson sich darüber klar werden konnte, was eigentlich geschehen war, war Dam schon wieder im normalen Molekularzustand, und der Unterabschnittsleiter starrte wie gebannt auf die Spulen seiner Elektronenwaffe.

»Überzeugt, Unterabschnittsleiter?« fragte Dam. »Sie waren bewaffnet – ich nicht – und doch hätte ich Sie auf fünfzig verschiedene Arten töten können, wenn ich gewollt hätte.«

»Ich bin überzeugt!« Neilson kämpfte sich mühsam unter dem Schreibtisch hervor, untersuchte seine Prellungen und musterte sein verwüstetes Büro. Dann nahm er die Ionenpistole, die Dam ihm reichte, und warf sie etwas angewidert in einen Schrank. »Ionisation ...« – seine Hände zitterten immer noch von den Nachwirkungen des Schocks – »... das habe ich schon im Einsatz gesehen, man brauchte ein ganzes Schiff voll Ausrüstung im Hintergrund, aber wie, zum Teufel ...«

»Daher das Etikett ›supergeheim‹.« Dam streckte Neilson den weichen Teil seines Unterarms hin, damit der ihn betasten konnte. »Spüren Sie das Geflecht unter der Haut – der Ionenanzug ist in meinen Körper integriert, komplett mit Energieversorgung und Steuermodul. Das ist die neueste Ionisationstechnik, und bei weitem die tödlichste.«

»Zugegeben, Attentäter Stormdragon. Wenn ich es nicht mit eigenen Augen gesehen hätte, hätte ich es nie für möglich gehalten. Ich möchte mich für meine Zweifel entschuldigen.«

»Sie hätten Ihre Aufgabe nicht erfüllt, wenn Sie nicht ein gesundes Mißtrauen an den Tag gelegt hätten«, sagte Dam. »Ich werde Sie in meinem Bericht lobend erwähnen. Auch ich möchte mich entschuldigen, weil ich Ihnen den Beweis auf die harte Tour liefern mußte. Aber begreifen Sie jetzt, wie absolut notwendig ist, daß das Geheimnis gewahrt bleibt?«

»Ich mag nicht einmal daran denken«, sagte Neilson brummig. »Und Sie meinen, daß Liam Liam sich auf Ampola befindet?«

»Eine bessere Information haben wir nicht, obwohl das vielleicht nur der erste Anhaltspunkt auf einer langen Jagd ist. Aber eines ist sicher – ich muß Liam Liam aufhalten, ehe es ihm gelingt, die Dissidenten des Zentrums dazu anzustacheln, gemeinsam einen Krieg anzufangen.«

Während Dam antwortete, überschlugen sich die Gedanken hinter seiner Stirn. Neilson hatte den Planeten Ampola erwähnt, und das einzige, was er aus dem Zusammenhang erschließen konnte, war, daß Ampola das Ziel der Flotte war. Ampola befand sich in der Mitte der Regionen des Zentrums und war von seiner Heimatwelt Castalia aus gesehen der nächste bewohnbare Planet. Er empfand ein heilloses Durcheinander aus Jubel und Zorn – mit soviel Glück, so nahe an die Region gebracht zu werden, die er zu erreichen trachtete, hatte er gar nicht rechnen können, aber die Freude darüber wurde von dem Gedanken an die gräßlichen Folgen verdrängt, die Terras Absichten gegenüber einer der schönsten und zivilisiertesten Welten des Zentrums zeitigen würden.

»Kommen Sie!« Unterabschnittsleiter Neilson faßte ihn beim Arm. »Wir werden Sie während des Flugs beim Trupp des Sicherheitsdienstes unterbringen, wenn Ihnen das recht ist. Sobald wir gestartet sind, werde ich ein Treffen mit dem Abschnittskommandanten arrangieren. Wir müssen unsere Aktionen ganz sorgfältig aufeinander abstimmen, damit wir Ihnen nicht Ihre Operation verderben und Sie die unseren nicht durcheinanderbringen. Eines will ich Ihnen sagen, Stormdragon. Bei Ihren Fähigkeiten bin ich heilfroh, daß Sie auf unserer Seite sind.«

Während der Reise ins Zentrum lebte Dam ständig in Angst, es könne irgendein Funkspruch über die Senderkette von Terra kommen und den Vorfall mit dem Transformierer-Trägerschiff und die Flucht eines Ionenkriegers mit besonderen Fähigkeiten melden. Obwohl er alle Berichte des Nachrichtendienstes sorgfältig las, die den Sicherheitsdienst erreichten, bei dem er einquartiert war, kamen keine diesbezüglichen Meldungen durch, und daraus mußte er wohl schließen, daß die Korvette, die die Pinasse verfolgt hatte, seinen Sprung in den Tachyon-Raum übersehen und das Aufflammen ihrer eigenen Raketen als Beweis für seine Vernichtung interpretiert hatte.

Unterabschnittsleiter Neilson schien nun völlig von seiner Echtheit überzeugt, und der Boden für Dams Gespräch mit Abschnittskommandant Canwolf war so sorgfältig vorbereitet worden, daß auch Canwolf bereitwillig akzeptierte, wie wichtig und unangreifbar die Mission des angeblichen Attentäters war. Bei der Besprechung wurde hauptsächlich untersucht, auf welche Weise man Dams Aktivitäten durch die Anwesenheit der Flotte unterstützen könne. Dam gab sich zurückhaltend, bestand darauf, völlig autonom zu handeln, bat aber, ihm für den Fall, daß er in einer Phase der Operation Unterstützung brauchte, einen besonderen Funkkanal freizuhalten. Man stattete ihn mit einem heißen Draht aus, einer direkten Funkverbindung zum Flaggschiff. Er hatte nicht die Absicht, sich dieser Einrichtung zu bedienen, aber sie schien ihm zu der Rolle zu passen, die er spielte, und konnte vielleicht für ein eventuell erforderliches Ablenkungsmanöver nützlich sein.

Als der Zielplanet erreicht war und die Schiffskette im Orbit Aufstellung genommen hatte, brachte man Dam in einem Rettungsboot über die dunkle Seite des Planeten und warf ihn, wie er es verlangt hatte, in einer Raumrettungskapsel mit Landeeinrichtung ab. Trotz der sargähnlichen Enge der röhrenförmigen Kapsel verspürte er gewaltige Erleichterung, weil er nun endlich von den Terranern wegkam und auf dem Weg zu seinen eigenen Leuten war; aber gleichzeitig empfand er auch Trauer und Zorn, denn selbst aus der gewaltigen Höhe, in der man die Kapsel aus dem Orbit gestoßen hatte, konnte er durch das vordere Bullauge deutlich das Auflodern explodierender Raumbomben sehen, wo die Flotte im Orbit einigen ›Dissidenten‹ einen Vorgeschmack auf die Macht einer terranischen Kolonialherrschaft geben wollte.

27. Kapitel

Raumrettungskapseln waren wegen der kurzen Zeit, die sie im Einsatz waren, normalerweise nicht mit einer Funkverbindung ausgestattet. Eine kurzlebige, chemische Sauerstoffpatrone, ein gewisses Maß an Wärmeisolierung, eine Außenhülle, die durch die Reibung beim Wiedereintritt in die Atmosphäre weggebrannt wurde, zwei Bremsfallschirme, ein Höhenmesser und eine Bremsrakete für die Landung, das war aber auch schon alles, womit dieser Zylinder zum Menschentransport ausgestattet war. Diese Einrichtungen waren das zum Überleben absolut notwendige Minimum, und beim Einsatz dieser Kapseln kam es häufig zu tödlichen Unglücksfällen; aber Dam, der eine Möglichkeit suchte, ohne Aufsehen zu erregen vor den terranischen Besatzungstruppen zu landen, hatte gefunden, das Risiko lohne sich, besonders, da er von einem Rettungsboot aus auf die genaue Flugbahn gesetzt wurde und somit eine theoretisch sichere Landung vor sich hatte.

Anders als der normale Überlebende einer Raumkatastrophe hatte Dam jedoch zusätzlich das Päckchen mit dem Funkgerät für den heißen Draht um den Hals hängen und konnte immer noch mit dem Flaggschiff sprechen, dessen Rettungsboot ihn abgesetzt hatte. Kurz nach dem Beginn des freien Falls hatte Unterabschnittsleiter Neilson, der Dams Abflug mit großem Interesse verfolgt hatte, den Funker auf dem Schiff abgelöst.

»Wie geht es Ihnen, Attentäter Stormdragon? Ich hoffe doch, daß alles in Ordnung ist?«

»Auf Dauer ließe eine Landung per Raumkapsel doch viel zu wünschen übrig.«

»Ich weiß, was Sie meinen«, sagte Neilson. »Ich hatte

nur einmal das Pech, auf diese Weise landen zu müssen, und das werde ich nie vergessen. Deshalb habe ich beschlossen, Ihnen die Sache zu erleichtern.«

»Erleichtern?« Dam hörte einen belustigten Unterton in der Stimme des Sicherheitsdienstchefs. »Inwiefern?«

Neilsons Stimme war ruhig, aber eine kalte Schadenfreude klang darin mit. »Wissen Sie, mein lieber Attentäter, ich habe einen der Bremsfallschirme von Ihrer Kapsel entfernen lassen.«

»Was haben Sie getan?«

»Ich habe es Ihnen eben gesagt. Wissen Sie, was mit einer Kapsel passiert, die nur einen funktionierenden Fallschirm hat? Sie tritt zu schnell in die tieferen Atmosphäreschichten ein – nicht schnell genug, um völlig zu verbrennen, aber doch ausreichend für eine schöne Weißglut. Auf diese Weise werden Sie die Eindrücke für den Rest Ihres Lebens bewahren ... nur wurde die Zeitspanne dafür von Jahren auf Minuten reduziert.«

»Sind Sie wahnsinnig?«

»Nein, mein Freund aus dem Zentrum. Aber ich wäre wahnsinnig gewesen, wenn ich Ihnen geglaubt hätte.«

»Das verstehe ich nicht.«

»Ich habe Sie gefragt, ob Sie erwarteten, Liam Liam auf Ampola zu finden. Sie haben sofort angenommen, Ampola sei unser Ziel, und seither haben Sie sich immer so geäußert. Aber es war eine Fangfrage. Wir waren nie für Ampola eingeteilt, und Sie stürzen auch jetzt nicht auf Ampola zu. Was soll das denn für ein Spionageagent sein, der nicht einmal weiß, wo sein Einsatzort ist?«

»Verdammt! Wenn Sie dachten, daß ich bluffe, dann haben Sie sich bemerkenswert wenig anmerken lassen.«

»Sie erinnern sich vielleicht daran, daß Sie mir eine Demonstration Ihrer überragenden Fähigkeiten gaben. Diese Lektion habe ich mir sehr zu Herzen genommen. Offen gestanden, so wie Sie ausgestattet sind, hätten

Sie ohne Schwierigkeiten das ganze Schiff in Ihre Gewalt bringen können, wenn Sie sich bedroht gefühlt hätten. Dieses Risiko wollten weder ich noch der Abschnittskommandant eingehen. So war es besser, abzuwarten, bis Sie das Schiff aus eigenem Antrieb verlassen hatten – und dann auf eine Weise für Ihre Vernichtung zu sorgen, gegen die Sie selbst mit Ihren Talenten nichts ausrichten können. So seltsam es Ihnen auch vorkommen mag, wir Terraner sind nicht so dumm, wie Sie glauben.«

»Ich bemühe mich immer, die Gegenseite nicht zu unterschätzen. Und ich rate Ihnen, das ebenfalls nicht zu tun. Ihr Krieg gegen das Zentrum ist ein Kampf, den Sie unmöglich gewinnen können.«

Dam schaltete das Funkgerät ab, als die Kapsel in die dünne Außenatmosphäre des Planeten eintrat, auf den er zustürzte. Die Reibungshitze, die sich dabei selbst in diesen fein verteilten Gasschichten entwickelte, ließ die Temperatur der Außenhülle bis zur Weißglut ansteigen. Wie Neilson vorhergesagt hatte, würde die Kapsel nicht völlig verglühen, sondern mit so hoher Geschwindigkeit an einem Fallschirm weitersinken, daß sie sich, wenn die entbehrliche Außenhülle völlig abgebrannt war, selbst überhitzen würde – und er hatte keine Möglichkeit, sich aus der Metallröhre zu retten, die bald auf tausend Grad Celsius über das für einen Menschen Erträgliche hinaus aufgeheizt sein würde.

Er überlegte, ob er die Bremsrakete vorzeitig zünden sollte, sah aber ein, daß er sich damit nur vorübergehend Linderung verschaffen konnte und daß die Höhe, in der er sich im Moment befand, ausreichte, daß er, lange nachdem die Bremsrakete ausgebrannt war, erneut eine kritische Geschwindigkeit erreichen würde. Zusätzlich hätte er dann die Möglichkeit verspielt, seine Geschwindigkeit bei der Annäherung an den Boden abzubremsen, vorausgesetzt, er kam überhaupt so weit, ohne vorher zu verbrennen. Ebenso fasziniert wie entsetzt beobachtete er, wie große Flammen von der abbrennenden Außenhülle am Sichtfenster vorbeiloderten und das Aufleuchten der Raumbomben überstrahlten, die unter ihm auf dem Planeten detonierten. Dann war der größte Teil der Hülle fort, und er spürte, wie die Hitze im Innern unerbittlich anstieg. Ein kleiner Abschnitt der Wand, der weniger geschützt war, färbte sich allmählich kirschrot, gleichzeitig nahm Dam einen überwältigenden Gestank nach versengter Farbe und verschmorten Kabeln wahr, auch das Lebenserhaltungssystem wurde durch die ständig steigende Temperatur des zerbrechlichen, kleinen Rumpfes allmählich zerstört.

Durch das rote Glühen an der Wand fielen Dam auf einmal zwei von Absoluts Trainingsübungen ein: erstens die Sitzungen im Hochofen; und zweitens die Fähigkeit der Energiehülle, in ionisiertem Zustand Druckwerten standzuhalten, die einen molekularen Körper völlig zerstört hätten. Wenn man in seiner Situation überhaupt überleben konnte, dann nur in ionisiertem Zustand. Er spürte, wie seine Uniform zu glimmen anfing, und die Atmosphäre war allmählich nicht mehr atembar. Er drückte den Aktivierungsknopf auf dem Impulsgerät in seiner Tasche, und sein Körper nahm die Identität der heißen Atmosphäre an, die ihn umgab. Der Wechsel kam keine Sekunde zu früh, denn die Kerze mit dem chemischen Sauerstoffvorrat entzündete sich, und durch das freigesetzte Gas explodierte ein Stück einer ausgeglühten Stahlstrebe zu einem weißen Funkenschauer, der ihm die Beine verbrannt hätte, wenn er nicht in Ionen-Gestalt gewesen wäre.

Dam in seiner Minihölle machte sich immer größere Sorgen um seine Aufprallwucht. Jetzt brannte schon die Außenseite der eigentlichen Kapsel, und die Wände glühten in hellem Rot. Die Flammen rasten am Sichtfenster vorbei und strahlten so hell, daß er von der Nachtseite der Welt, auf die er zustürzte, nicht das geringste sehen konnte; der Höhenmesser funktionierte schon lange nicht mehr. Der Kampf mit sich selbst, wann er die Bremsrakete zünden sollte, wurde dadurch beendet, daß ihm die Entscheidung abgenommen wurde. Die Rakete steckte in einem Gehäuse, dessen Temperatur so weit gestiegen war, daß sie über dem Flammpunkt des Treibstoffs im Innern lag, und die Bremsrakete zündete von selbst. Der Flammenstoß, den sie dabei ausschickte, hüllte das gequälte, kleine Fahrzeug in einen funkelnden, silbrigen Feuerball.

Die überhitzte Bremsrakete bremste die Kapsel so radikal ab, daß die geschwächten Metallwände sich durch die plötzliche Wucht der Gegenbewegung richtiggehend wölbten, und Dam spürte, wie unsichtbare Kräfte seine Ionen-Gestalt gegen das vordere Ende der Kapsel preßten. Dann war die Rakete ausgebrannt, er befand sich wieder im freien Fall, und wenn man danach urteilte, wie die Atmosphäre heulend am Rumpf riß, war seine Geschwindigkeit noch immer so hoch, daß nicht einmal seine Energiehülle den Aufprall überstehen konnte.

Endlich kam der Aufschlag, den er gefürchtet hatte; er wurde von den sich plötzlich konzentrierenden Kräften, die ihn nach unten schmetterten, hoffnungslos zusammengedrückt, gleichzeitig traf ein Schrei seine Ohren, den er nur mit einem Dämonenchor direkt aus der Hölle assoziieren konnte. Seine Energiehülle wurde so stark verformt, daß sein Gehirn eine schützende Decke der Bewußtlosigkeit über ihn warf, um den unerträglichen Schmerz abzuhalten, Dam rutschte in eine schwarze Flut, die ihn gierig verschlang wie ein hungriges Maul.

Als er erwachte, fand er sich von Metall umgeben im Dunkeln und spürte ein leichtes, rhythmisches Heben und Senken. Die Kapsel war in ein tiefes Gewässer gestürzt, das den Aufprall beträchtlich gedämpft und die meteoritische Hitze gemildert hatte. Trotzdem hatte das überhitzte Metall durch den massiven Schlag stellenweise Risse bekommen, und obwohl die Kapsel aufrecht schwamm, spritzte bei gelegentlichen Wellen Wasser durch einen Spalt in der Decke herein und warnte ihn, daß er nicht mehr viel Zeit hatte.

Das schwache, milchige Weiß vor der Sichtscheibe deutete darauf hin, daß es möglicherweise bald dämmern würde. Dam überlegte, was er tun könnte. Die Kapsel würde noch länger schwimmen, solange er nicht versuchte, die Luke zu öffnen, aber wenn es sich als so schwierig herausstellen sollte, wie er befürchtete, die verzogene Metallplatte aufzubekommen, bestand die Gefahr, daß genügend Wasser eindrang, um das Ganze sinken zu lassen, ehe er freikam. Andererseits konnte er sich sofort mit der Luke befassen und versuchen, von der wackeren, kleinen Kapsel wegzuschwimmen, damit riskierte er jedoch, sich im Dunkeln mitten in einem unbekannten Ozean wiederzufinden und sich allein auf seine Schwimmkünste verlassen zu müssen.

Ein stärkerer Wasserschwall drang durch den Riß und belehrte Dam, daß seine Wahlmöglichkeiten höchst relativ waren und daß das Meer sein Hauptfeind war, ganz gleich, wie er sich entschied. Er war sicher, daß das Impulsgerät einen Kurzschluß bekommen würde, wenn es ins Wasser getaucht wurde. Deshalb kehrte er in seine normale, molekulare Gestalt zurück und begann mit der Luke zu kämpfen. Glücklicherweise hatte die Hitze während des Sturzes dem Weltraumstahl seine Härte entzogen, und außerdem hatten die Teile stark oxidiert. Als Dam seine wachsende Verzweiflung zu Hilfe kam, gelang es ihm schließlich, die Luke mehr wegzubrechen als zu öffnen, und er konnte trotz der hereinstürzenden Wassermassen von der Kapsel wegschwimmen, nachdem er ein kleines Stück unter die Oberfläche gezogen worden war.

Nach Atem ringend sah er sich um. Das Licht, das er für die Dämmerung gehalten hatte, kam nicht von der aufgehenden Sonne, sondern es war der Schein großer, am makellosen Samt des Himmels aufgereihter Sternenhaufen. Das Sternenlicht war so, daß er sich in seiner Phantasie ferne Küsten oder glatte See ausmalen konnte, wo immer er hinsah, je nachdem, wie hoffnungsvoll seine Stimmung war. Realistisch gesehen gab es keinen Grund, warum er lieber in die eine als in die andere Richtung schwimmen sollte, es war ebensogut möglich, daß er sich von der potentiellen Sicherheit entfernte, wie daß er sich ihr näherte. Dann bemerkte er ein schwaches Licht – nicht mehr als einen Punkt am Horizont, wie weit entfernt, konnte er nicht bestimmen. Was dieses Leuchtfeuer für ihn bedeutete, konnte er unmöglich abschätzen, aber ob es nun ein Schiff oder die Küste repräsentierte, war völlig egal. Dam streifte seine Schuhe ab und begann auf das Licht zuzuschwimmen.

Dam war ein guter Schwimmer, er hatte einen großen Teil seiner Kindheit damit zugebracht, die Kanäle und Wasserläufe rings um seine heimatlichen Wasserwälder zu erforschen. Trotzdem verlangte ihm diese Strecke das Letzte ab. Lange Zeit schien es ihm, als käme er überhaupt nicht voran, und er fürchtete schon, in eine starke Strömung geraten zu sein. Als dann allmählich doch der Morgen graute, sah er, daß er sich in einer breiten natürlichen Bucht befand; das Licht, das ihm zugewinkt hatte, war ein Leuchtfeuer auf einem weißen Turm und markierte die Mündung eines kleinen Flusses. Er sah auch, daß das Ufer näher war als das Licht selbst. Mit schwindenden Kräften änderte er seinen Kurs und schwamm auf die Küste zu, schließlich watete er durch die sanften Brandungswellen und brach erschöpft auf dem weißen Sandstrand zusammen.

28. Kapitel

Als Dam erwachte, war der Himmel klar, und die Sonne strahlte hell, aber er war von einem unbestimmten Gefühl erfüllt, sich in Gefahr zu befinden, und das ließ ihm keine Ruhe. Irgend etwas, vielleicht ein Geräusch, war im Schlaf zu ihm gedrungen und hatte in seinem Innern einen Alarm ausgelöst. Aber als er von dem sich allmählich erwärmenden Sand aufstand und herumschaute, konnte er nichts Bedrohliches entdecken. Plötzlich sah er Flecken am Horizont, und Dam lag flach auf dem Gesicht und drückte sich gegen den Boden, als ein Dutzend ferngesteuerter, terranischer Flugminen mit einer Geschwindigkeit von etwa Mach Drei in knapp hundert Metern Höhe vom Meer her herandonnerten und direkt über ihn hinwegflogen. Ihre Düsen wirbelten am Strand einen Sandsturm auf, und die Druckwelle versetzte ihm einen so gewaltigen Schlag auf den Rücken, daß ihm der Brustkorb dröhnte. So schnell, wie die Flugminen gekommen waren, verschwanden sie auch wieder jenseits des Ufers. Als der Lärm ihrer Motoren am Himmel erstarb, schien die darauffolgende Stille alles zu verschlingen.

Dam blieb liegen, bis er sicher war, daß die Flugminen nicht in seiner Nähe explodieren würden, dann rappelte er sich auf. Er war jetzt einigermaßen sicher, daß ihn zuvor ein erster Schwarm dieser Flugkörper geweckt hatte, der etwas weiter entfernt die Küste entlanggekommen war. Sie kamen aus dem Weltraum, waren von einem terranischen Waffenträger abgesetzt, und jede der Flugminen enthielt einen Sprengknopf mit ultrastarkem Sprengstoff, der ausreichte, um eine Stadt nicht nur in Trümmer zu legen, sondern buchstäblich zu pulverisieren. Solche Waffen brachte man über strategisch wichtigen Punkten in der Nähe größerer Bevölkerungszentren herunter, wo sie mit nicht entschärfenden Zündern auf das Zerstörungssignal aus dem Weltraum warteten. Auf diese Weise konnte man nach Lust und Laune ganze Bevölkerungen oder ausgewählte Gebiete zerstören und für die ›Sünden‹ der Dissidenten Rache nehmen, wo und wann immer es zweckmäßig schien. Die Terraner machten ihrem Ruf alle Ehre.

Da Dam von Unterabschnittsleiter Neilson erfahren hatte, daß diese Welt nicht Ampola war, suchte er nun nach Anhaltspunkten, um festzustellen, auf welchem Planeten des Zentrums er sich befand. Während seiner Dienstzeit in der Raumarmee hatte er vielleicht ein Dutzend Zentrumswelten besucht und kannte sie ein wenig, aber die Meereslandschaft, die ihn umgab, hätte sich fast auf jeder davon befinden können. Die Tatsache, daß die Flugminen dieses Gebiet überflogen hatten, war ein Hinweis darauf, wo sich eine größere Ansiedlung befand, und er ging in diese Richtung. Der Weg führte ihn die Bucht entlang bis in die Nähe der Stelle, wo der weiße Turm mit dem Licht stand, das ihn ans Ufer geleitet hatte.

Er stellte fest, daß der Turm ein automatisches, unbemanntes Leuchtfeuer trug, das auf einem Sockel aus feinem weißem Stein stand, das Bauwerk gab keinen direkten Hinweis darauf, welche Planetenbevölkerung für den Entwurf verantwortlich zeichnete. Im Sockel befand sich eine schwere verschlossene Tür, daneben war eine Nische, die einen Alarmknopf für Notrufe beherbergte. Dam drückte auf den Knopf und wartete, aber weder ein Schiff noch ein Flugzeug reagierten auf seinen Ruf. Er zuckte die Achseln. Wenn er die Situation richtig erfaßte, waren die Notdienste auf diesem Planeten vom Angriff der Terraner schon zu sehr in Anspruch genommen, um schnell reagieren zu können. Ein anonymes Signal von einem isolierten Punkt an der Küste stand auf ihrer Prioritätenliste wohl ziemlich weit unten.

Dam wandte seine Aufmerksamkeit den Uferfelsen und dem dahinterliegenden Gebiet zu. Er hatte seine Schuhe verloren, und seine Sohlen waren nicht hart genug, um einen Marsch über das zerklüftete, steinige Ufergelände auszuhalten. Trotzdem kämpfte er sich unter Schmerzen hinauf bis an den Fuß einer steilen Bergkette, die die Bucht einrahmte und eine fast genau halbkugelförmige Schale bildete. Ungefähr der Richtung der Flugminen folgend stellte Dam zu seiner Erleichterung fest, daß die Bodenbeschaffenheit der Hügel für seine Füße weniger schmerzhaft war als vorher das Ufer, und innerhalb einer Stunde hatte er sich einer Hügelkuppe genähert und war in der Lage, einen ersten Blick auf das dahinterliegende Gelände zu werfen.

Er blieb erstaunt stehen, als er unter sich Wasserschneisen und Gruppen von Fontänen sah, wie sie so typisch für seine Heimat Castalia waren. Mit einem Triumphschrei lief er den Abhang auf der anderen Seite hinunter, ganz außer sich vor Freude über die unerwartete Heimkehr. Plötzlich lag er wieder eng an den Boden gepreßt und betete, als ein weiterer Schwarm von Flugminen dicht über der Kammlinie der Hügel, nur ein paar Meter über seinem Kopf herangebraust kam und wie Boten der Hölle über die Wasserschneisen donnerte. Dam wußte zwar, daß er nun wieder irgendwo auf seiner eigenen Welt war, aber er fühlte sich plötzlich leer, empfand Übelkeit und Zorn, weil er auch wußte, welche Mittel und Wege den Terranern zur Verfügung standen, um abscheuliche Greueltaten gegen die Bevölkerung und die Natur seiner Heimatwelt zu vollbringen. Dumpfes Entsetzen überwältigte ihn, wenn er sich vorstellte, was aus seinem kostbaren Castalia werden konnte.

Die Krisensituation war so gravierend, und Dam war so weit von der Hauptstadt entfernt, daß er drei Tage brauchte, um sich die nötigen Transportmittel zu erbetteln und zu erstreiten und sein Ziel zu erreichen. Es hätte noch länger gedauert, wenn er nicht einen Außenposten der Raumarmee entdeckt und den Kommandanten von seiner Identität und von der Dringlichkeit seiner Mission überzeugt hätte.

Aus dieser Quelle erfuhr er, wie fügsam sich die castalische Regierung den terranischen Forderungen unterworfen hatte, und mit welcher Schnelligkeit die einheimischen Verteidigungskräfte aufgelöst und ihre Waffen vernichtet wurden.

Man hatte die castalische Regierung vor eine einfache Entscheidung gestellt – absoluter Gehorsam gegenüber den terranischen Befehlen oder die Ausrottung von neunzig Prozent der Bevölkerung des Planeten innerhalb von zehn Stunden. Es war sinnlos, sein Leben für die Verteidigung einer Welt zu opfern, die lange vor Ende der Schlacht nur noch ein unbewohnbarer Brokken Schlacke sein würde; lieber weiterexistieren und später nach einem Weg zu suchen, das drückende Joch Terras vom Nacken zu entfernen.

Nachdem der Kommandant von Dams Geschichte überzeugt war, sah er, welche Möglichkeiten darin lagen, wenn Dam in seiner Eigenschaft als Ionenkrieger in den Kampf eingriff, und obwohl er persönlich nicht wußte, wie Liam Liam zu erreichen war, sorgte er schnell dafür, daß Dam Ausweispapiere und unauffällige Zivilkleidung bekam und in die Nähe der Ansiedlung Darrieus gebracht wurde, wo sich Senator Anrouse aufhielt.

Als Dam in Darrieus ankam, wurde er sich sofort der Präsenz der Terraner bewußt: furchterregend bewaffnete Raumfahrer der Besatzungsflotte patrouillierten auf den Straßen und hatten vor allen wichtigen Gebäuden Posten bezogen; sicher durchforsteten mindestens ebenso viele Männer in Zivil von der Sicherheitsabteilung die Gemeinde auf der Suche nach irgendwelchen Spuren einer möglichen Widerstandsbewegung. Man hatte das Kriegsrecht verhängt und die Bewegungsfreiheit von Zivilisten stark eingeschränkt; die Terraner verlangten absoluten Gehorsam. Das Krachen von Elektronenfeuer kündete von Massenhinrichtungen im Eilverfahren, mittels deren die Invasoren ihre Gehässigkeit auslebten und ihre Befehle durchsetzten. Tatsächlich schien sich die gesamte Bevölkerung unter einer Decke aus grauer Angst verkrochen zu haben.

Nachdem man Dam am Stadtrand abgesetzt hatte, ging er zu Fuß durch die verlassenen Straßen. Unter der formlosen Jacke, die man ihm gegeben hatte, trug er eine starke Elektronenpistole und den Impulsgeber, mit dem er seine Ionenidentität steuern konnte. Er umging sorgfältig alle Kontrollpunkte, an denen vielleicht eine Leibesvisitation vorgenommen wurde, er hatte nicht die Absicht, sich durchsuchen zu lassen, und die terranische Einheit, die ein solches Kunststück wagen wollte, mußte sich auf eine schnelle Vernichtung gefaßt machen. Aber Dam dachte auch an die schrecklichen Vergeltungsmaßnahmen, die nach einem solchen Vorfall über die einheimische Bevölkerung hereinbrechen würden.

Um Verbindung mit Anrouse aufzunehmen, ging er nicht zu den Regierungsgebäuden, die, wie er wußte, streng bewacht sein würden, sondern arbeitete sich statt dessen zu den Räumen vor, die der Senator bewohnte, wenn er seinen offiziellen Verpflichtungen in Darrieus nachkam. Es schienen keine Terraner in der Nähe zu sein, und mit einem Brief, der ihm der Kommandant des Raumarmee-Außenpostens mitgegeben hatte, kam er ohne Schwierigkeiten an Anrouses Leibwächtern vorbei und zu einem der Adjutanten des Senators. Als der Mann begriff, wer Dam war, wurde er sichtlich blaß.

»Sie hätten keinesfalls herkommen dürfen, Stormdragon! Ihre Anwesenheit könnte uns alle das Leben kosten, falls die Terraner erfahren, daß Sie hier sind.«

»Vielen Dank für die herzliche Begrüßung«, antwortete Dam trocken. »Aber ich kann Sie verstehen. Ich wollte Senator Anrouse sprechen, weil er die einzige Verbindung zu Liam Liam ist, die ich kenne.«

»Ich glaube, Sie mißdeuten die Beziehung zwischen dem Senator und diesem Zentrumsrevolutionär.« Der Adjutant drückte sich bewußt vorsichtig aus.

»Vielleicht. Aber ich wurde von Absolut Anrouse hierhergeschickt.«

»Absolut?« Verwirrung verdüsterte das Gesicht des Adjutanten. Dann rang er sich plötzlich zu einer Entscheidung durch. »Warten Sie hier! Ich werde nachsehen, ob der Senator Sie empfängt.«

Kurz darauf wurde Dam ein Stockwerk höher in einen Raum geführt, wo Anrouse an einem Schreibtisch saß und Stapel von Papieren durchblätterte. Als Dam eintrat, hielt er inne und stand auf, um ihm die Hand zu schütteln. Er war unglaublich gealtert, seit sie sich zum letztenmal gesehen hatten; seine Stimme war die eines müden, gebrechlichen Mannes. Der Adjutant blieb mit im Zimmer und beobachtete seinen Herrn besorgt.

»Wir dachten, Sie seien tot, Dam«, sagte Anrouse ernst. »Und Absolut auch. Sie sind inzwischen sicher dahintergekommen, wozu man Sie entsandt hat. Wo ist Absolut?«

»Zuletzt habe ich sie auf einem Schiff am Rand des Sonnensystems gesehen. Liam Liam hat, glaube ich, einen Rettungsversuch gemacht, der scheiterte. Deshalb bin ich an ihrer Stelle gekommen, ich habe Informationen, die Liam braucht.«

»Was für Informationen?«

»Haben Sie schon von dem Ionisationsverfahren gehört, bei dem der Anzug unter der Haut liegt? Ich bin dafür eingerichtet.«

»Liam hat mir nach der Syman-Affäre davon berichtet. Aber Sie kommen zu spät, Dam. Liams Stützpunkt ist weit von Castalia entfernt, und die Terraner haben uns keine Möglichkeit gelassen, ein Schiff oder einen Funkspruch dorthin durchzubringen. Übrigens könnte auch Liam schon tot sein. Die letzte Nachricht, die wir erhielten, lautete, daß er bei einer Aktion in der Nähe von Sol in eine Falle geriet, vielleicht ist das derselbe Vorfall, den auch Sie erwähnt haben.«

»Ich war dabei«, sagte Dam, »aber ich habe das Ende nicht miterlebt. Es ist durchaus möglich, daß sie entkommen konnten.«

Anrouse schüttelte traurig den Kopf und zog sich hinter seinen Schreibtisch zurück. »Ich glaube, das ist nichts als Wunschdenken. Liams Schiff wurde sicher gezwungen, mit ihm zurückzukehren, und wenn man sich ansieht, auf wie wenig Widerstand Terra beim Anflug auf Castalia gestoßen ist, müssen wir das Schlimmste befürchten. Womit wir wieder bei der Realität Ihrer eigenen Situation wären.«

»Senator?«

»Um unser aller willen, verdrücken Sie sich, Dam! Legen Sie die Waffen nieder, verschwinden Sie in der Versenkung – und bleiben Sie dort! Tun Sie nichts, was die Terraner auf Ihre Existenz aufmerksam machen könnte – die säbeln sonst den halben Planeten in Stükke, nur um sicherzugehen, daß Sie nicht überleben. Habe ich mich klar ausgedrückt?«

»Völlig klar, Senator.« Dam versuchte ohne Erfolg, die aufwallende Bitterkeit in seiner Stimme zu unterdrücken. »Aber ich bin nach Castalia zurückgekehrt, um zu kämpfen, nicht, um mich zu verstecken.«

»Dann haben Sie überhaupt keine Ahnung, was wirkliche Tapferkeit ist, Stormdragon.« Anrouse war plötzlich wieder das überlebensgroße Vorbild, als das Dam ihn immer gesehen hatte, und seine Stimme dröhnte durch den Raum wie eine explodierende Bombe.

»Ich verstehe einfach nicht, was Sie damit sagen wollen.«

»Wenn Sie Ihre geheimen Karten gegenüber den Terranern aufdecken, werden die im Gegenzug Millionen hinschlachten und diese Welt auf ewig vergiften. Dahin würde Ihre ›Tapferkeit‹ uns führen. Es ist viel besser, Sie suchen sich eine ruhige Ecke und richten Ihre Waffen gegen sich selbst. Sie sind eine Gefahr für Castalia, Dam. Ihre Anwesenheit ist ein Katalysator, der die bisher gräßlichsten Reaktionen auslösen könnte.«

29. Kapitel

Dam hörte ihm schon nicht mehr zu. Ein anschwellendes Motorengeräusch draußen auf der Straße warnte ihn, daß da etwas im Gange war, mit heiserer Stimme geschnarrte Anweisungen verrieten ihm, daß eine terranische Razzia durchgeführt wurde. Anrouse und sein Adjutant hörten die Geräusche ebenfalls, und Dam spürte, daß die beiden Männer unter starker Spannung standen. Unten im Korridor gab es plötzlich einen lauten Krach, als die Eingangstür aufgestoßen wurde, danach hörte man Schritte von Männern und scharfe Befehle. Anrouse blickte seinen Adjutanten an, und sein Gesicht drückte einen bitteren Vorwurf aus. Auch Dam hatte Ursache und Wirkung miteinander verkettet und daraus einen logischen Schluß gezogen.

»Sie Hund! Sie haben mich an die Terraner verkauft!«

»Nur, um ein wenig Zeit zu gewinnen«, sagte der Adjutant aufrichtig. »Glauben Sie mir, Zeit ist das, was Castalia am dringendsten braucht.«

Er hatte eine Pistole gezogen und richtete sie auf Dam. Der verließ sich darauf, daß der Bursche ihn eher festhalten als töten wollte, und ließ seine Hand weiter auf seine Tasche zuwandern. Er schlug durch den Stoff seiner Jacke auf den Aktivierungsknopf, und das Gerät reagierte sofort. Noch während er in die Ionen-Identität überging, zog er schon seine Pistole, aber der Adjutant wurde von einem Feuerstoß getötet, den Anrouse selbst abgab. In dem Moment flog krachend die Tür auf, und ein routinierter Verhaftungstrupp forderte Dam auf, herauszukommen, ohne Widerstand zu leisten. Er kam auch heraus, aber nicht so, wie die anderen das gehofft hatten. Seine Ionen-Gestalt sprang mit einem Satz aus dem Raum in die Mitte des Korridors, und er drehte sich um, ohne das hektische Schießen zu beachten, und mähte mit seiner Elektronenpistole den Verhaftungstrupp nieder, dann nahm er mit einem einzigen Sprung die Treppe und richtete unter den unten wartenden terranischen Soldaten ein Blutbad an. Immer noch wild auf jeden feuernd, der sich sehen ließ, stürmte er hinaus auf die Straße, aber erst, nachdem Anrouses Gesicht, vor Angst ganz weiß, über dem Geländer aufgetaucht war. Dam hob grüßend die Hand.

Auf der Straße wählte er das nächstbeste Fahrzeug. Mit seiner starken Elektronenpistole brachte er die Motoren der drei Fahrzeuge, die außerdem noch dastanden, zur Explosion, und zwei gerieten sofort in Brand. Dam ließ sein Fahrzeug an, jagte den Motor hoch und durchbrach eine hastig improvisierte Straßensperre. Die Männer, die die Straßensperre aufbauten, stürzten unter seinem mörderischen Ansturm um wie Kegel, und die Barrieren, die sie über die Straßen gestellt hatten, wurden auf beiden Seiten gegen die Gebäude geschmettert. Noch ehe Verstärkung eintreffen konnte, war er durch und fuhr auf gewundenen Pfaden nicht durch die Hauptstraßen, wie man vielleicht hätte vermuten können, sondern an den Rand von Darrieus, wo ein Gewirr von Kais und Brücken auf die Nähe der Kanäle und Wasserläufe hinwies, auf welchen sich der Handelsverkehr mit den Städten im Landesinneren abspielte. Als die terrranischen Suchtrupps das Fahrzeug fanden, war es längst verlassen, und es war auch nicht feststellbar, auf welcher von mehreren nebeneinanderliegenden Straßen ihr Wild geflohnen sein mochte, oder ob es nicht zu Wasser in einen der Kanalarme entkommen war. Vielleicht weil der Vorfall ein schlechtes Licht auf die Fähigkeiten der terranischen Besatzungsmacht warf, bekam der Abschnittskommandant im Orbit nie einen vollständigen Bericht darüber, und die Vergeltungsmaßnahmen fielen relativ milde aus. Inzwischen war ein Reisender zu seinem alten Haus am Rand der

Wasserwälder zurückgekehrt und überlegte, wie sein nächster Schachzug aussehen sollte.

Das Haus hatte praktisch leergestanden, seit Dam mit Colonel Dimede nach Terra aufgebrochen war, aber einer der Flußschiffer war beauftragt worden, sich um die notwendigen Reparaturen zu kümmern und dafür zu sorgen, daß die Wassergärten in Ordnung gehalten und bepflanzt wurden. Auf einem gestohlenen Schlitten, dessen Turbinen so weit gedrosselt waren, daß sie nur noch leise flüsterten, war Dam zum Haus zurückgekehrt und hatte sich mit aller Vorsicht so Eintritt verschafft, daß selbst einem Beobachter, der sich mit den Gewohnheiten der Wasserbewohner auskannte, seine Anwesenheit nicht auffallen konnte. Daher war er zutiefst beunruhigt, als er in der seltsamen Dämmerung zwischen dem Zweiten und dem Ersten Licht durch die Ankunft eines weiteren Schlittens geweckt wurde, der an den Landestufen festmachte. Der Insasse des Schlittens suchte sorgfältig die Umgebung ab, ehe er leise an Dams Tür klopfte.

»He, Stormdragon! Ich bin's, Marke Sten.«

Dams Finger am Abzug entspannte sich, aber er behielt die Waffe im Anschlag, während er vorsichtig die Tür aufschloß.

Marke Sten war seit langen Jahren Wasserführer und ein alter Freund von Dam, aber der hatte inzwischen auf unangenehme Weise erfahren müssen, daß man sich auf die alten Werte nicht mehr verlassen konnte. Marke reagierte im Halbdunkel auf die Waffe, indem er die Arme ausbreitete.

»Frieden, Dam! Ich nehme dir nicht übel, daß du vorsichtig bist, aber ich bin unbewaffnet. Du kannst mich durchsuchen, wenn du willst.«

»Woher hast du gewußt, daß ich wieder hier bin?«

Sten winkte ab. »Niemand benützt die Wasserstraßen, ohne daß die Flußschiffer es merken. Folgende Nachricht hat mich hergeführt. Die Terraner haben einen hohen Preis auf deinen Kopf ausgesetzt, und es gibt einige Leute, die versuchen werden, ihn sich zu verdienen. Ich warne dich, Dam, hier ist kein Platz, wo du dich ausruhen kannst.«

»Vielen Dank für die Warnung, Marke. Wenn du mich so schnell gefunden hast, werden andere nicht lange auf sich warten lassen. Gibt es eine Lösung?«

»Komm mit mir! Ich bring dich an einen sicheren Ort.«

Dams Finger spannte sich unmerklich am Abzug.

»Wohin?«

»Zu Freunden. Lange bevor die Terraner tatsächlich angriffen, haben wir die Zeichen erkannt. Es gibt eine Widerstandsorganisation, die sich Freies Castalia nennt. Dort wird man dich brauchen.«

»Ich muß unbedingt Verbindung mit Liam Liam aufnehmen, oder mit den Leuten, die an seine Stelle getreten sind.«

»Ich weiß nichts von ihnen, aber wenn es einen Weg gibt, sind unsere Freunde wahrscheinlich am besten in der Lage, ihn zu finden.«

»Das hört sich vernünftig an. Aber du wirst entschuldigen, wenn ich mißtrauisch bin. Schon einmal bin ich in Darrieus verraten worden. Wie kann ich sicher sein, daß das nicht wieder eine Falle ist?«

»Sicher kannst du nicht sein, außer vielleicht, weil du mich schon lange kennst. Aber du solltest die Entscheidung besser nicht hinauszögern. Ich höre Motorengeräusch im Wasserlauf.«

Dam horchte aufmerksam, und nun vernahm auch er ein gedämpftes Summen von links, in Richtung der zum Fluß führenden Kanäle. Es mochte Zufall sein, aber eine solche Ansammlung von Schiffen bei Nacht war ungewöhnlich genug, so daß er zu dem gleichen Schluß kam wie Sten. Mit einem Ruck schob er die Pistole in die Jacke und reichte dem Flußschiffer die Hand.

»Verschwinden wir von hier! Wann steigen die Wasserwälder?«

»Sie sind schon am Steigen. Bis wir die Haine erreichen, werden die Bäume fast voll sein. Dort könnten sich, bis sich die Wasser wieder verlaufen, tausend Männer verbergen, ohne daß auch nur einer gefunden würde.«

Marke Sten startete seine Turbinen und hielt das Boot am Pfosten fest, bis Dam hineingesprungen war, dann ließ er den Schlitten mit solcher Geschwindigkeit dahinjagen, daß er nur dank seiner meisterlichen Steuerkünste nicht umkippte. Bei dieser Wahnsinnsgeschwindigkeit waren sie innerhalb von Minuten zwischen den Stämmen der flüssigen Bäume nicht mehr zu sehen. Sie waren kaum verschwunden, als Dams Haus plötzlich in Flammen aufging, die die Wasserwälder mit einem roten Schein erhellten, wie ihn die Fontänen nie zuvor gesehen hatten.

Dam hätte schwören können, daß er selbst jeden Wasserlauf und jeden Kanal genauestens kannte, aber als sie am anderen Ende des Waldes herauskamen, wußte er, daß Sten um Klassen besser war. So präzise, daß jeder Fehler ausgeschlossen war, jagte Sten den Schlitten direkt in die von kleinen Bächen durchzogenen Ufer der dahinterliegenden Sümpfe hinein. Er drehte und wendete das kleine Fahrzeug, als wäre es lebendig, fand jedesmal genügend Wasser zwischen den schilfbewachsenen Ufern und konnte so weiterhin mit einer Wahnsinnsgeschwindigkeit durch ein Gelände voller Inseln und Wasserrinnen fahren, das die meisten Leute für nicht schiffbar gehalten hätten. Dann gelangten sie in die dunklen Wasser eines dahinterliegenden Kanals, und der mündete in einen Fluß, wo schwere, hochseetüchtige Schiffe schroff und schwarz aus einem trügerischen Dschungel von Ankerketten und Bojen aufragten.

Hier, mitten in einem Durcheinander von Piers und

Kais lenkte Sten das Schiff plötzlich in einen schmalen, mit Ziegeln ausgekleideten Kanal, der am Fuß einer Treppe endete. Er hielt den Schlitten fest, während Dam hinaussprang. Die kräftigen Farben des Ersten Lichts erfüllten den Himmel. Sten salutierte ernst zum Abschied.

»Weiter komme ich nicht mit, Dam. Oben wird dich jemand in Empfang nehmen. Gib acht auf dich! Gott möge dir eine glückliche Hand im Kampf gewähren!«

Der kleine Schlitten drehte sich im Wasser um die eigene Achse und war verschwunden. Dam vergewisserte sich, daß der Sicherheitsring an seiner Pistole zurückgeschoben war, dann stieg er vorsichtig die ausgetretenen Steinstufen hinauf. Am Geländer am Straßenrand erwartete ihn eine einsame Gestalt, und in der Reihe schlafender Häuser war unter einer Tür ein Lichtstreifen zu sehen. Man winkte Dam, einzutreten, und er befand sich in einem Raum, der die behagliche, nüchterne Zweckmäßigkeit eines typischen Flußschifferhäuschens ausstrahlte. Im Raum waren drei Leute, zwei Frauen und ein Mann, der Mann, der Dam draußen erwartet hatte, kam ebenfalls herein, und dann wurden die Gardinen zugezogen, damit man von draußen nicht beobachtet werden konnte.

»Sei willkommen beim Freien Castalia, Dam Stormdragon. Wir kennen dich, aber du kennst uns nicht. Wir sind eine Zelle der Castalischen Befreiungsarmee; wir möchten dich einladen, dich uns anzuschließen.«

Dam musterte die im Raum Anwesenden kritisch. Alle standen unter dem Bann der dramatischen Ereignisse, aber sie sahen nicht so aus, als hätten sie wirklich Kampferfahrung. Er kam zu dem Schluß, daß er einer Gruppe wohlmeinender Amateure in die Hände gefallen war.

»Was wißt ihr von mir?« erkundigte er sich vorsichtig.

»Du bist Offizier in der Raumarmee.« Eine der Frauen, die sich als Baba vorgestellt hatte, zählte die Punkte an den Fingern ab: »Du bist in allen Waffenarten ausgebildet; du bist qualifiziert als Luft- und Raumpilot, du hast mit dem Truppenkontingent im Pflichtdienst bei der terranischen Flotte gedient; und im Augenblick stehst du ganz oben auf der Liste der Männer, hinter denen die terranischen Schweine her sind; du bist also eine große Berühmtheit.«

»Genauer gesagt, ich bin auch eine große Belastung. Ihr habt auch schon Probleme genug, wenn ihr anonym bleibt.«

»Dann willst du uns nicht helfen?« Jorg Turgen, der Mann, der Dam draußen empfangen hatte, musterte ihn nervös.

»Ich möchte eher fragen, ob ihr mir helfen könnt. Ich muß dringend Verbindung mit der Organisation von Liam Liam aufnehmen. Ich habe Informationen, die diese Leute brauchen, um direkt gegen die Flotte im Orbit zu kämpfen – oder sogar Terra selbst anzugreifen, wenn sich die Möglichkeit ergibt. Das halte ich für sinnvoller, als zu versuchen, die Schlacht hier auf Castalia auszutragen. Wenn ihr den Terranern zu sehr auf die Zehen tretet, sterilisieren sie den ganzen Planeten. Nur im Raum selbst sind sie zu schlagen.«

»Was für eine Art von Hilfe würdest du denn brauchen?« wollte Baba wissen.

»Ich weiß nicht, wo Liam Liam sich aufhält, nur, daß er einen Stützpunkt irgendwo im Zentrum hat. Habt ihr irgendwelche Nachrichtenkanäle, mit denen ihr andere Welten erreichen könnt?«

Turgen zuckte die Achseln. »Wir haben geheimen Zugang zu einer kommerziellen FTL-Verbindung, aber die Terraner stören das gesamte Spektrum der Sendefrequenzen.«

»Das können wir umgehen, indem wir in festen Zeitabständen sich immer wiederholende Sendungen ausstrahlen. Dann kann man das ursprüngliche Signal aus dem Störgeräusch herausfiltern. Das Problem ist, wohin man den Strahl lenken soll. Habt ihr einen Anhaltspunkt, in welcher Richtung Liams Stützpunkt liegen könnte?«

Plötzlich sprang der andere Mann, der bisher geschwiegen hatte, auf und hob warnend den Finger. Er löschte das Licht, ging ans Fenster und spähte vorsichtig neben den schweren Gardinen hinaus.

»Dachte ich es mir doch!« Sein Gesicht war weiß vor Angst. »Terranische Patrouillen an beiden Enden der Straße. Kann sein, daß sie hierherkommen.«

»Schnell! Hinten hinaus!« sagte Turgen und deutete auf eine kleine Tür in der Rückwand. »Da ist eine Gasse, die zum Flußpfad führt.«

Plötzlich entstand ein fast panisches Gedränge, als die Verschwörer auf die kleine Tür zustürzten; aber kurz bevor sie sie erreichten, wurde die Tür selbst durch einen gewaltigen Stoß von außen aus den Angeln gerissen, und die erschrockene Gruppe starrte direkt in die geschwärzten Spulen vielbenutzter terranischer Waffen und in die harten Augen der Uniformierten, die sie in den Händen hielten.

»Wer sich bewegt, ist tot«, erklärte eine Stimme. »Ganz besonders unser kleiner Liebhaber hier, der wäre zweimal tot, noch ehe er auch nur in die Nähe seines Ionisierungsgeräts käme. Also, niemand rührt einen Finger, bis wir euch die Waffen weggenommen und Stormdragon neutralisiert haben. Ich habe wenig Zeit für Spielchen, verstanden?«

30. Kapitel

Als die Pinasse in den Himmel Castalias schoß, blickte der diensthabende Offizier mit einem sarkastischen Lächeln forschend in Dams unglückliches Gesicht.

»Willkommen zu Hause, kleiner Liebhaber! Du hast doch nicht wirklich gedacht, daß wir Talente wie dich so einfach davonlaufen lassen? Du weißt ja gar nicht, wie kostbar du bist.«

Dam spuckte verächtlich aus. »Nicht für euch! Bestimmt nicht! Ihr könnt mich nicht zwingen, für euch zu kämpfen.«

Der Offizier schüttelte bedauernd den Kopf. »Da irrst du dich, mein lüsterner Freund aus dem Zentrum. Wenn ich dir sage, du kämpfst, dann kämpfst du auch. Ich habe so meine Methoden, dich zu überreden, verstanden?«

»Die werden dir nichts nützen. Sobald ich wieder in meine Ionen-Identität gewechselt bin, richte ich deine eigenen Waffen gegen dich, das schwöre ich dir.«

»Wir werden sehen!«

Sobald die Pinasse die Höhe des Orbits erreicht hatte, flog sie nicht auf das Flaggschiff zu, wie Dam erwartet hatte, sondern weit hinaus, wo, weitab von den anderen, ein Schiff lag, das er als Transformierer-Trägerschiff erkannte. Dam war ziemlich sicher, daß kein solches Schiff die Flotte begleitet hatte und vermutete, es müsse wohl später dazugestoßen sein. Erst als sie angedockt hatten, sah er, daß es genau dasselbe Trägerschiff war, von dem er in der Nähe von Sol geflohen war. Diese Tatsache erstaunte ihn ein wenig, weil er sicher war, daß der Träger nicht genügend Zeit gehabt haben konnte, Terra zu erreichen, ein zweites Transformiererschiff aufzunehmen und dann in den Orbit um Castalia zu fliegen. Er war noch überraschter, als er an Bord kam und ein zweites Transformiererschiff fest auf den Rampen verankert fand.

Dann blieb er stehen, Erleichterung trat in sein Gesicht – und plötzlich lachte er, weil er von einer hemmungslosen Heiterkeit überwältigt wurde, als er den ungeheuerlichen Streich durchschaute. Der Besatzungsangehörige mit dem irre-intelligenten Blick, der herbeieilte, um seine Fesseln zu lösen, konnte niemand anderer sein als Satan; und die anderen Mitglieder des Ionentrupps, der auf Syman gefangengenommen worden war, waren ebenfalls da. Außerdem gab es noch einen zweiten Ionentrupp, lauter neue Gesichter für Dam, aber offenbar Männer aus dem Zentrum und von der härtesten Kämpferklasse, die er sich vorstellen konnte. Und schließlich war da auch noch Absolut, einen Ausdruck grimmiger Entschlossenheit in den Augen, der eine ganze Armee hätte in die Flucht schlagen können. Als sie ihn sah, flammte ihre Begeisterung auf wie ein Leuchtfeuer, und ihre Begrüßung fiel so herzlich aus, daß die versammelten Zuschauer in ein lautes, bewunderndes Jubelgeschrei ausbrachen.

Der Mann, der sich als terranischer Offizier ausgegeben hatte, klopfte Dam auf die Schulter.

»Auffressen sollst du sie nicht, verstanden? Ich hasse es zwar, eine so richtig innige Umarmung zu stören, aber ich habe schließlich einen Krieg zu führen, und meine castalischen Verbindungsleute haben mir angedeutet, du hättest nach mir gesucht.«

»Du bist Liam Liam? Ja, du mußt Liam sein! Niemand sonst würde es wagen, so dicht bei der terranischen Flotte zu operieren.«

»Es ist die große Schwäche der Bürokratie, daß sie Menschen, die skrupellos genug sind, ermuntert, sie zu mißbrauchen, das System gegen sich selbst auszuspielen. Aber die Komplimente müssen noch warten. Unsere Kampftaktik steht fest, und Absolut und du, ihr seid die Schlüsselkomponenten. Sagte ich nicht, ich hätte meine Methoden, dich zum Kämpfen zu bringen?«

Weit draußen im Orbit beobachtete das terranische Todesschiff die herannahende Pinasse mit einigem Interesse: Besucher waren selten auf dem Schiff und boten immer eine gewisse Abwechslung in der Einsamkeit und Monotonie, die die Besatzung des gefürchtetsten und einsamsten Schiffs der ganzen Flotte zu ertragen hatte. In den gekühlten und isolierten Schächten des Todesschiffs ruhten sieben der tödlichsten Waffen, die je erfunden worden waren, jeder davon konnte man ungefähr soviel Vertrauen entgegenbringen wie einem Glasballon voll Nitroglyzerin auf einem heißen Blechdach. Diese Tatsache genügte, um sicherzustellen, daß nur selten Besucher kamen, wenn sie nicht triftige Gründe dafür hatten.

Das Interesse der Besatzung des Todesschiffs erhöhte sich noch, als der angedockten Pinasse ein weiblicher Offizier entstieg, der durch sein strammes Aussehen und seine starke, persönliche Ausstrahlung die erforderlichen Gegenkontrollen von vorneherein unmöglich machte und geradewegs zu einem bequemen Stuhl in der Kapitänskabine geführt wurde. Fünf Sekunden, nachdem sich die Kabinentür geschlossen hatte, war jedoch der Kapitän tot, und das weibliche Wesen, das in ionisierter Gestalt wieder herauskam, war eine ›femme fatale‹ im wörtlichen Sinne. Ehe die Besatzung des Todesschiffs sich ganz klargeworden war, was sie von dieser Phantombesucherin zu halten hatte, hatte diese schon den Funkraum und alle, die sich darin aufhielten, mit Salven aus der Elektronenpistole niedergemäht und machte sich an den Reglern zu schaffen, die die Planetenkiller kontrollierten und dafür sorgten, daß diese inaktiv blieben.

Einige Besatzungsmitglieder versuchten, die Frau mit

Handwaffen niederzuschießen, aber sie erzielten keinerlei Wirkung. Andere flohen in panischer Angst in die Rettungsboote, nur um von Schützen in der Pinasse, die sich ein wenig entfernt hatte und offensichtlich auf sie wartete, zerstört zu werden. Dann kehrte die Pinasse auf ein Zeichen hin zum Todesschiff zurück, nahm ihren geisterhaften Saboteur auf und zog sich eilig auf einen tieferliegenden Orbit zurück, wo die Hauptflotte lag und noch gar nicht bemerkt hatte, was vorgefallen war. Die Pinasse hatte gerade ihr Trägerschiff erreicht, als das Todesschiff explodierte, und das war ein Glück für die Mannschaft, weil alle sieben Planetenkiller gleichzeitig gezündet wurden und einen Schwall von tödlicher Hitze und Strahlung abgaben, der die besten Schutzschirme der ganzen Flotte auf eine harte Probe stellte.

Als das Todesschiff explodierte, ging eine Welle der Bestürzung durch die ganze Flotte. Im Bruchteil einer Sekunde war ihr die äußerste Drohung, die sie über Castalia hatte verhängen können, aus der Hand geschlagen worden. Die Besorgnis der Terraner wurde nicht geringer, als der Abschnittskommandant nicht auf die dringenden Anfragen antwortete, die sein Kommunikationsterminal überschwemmten. Sein Schweigen wäre besser verstanden worden, wenn bekannt gewesen wäre, daß Abschnittskommandant Canwolf durch einen Schuß aus einer Elektronenpistole den Tod gefunden hatte. Seine Leiche lag neben der von Unterabschnittsleiter Neilson, der durch die Waffen eines Offiziers, welchen man aufgrund falscher Ausweispapiere auf das Flaggschiff gelassen hatte und der auf unerklärliche Weise in den ionisierten Zustand gewechselt war, das gleiche Schicksal erlitten hatte.

Nachdem der Geisterkrieger der Flotte ihren Kommandanten genommen hatte, hatte er als nächstes den Funkraum zerstört, um zu verhindern, daß der Rest der Flotte durch Alarmsignale gewarnt wurde. Diese Aufgabe erledigte er so flink, daß die Funker tatsächlich erst merkten, daß an Bord eine Krise herrschte, als sie selbst und ihre Geräte zertrümmert und verbrannt wurden. Dann sprang das todbringende Phantom – unterwegs alles niedermachend, was es wagte, sich ihm in den Weg zu stellen – die Treppen hinunter in die Maschinenräume, wo es sich der Schaltungen bemächtigte und die Steuerung so geschickt unbrauchbar machte, daß das Flaggschiff in einer Spiralbewegung auf den Planeten zustürzte.

Bis auf diese letzte Aktion war der Angriff auf das Flaggschiff so verlaufen, daß etwaige Beobachter auf den anderen Schiffen nicht hatten erkennen können, daß etwas nicht in Ordnung war. Dams Rückkehr in die Pinasse war jedoch das Signal, daß die Operation nun in eine neue Phase treten sollte. Während das Flaggschiff immer schneller seinem dramatischen Feuertod in der Atmosphäre entgegenstürzte, gelang es einigen Gruppen von Liams Ionenleuten mit Hilfe der beiden Transformiererschiffe und zweier Pinassen, sich Zutritt zu vier Flottenkorvetten zu verschaffen. Nachdem sie die Besatzung überwältigt hatten, übernahmen sie die automatischen Geschützsysteme und leerten die gesamten Vorräte des Schiffs an zielsuchenden Raketen in die Orbitalbahnen der Kriegsflotte. Nach dieser Aktion setzte sie über zweitausend Raumminen in den nähergelegenen Anflugzonen ab, ehe sie die Triebwerke der Korvetten kritisch machten und dann in ihren kleinen Schiffen in den Raum zurückflohen.

Es war Liams Plan gewesen, ganz bewußt ein Chaos zu schaffen. Nachdem er den Kommandanten der Flotte hatte töten und die Nachrichtenkette an mehreren Stellen hatte unterbrechen lassen, konzentrierte er sich darauf, die wachsende Panik in der Flotte noch zu schüren. Die ›Starbucket‹, die sich weit draußen im Tiefraum aufhielt, begann, die FTL-Sendungen des terranischen Oberkommandos zu imitieren und schickte eine Warnung an die Flotte im Orbit um Castalia, es sei eine Meuterei in den eigenen Reihen im Gange. Da die Raumanflugzonen vom Aufflammen der zielsuchenden Raketen hell erleuchtet waren und überall von terranischen Schiffen abgeworfene Minen lauerten, brauchten viele Kapitäne keine weiteren Beweise, um sich von der Wahrheit dieser Meldung überzeugen zu lassen und auf jedes Schiff zu schießen, das nahe genug herankam, um eine aktive Bedrohung darzustellen. Auf diese Weise wurden immer mehr terranische Waffen gegen terranische Schiffe eingesetzt, und einigen, die zu gut abgeschirmt waren, als daß ihnen Laserfeuer oder Geschosse hätten gefährlich werden können, machten die Raumminen ihre magnetische Aufwartung und erledigten sie.

Panik und Verwirrung erreichten neue Dimensionen, als nicht identifizierbare Raumschiffe aus dem Tachyon-Raum auftauchten, an der Peripherie des Konflikts ausschwärmten, massive Schäden im Durcheinander der Flottenschiffe anrichteten und dann, fast noch ehe die automatischen Waffensysteme der Flotte ihre kurzen Flugbahnen hatten berechnen können, in den Tachyon-Raum zurücksprangen. Diese Schiffe, die sich so aufreizend in nichts auflösten, rissen mit ihren Waffen große Löcher in das Gewebe der Flotte und erschütterten die Moral der Männer noch mehr, denn nun wurde es offenkundig, daß die terranischen Streitkräfte auf eine vernichtende Niederlage zusteuerten. Die terranischen Schiffe taten sich gegen den gemeinsamen Feind zusammen und versuchten, sich neu zu formieren. Das stellte sich jedoch als großer Fehler heraus, als verborgene Raketenstellungen auf Castalia selbst mit schweren Raketen das Feuer eröffneten, denen nicht einmal die bestgeschützten Schiffe standhalten konnten.

Endlich – die Anflugzonen waren dicht mit Minen verhängt, und die herumfliegenden Trümmer bildeten eine zusätzliche Gefahr – reagierte der Rest der terranischen Flotte auf Liams Aufforderung, sich bedingungslos zu ergeben. Die wenigen Einheiten, die versuchten, in den Tiefraum zu entkommen, stießen auf eine neue Art von Schiffskette aus den nicht gekennzeichneten Schiffen von Liams Krieg, mit massiver Verstärkung durch rachsüchtige Freiwilligenschiffe, die aus den Truppenkontingenten desertiert und nach Castalia zurückgekehrt waren, weil sie unbedingt mithelfen wollten, Terras Kolonialherrschaft ein Ende zu bereiten.

Liam Liam war auf die ›Starbucket‹ zurückgekehrt und nickte bedächtig, als sich die Berichte über den Zusammenbruch der terranischen Flotte auf seinem Schreibtisch häuften. Dann wandte er sich an Dam und Absolut, die er zu sich gebeten hatte.

»Das heißt noch nicht, daß wir gewonnen haben, verstanden? Keiner von uns, am wenigsten eine Welt des Zentrums, kann sich einen interstellaren Krieg mit vollem Einsatz leisten. Wir müssen daher raffinierter vorgehen und unsere Vorteile voll ausnützen.«

»Wie meinst du das?« fragte Dam.

»Wir haben vor, den Kampf ins Sol-System und nach Terra selbst zu tragen, mit Ionen-Angriffen auf strategisch wichtige Anlagen im interplanetaren Bereich und auf der Oberfläche von Terra selbst. Sobald die Zerstörungen näher kommen, wird unser kranker Mutterplanet gezwungen sein, sich Gedanken über die größenwahnsinnigen Machthaber zu machen, die ihn zu dieser irrwitzigen Politik getrieben haben. Auf diese Weise packen wir das Übel an der Wurzel und bekämpfen nicht nur die Symptome. Aber die Hauptlast dabei wird euch beiden zufallen, verstanden?«

»Warum gerade uns?« fragte Dam.

Liam blickte Absolut an. »Sag du es ihm!« forderte er sie auf und verzog das Gesicht.

»Weil sie den Schwanz eingezogen haben, Liebhaber«, sagte Absolut mit vernichtender Schärfe. »Trotz allem, was wir in bezug auf die Vorteile der integrierten

Ionentechnik demonstriert haben, verbietet ihnen etwas, das man Moral nennt, anderen das anzutun, was man uns angetan hat. Sie wollen das alte Anzugssystem beibehalten, bis Wing Ais Labors etwas Neues herausbringen. Das heißt, es sind nur wir beide übrig, einmalig und unersetzlich, um den Kampf gegen Terra anzuführen.«

»Das ist die Wahrheit, verstanden?« bekräftigte Liam Liam. »Die Frage ist nur, wie bald wollt ihr anfangen?«

Dam schaute Absolut an, und der Funke, der zwischen ihnen übersprang, flammte in Liams enger, stikkiger Kabine auf wie eine Nova.

»Nicht bevor die Flitterwochen vorüber sind, würde ich meinen«, sagte Dam.